Gakken

高校入試に向けて挑戦するみなさんへ

高校入試がはじめての入試だという人も多いでしょう。入試に向けての勉強は不安やプレッシャーがあるかもしれませんが、ひとつひとつ学習を進めていけば、きっと大丈夫。その努力は必ず実を結びます。

社会の学習は用語を覚えることも大切ですが、単なる暗記教科ではありません。この本では、文章をできるだけ短くして読みやすくし、大切な部分は見やすいイラストでまとめています。ぜひ、用語とイラストを一緒に見て、イメージをふくらませながら読んでください。

また、この本には、実際に過去に出題された入試問題を多数掲載しています。入試過去問を解くことで、理解を深めるだけでなく、自分の実力を確認し、弱点を補強することができます。

みなさんがこの本で社会の知識や考え方を身につけ、希望の高校に合格できることを心から応援しています。一緒にがんばりましょう！

この本の使い方

1回15分、読む→解く→わかる！

1回分の学習は2ページです。毎日少しずつ学習を進めましょう。

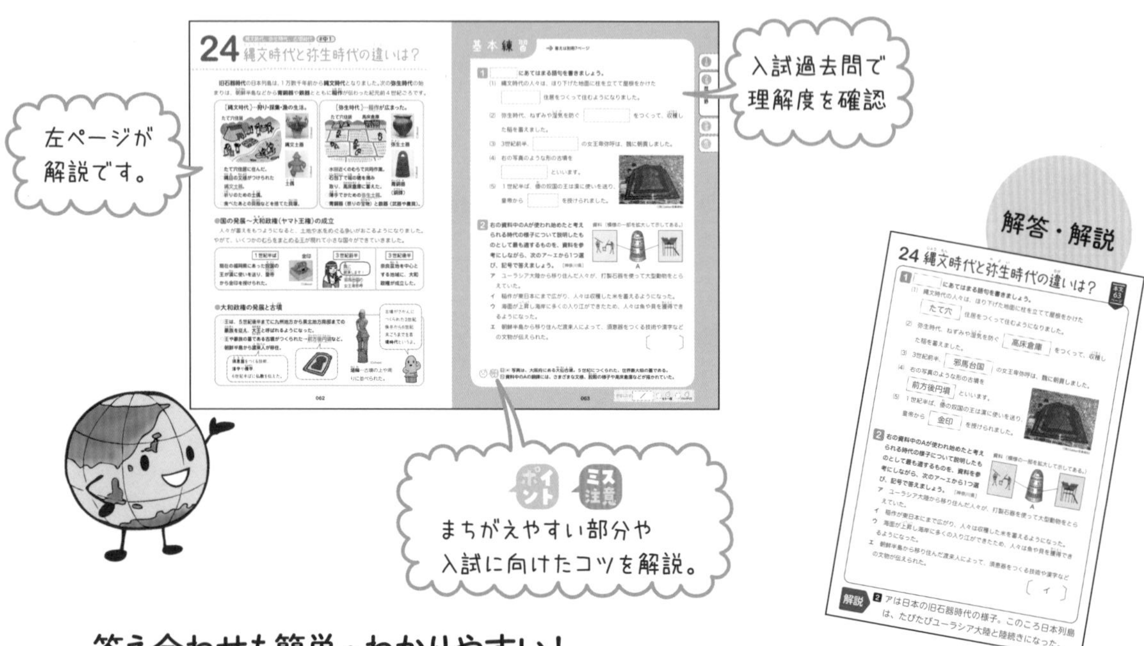

左ページが解説です。
入試過去問で理解度を確認
解答・解説
ポイント
ミス注意
まちがえやすい部分や入試に向けたコツを解説。
24 縄文時代と弥生時代の違いは？

答え合わせも簡単・わかりやすい！

解答は本体に軽くのりづけしてあるので、引っぱって取り外してください。
問題とセットで答えが印刷してあるので、簡単に答え合わせできます。

実戦テスト・模擬試験で、本番対策もバッチリ！

各分野のあとには、入試過去問からよく出るものを厳選した「実戦テスト」が、
巻末には、２回分の「模擬試験」があります。

ニガテなところは、くり返し取り組もう

1回分が終わったら、理解度を記録しよう！

1回分の学習が終わったら、学習日と理解度を記録しましょう。

学習が終わったら
どちらかにチェック！

学習した日　／　□ もう一度　□ バッチリ！

「もう一度」のページは「バッチリ！」と思えるまで、くり返し取り組みましょう。ひとつひとつニガテをなくしていくことが、合格への近道です。

スマホで4択問題ができるWebアプリつき

重要用語がゲーム感覚で覚えられる！

無料のWebアプリで4択問題を解いて、学習内容を確認できます。

スマートフォンなどでLINEアプリを開き、「学研 小中Study」を友だち追加していただくことで、クイズ形式で重要用語が復習できるWebアプリをご利用いただけます。

↓LINE友だち追加はこちらから↓

LINE

※クイズのご利用は無料ですが、通信料はお客様のご負担になります。
※サービスの提供は予告なく終了することがあります。

高校入試問題の掲載について

・問題の出題意図を損なわない範囲で、問題や写真の一部を変更・省略、また、解答形式を変更したところがあります。
・問題指示文、表記、記号などは、全体の統一のために変更したところがあります。
・解答・解説は、各都道府県発表の解答例をもとに、編集部が作成したものです。

もくじ 高校入試 社会

1章 地理分野

2章 歴史分野

3章 公民分野

わかる君を探してみよう！

この本にはちょっと変わったわかる君が全部で５つかくれています。学習を進めながら探してみてくださいね。

すまいる君

たべる君

うける君

てれる君

うかる君

色や大きさは、上の絵とちがうことがあるよ！

合格につながるコラム①

高校入試を知っておこう

高校ってどんな種類に分かれるの？

公立・私立・国立のちがい

合格につながる高校入試対策の第一歩は、行きたい高校を決めることです。志望校が決まると、受験勉強のモチベーションアップになります。まずは、高校のちがいを知っておきましょう。高校は公立・私立・国立の３種類に分かれます。どれが優れているということはありません。自分に合う高校を選びましょう。

公立高校
・都道府県・市・町などが運営する高校
・学費が私立高校と比べてかなり安い
・公立高校がその地域で一番の進学校ということもある

私立高校
・学校法人という民間が経営している、独自性が魅力の一つ
・私立のみを受験する人も多い

国立高校
・国立大学の附属校。個性的な教育を実践し、自主性を尊重する学校が多い

入試の用語と形式を知ろう！

単願・併願って？

単願（専願）と併願とは、主に私立高校で使われている制度です。単願とは「合格したら必ず入学する」という約束をして願書を出すこと。併願とは「合格しても、断ることができる」というものです。

単願のほうが受かりやすい形式・基準になっているので、絶対に行きたい学校が決まっている人は単願で受けるといいでしょう。

推薦入試は、一般入試よりも先に実施されますが、各高校が決める推薦基準をクリアしていないと受けられないという特徴があります。

小論文や面接も
「ひとつひとつ」で対策！

左：『高校入試　作文・小論文をひとつひとつわかりやすく。』
右：『高校入試　面接対策をひとつひとつわかりやすく。』
（どちらもGakken）

入試の形式を確認しよう！

形式の違いを把握して正しく対策！

公立の入試形式は各都道府県や各高校で異なります。私立は学校ごとに試験の形式や難易度、推薦の制度などが大きく違います。同じ高校でも、普通科・理数科など、コースで試験日が分かれていたり、前期・後期など何回かの試験日を設定したりしていて、複数回受験できることもあります。

必ず自分の受ける高校の入試形式や制度を確認しましょう。

ひとくちに入試と言って
もいろいろあるんだね

公 立

推薦入試

・内申点＋面接、小論文、グループ討論など
・高倍率で受かりにくい

一般入試

・内申点＋学力試験（面接もあり）
・試験は英・数・国・理・社の5教科
・同じ都道府県内では同じ試験問題のことが多い
・難易度は標準レベルなのでミスをしないことが大切

私 立

推薦入試

・制度は各高校による
・単願推薦はより受かりやすい

一般入試

・制度は各高校による
（内申点を評価するところもある）
・試験は英・数・国の３教科のところが多い
・各高校独自の問題で、難易度もさまざま
（出題範囲が教科書をこえるところもある）

公立の高校入試には内申点も必要

公立高校の入試では、内申点＋試験当日の点数で合否が決まります。「内申点と学力試験の点数を同等に扱う」という地域や高校も多いので、内申点はとても重要です。

都道府県によって、内申点の評価学年の範囲、内申点と学力試験の点数の配分は異なります。

中１～３年の内申点を同じ基準で評価する地域、中３のときの内申点を高く評価する地域、実技教科の内申点を高く評価する地域などさまざまなので、必ず自分の住む地域の入試形式をチェックしましょう。

入試に向けたスケジュール

入試では3年分が出題範囲

中３からは、ふだんの授業の予習・復習や定期テスト対策に加えて、中１・２の総復習や、３年間の学習範囲の受験対策、志望校の過去問対策など、やるべきことが盛りだくさんです。

学校の進度に合わせて勉強をしていると、中３の最後のほうに教わる範囲は、十分な対策ができません。夏以降は、学校で教わっていない内容も自分で先取り学習をして、問題を解くとよいでしょう。

下のスケジュールを目安に、中３の春からコツコツと勉強を始めて、夏に勢いを加速させるようにしましょう。

	勉強のスケジュール	入試に向けて
4月～7月	・ふだんの予習・復習 ・定期テスト対策 ・中１・２の総復習 ➡夏休み前にひと通り終えるようにする	・学校説明会や文化祭へ行く ➡１学期中に第一志望校を決めよう ・模試を受けてみる ➡自分の実力がわかる
夏休み	・中１～３の全範囲での入試対策 ➡問題集を解いたり、過去の定期テストの見直しをしたりしよう ・２学期以降の中３範囲の予習 ➡学校の進度にあわせると入試ギリギリになるので予習する	・１学期の成績をもとに、志望校をしぼっていく ※部活が夏休み中もある人はスケジュール管理に注意！
9月～3月	・定期テスト対策 ➡２学期・後期の内申点までが受験に関わるので、しっかりと！ ・10月ごろから総合演習 ➡何度も解いて、練習しよう ・受ける高校の過去問対策 ➡くり返し解いて、形式に慣れる。苦手分野は問題集に戻ってひたすら苦手をつぶしていく	・模試を受ける ➡テスト本番の練習に最適 ・説明会や個別相談会に行く ➡２学期の成績で受験校の最終決定 ・１月ごろから入試スタート

学校の２学期制や、
３学期制にかかわらず
大切なスケジュールだよ

1 章

地理分野

01 世界の姿 #中1 世界はどんな姿をしているの？

地球の表面は**陸地**と**海洋**からなり、陸地は**大陸**と島、海洋は**大洋**とそれに付属する小さな海があります。また、世界には**200近く**の国があり、**６つの州**に分けられます。国と国との境界を**国境**といい、自然地形や緯線・経線に沿った国境線があります。

●六大陸と三大洋

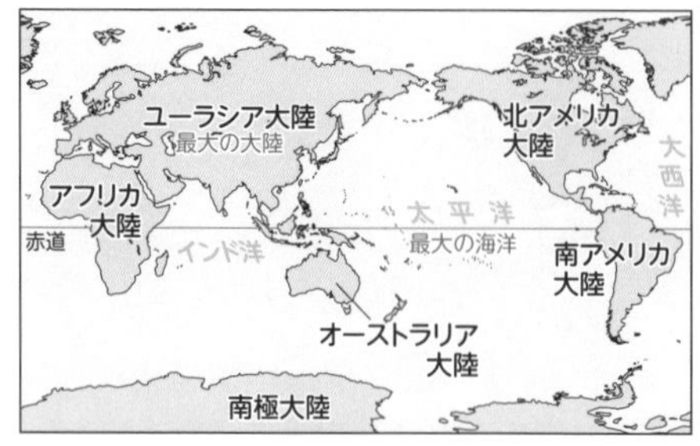

●6つの州

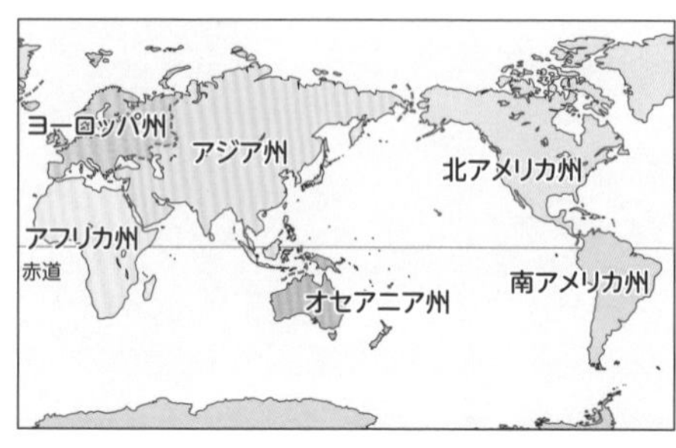

「オーストラリア州」ではなく、オセアニア州なんだ！

●面積の大きい国

1位	ロシア
2位	カナダ
3位	アメリカ合衆国
4位	中国
5位	ブラジル

●人口の多い国（2023年）

1位	インド	14.29億人
2位	中国	14.26億人
3位	アメリカ合衆国	3.4億人
4位	インドネシア	2.8億人
5位	パキスタン	2.4億人

（国連資料）

●さまざまな国境線

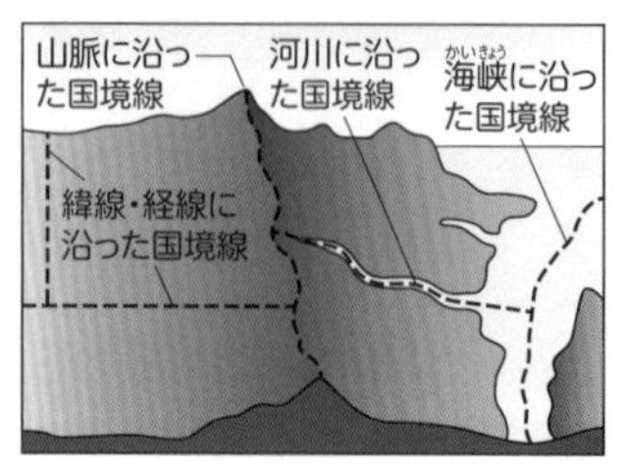

地球上の位置は、**緯度**と**経度**を用いて表すことができます。世界の国々を見るときは、実際の地球を小さくした模型の**地球儀**や**世界地図**が使われます。平面の世界地図は面積や距離などを一度に正しく表すことができないため、地図を使い分ける必要があります。

【緯度と経度】

緯度：北極点、北緯、赤道、南緯、南極点（0°、30°、60°、90°）

経度：北極点、本初子午線、西経、東経、赤道（0°、30°、60°、90°、120°、150°、180°）

緯度は南北90度ずつ、経度は東西180度ずつに分けて表す。

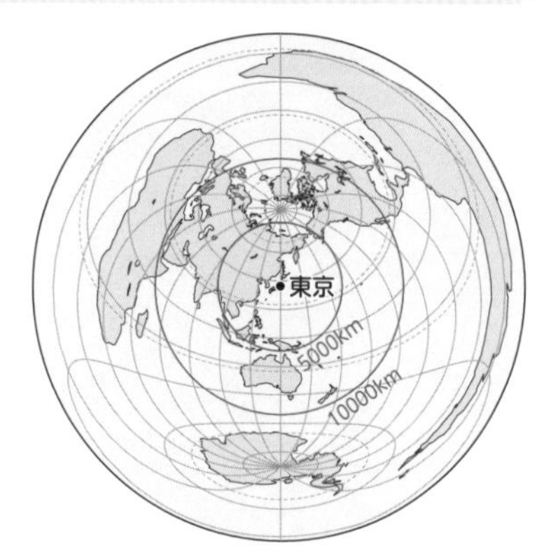

中心からの距離と方位が正しい地図

基本練習

➡ 答えは別冊2ページ

1 ［　　　］にあてはまる語句を書き、（　　）は正しいほうを選びましょう。

⑴ 六大陸のうち、最大の大陸は（ 南極大陸・ユーラシア大陸 ）です。三大洋のうち、最大の海洋は（ 大西洋・太平洋 ）です。

⑵ 世界の国や地域を６つの州に分けたとき、オーストラリア大陸と太平洋の島々は［　　　　］州に属します。

⑶ 国境線には自然地形を利用したもののほか、［　　　　］・［　　　　］を利用して直線的に引いた国境線もあります。

⑷ （ 緯度・経度 ）は赤道を０度として南北90度ずつ、（ 緯度・経度 ）は本初子午線（ほんしょしごせん）を０度として東西180度ずつに分けたものです。

⑸ 地球をそのまま小さくした模型を［　　　　］といい、陸の形や位置が正しく表されています。

2 下の地図中の①～⑳の国について述べた文として正しいものを次のア～エから１つ選び、記号で答えましょう。　［山口県］

ア　北半球に位置する国より、南半球に位置する国のほうが多い。
イ　世界を６つの州に分けた場合、アフリカ州に属する国が最も多い。
ウ　世界で最も人口が多い国と世界で最も面積が大きい国が含（ふく）まれている。
エ　領土内を、本初子午線が通っている国は含まれていない。

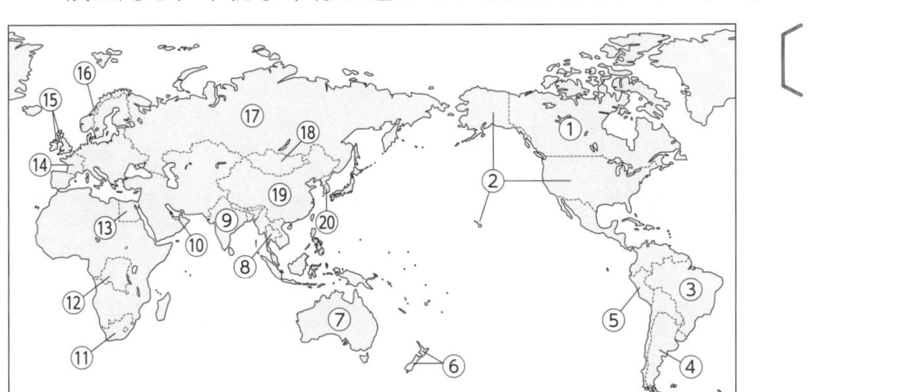

［　　　　］

ポイント **2** 赤道より北側を北半球、南側を南半球という。赤道はアフリカ大陸の中央部や南アメリカ大陸の北部を通る。

1章 地理分野　2章　3章　模試

学習した日　／　□もう一度　□バッチリ！

02 日本の姿 #中１ 日本ってどんな姿をしているの？

日本は**北緯約20～46度**、**東経約122～154度**の間にあります。日本と同緯度の国にヨーロッパ南部やアフリカ北部の国々、アメリカ合衆国、同経度の国にオーストラリアがあります。世界各国は**標準時**を定めていて、この標準時のずれを**時差**といいます。

●（例）東京とロサンゼルスの時差の求め方

①**経度差を求める**…東京は東経135度、ロサンゼルスは西経120度を標準時子午線としている。両都市の経度差は135＋120＝255度（東経と西経の場合は足し算）。

②**時差を求める**…**経度15度ごとに1時間の時差**が生じるので、255÷15＝17で時差は17時間。

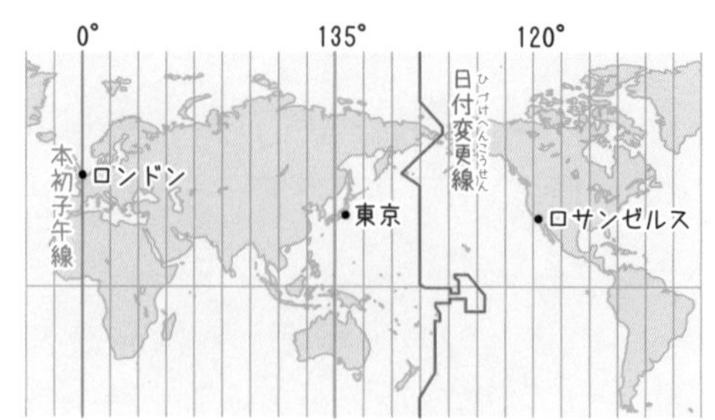

国の**領域**は**領土**、**領海**、**領空**からなります。海岸線から200海里(約370 km)以内の領海を除く水域の**排他的経済水域**では、沿岸国が資源を利用する権利をもちます。

【主な国の排他的経済水域の面積】

アメリカ合衆国　排他的経済水域の面積 762万km²　国土面積 983万km²
オーストラリア　701　769
ブラジル　317　852
日本　38　447

（「海洋白書」2009年ほか）

周りを海に囲まれた島国の日本は、国土面積のわりに排他的経済水域の面積が広い。

●日本の東西南北の端の島と排他的経済水域

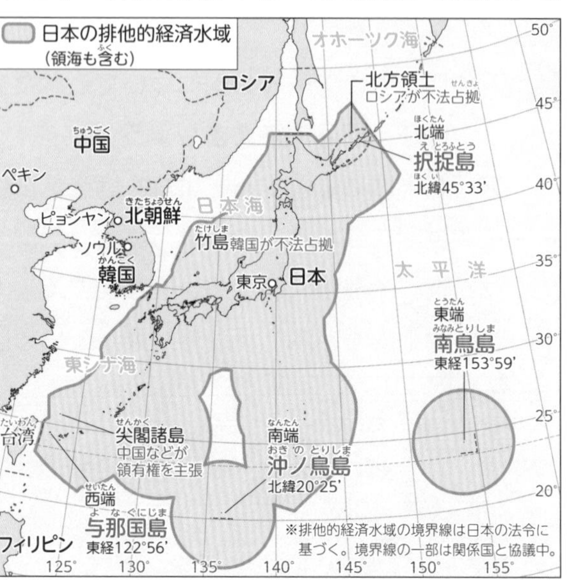

地方政治を行う基本単位が**都道府県**で、１都１道２府43県からなります。この47都道府県は、右の７つの地方に分けることができます（７地方区分）。都道府県の政治を進める、都道府県庁が置かれた都市を**県庁所在地**といいます。

基本練習

答えは別冊2ページ

1 [　　] にあてはまる語句を書き、（　　）は正しいほうを選びましょう。

(1) 日本は北緯約（ 20・30 ）～46度、東経約（ 122・132 ）～154度の間にあります。

(2) 東京と東経30度で標準時を定めるエジプトのカイロとの時差は

[　　] 時間で、東京が1月1日午前5時のとき、カイロの日時は

[　　] 月 [　　] 日 [　　] 時です。

(3) 日本の南端は（ 沖ノ鳥・南鳥 ）島です。

(4) 北海道の北東に位置し、択捉島、国後(くなしり)島、色丹(しこたん)島、歯舞群島(はぼまいぐんとう)からなる

[　　] は、現在ロシアが不法に占拠しています。

(5) 7地方区分で、福井県は（ 中部(ちゅうぶ)・近畿(きんき) ）地方に属します。

2 次の地図を見て、パリ、東京、リオデジャネイロの各都市を、日付が変わるのが早い順に並べましょう。 ［富山県］

〔　　　　→　　　　→　　　　〕

地図　緯線と経線が直角に交わる地図（・は過去の夏季オリンピック開催(かいさい)都市）

ポイント **1**(2) 2つの都市の経度差を求めるとき、東経どうし、または西経どうしの都市の場合は引き算で求める。

学習した日　／　□もう一度　□バッチリ！

03 世界各地の気候と暮らし① #中1
熱帯・乾燥帯ってどんな暮らし？

世界の気候は**熱帯**、**乾燥帯**、**温帯**、**亜寒帯（冷帯）**、**寒帯**の5つの気候帯に分けられます。各地に暮らす人々は、それぞれの気候に合わせた暮らしを送っています。

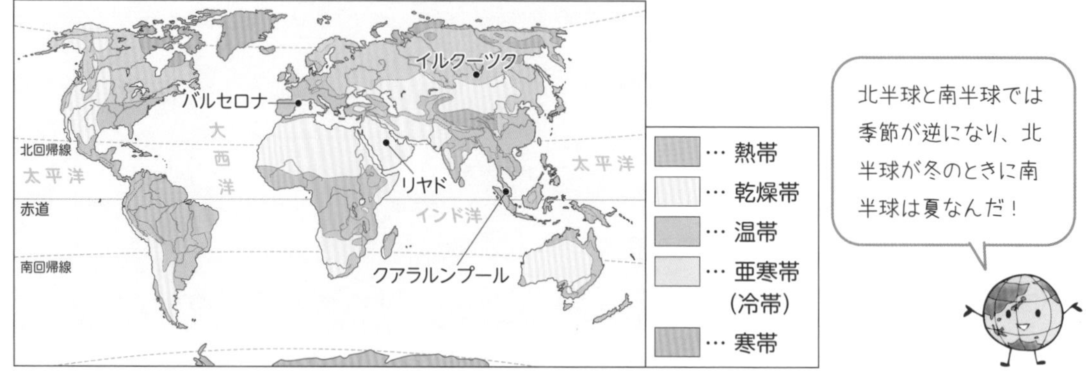

熱帯は赤道周辺に広がり、一年中高温で、降水量が多い気候です。**乾燥帯**は中緯度地域や内陸部に広がり、降水量が少なく、砂漠やステップという草原がみられる気候です。

●熱帯の暮らし

東南アジアのインドネシアやマレーシアには**熱帯林**が広がります。伝統的な住居に木材が使われ、高床になっています。**スコール**と呼ばれる、一時的な強い風を伴う激しい雨が降ることがあります。

【熱帯の住居と雨温図】

高床の住居

（ピクスタ）

風通しがよく、熱や湿気がこもらない。

気温（℃） クアラルンプール 降水量（mm）

年平均気温 27.8℃

年中高温

年降水量 2842mm

1月 6 12

（2024年版「理科年表」）

●乾燥帯の暮らし

アフリカ大陸のサハラ砂漠南縁のサヘルやアラビア半島には、土をこねてつくった**日干しれんが**の住居がみられます。水が得られる**オアシス**の周りで小麦やなつめやしを**かんがい**で栽培し、らくだや羊の**遊牧**もみられます。

【乾燥帯の住居と雨温図】

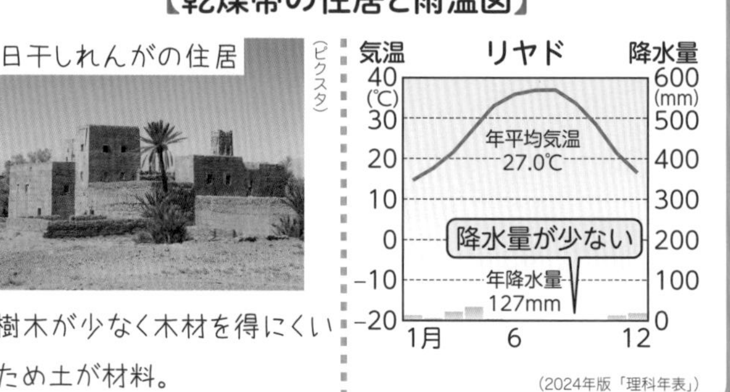

樹木が少なく木材を得にくいため土が材料。

（2024年版「理科年表」）

基本練習

答えは別冊2ページ

1 [　　] にあてはまる語句を書き、(　　) は正しいほうを選びましょう。

(1) 熱帯は一年中高温で、降水量が（ 多い・少ない ）気候です。

(2) 乾燥帯は降水量が少なく、砂漠のほかに、[　　] と呼ばれる丈(たけ)の短い草原がみられます。

(3) インドネシアやマレーシアでは、背の高い樹木がうっそうと茂(しげ)る [　　] がみられます。

(4) サハラ砂漠の南縁に広がるサヘルやアラビア半島では、（ 土・木 ）からつくった日干しれんがの住居がみられます。

(5) (4)の地域では、らくだや（ 豚(ぶた)・羊 ）を飼いながら、水や草を求めて移動する遊牧が行われています。

(6) アラビア半島の水が得られる [　　] の周りでは、水路を引いて農地をうるおすかんがいで、小麦やなつめやしを栽培しています。

2 次の説明文は地図中のＡ国の伝統的な家屋について述べたものです。[　　] にあてはまる内容を資料１、資料２を参考にして書きましょう。　[佐賀県]

〔　　　　〕

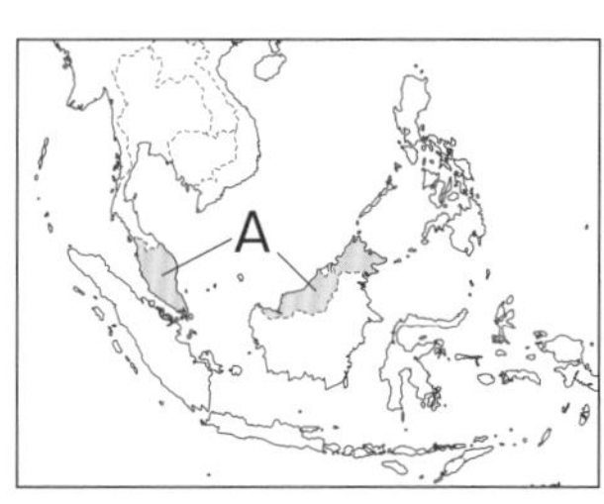

説明文

Ａ国の伝統的な家屋が、資料１のようになっているのは、この地域が [　　] のために風通しをよくするためである。

資料１

（ピクスタ）

資料２

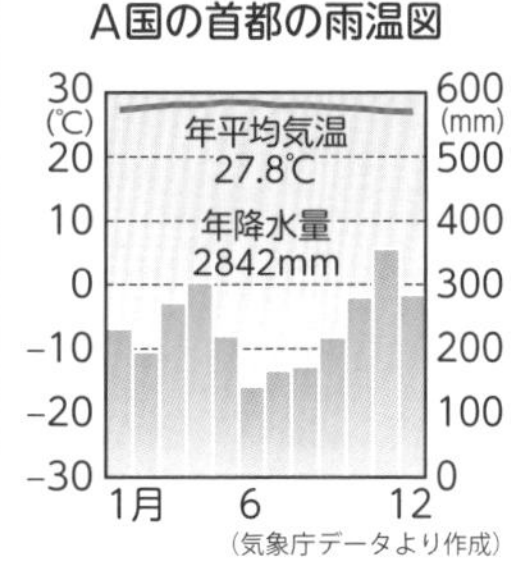

（気象庁データより作成）

ミス注意　**1**(2) 熱帯に広がる、低木がまばらに生え、丈の長い草の生える草原のサバナとまちがえないようにしよう。

学習した日　／　□もう一度　□バッチリ！

04 世界各地の気候と暮らし② #中1

温帯・亜寒帯・寒帯ってどんな暮らし？

温帯は中緯度地域に広がり、温暖で四季がある気候です。**亜寒帯（冷帯）**は冬の寒さが厳しく、夏と冬の気温差が大きい気候、**寒帯**は一年中低温の気候でいずれも高緯度地域にみられます。標高の高い地域では、昼と夜の気温差が大きい**高山気候**がみられます。

●温帯の暮らし

イタリアやスペインは、夏に乾燥して冬に雨がやや多い**地中海性気候**です。住居には夏の強い日ざしをさえぎる工夫がみられます。ワインやオリーブオイルの原料となるぶどうやオリーブは、この地域で広く栽培されます。

【温帯の住居と雨温図】

窓が小さく厚い白壁のつくり。家の中を涼しく保つ。

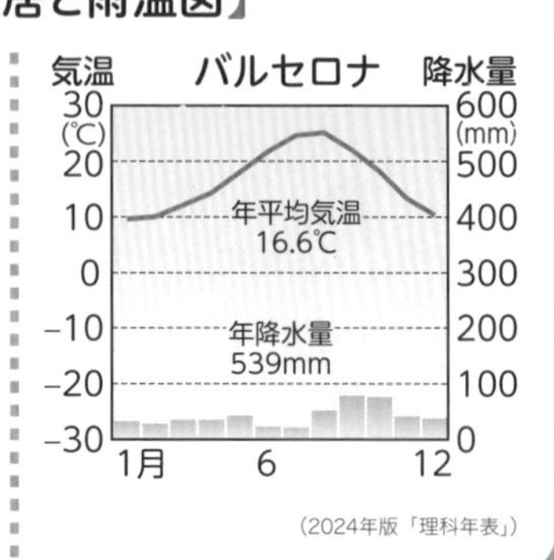

（2024年版「理科年表」）

●亜寒帯・寒帯の暮らし

ロシアのシベリアには**タイガ（針葉樹林）**が広がります。一年中凍った状態の**永久凍土**が広く分布し、高床の住居がみられます。カナダ北部では先住民のイヌイットが伝統的な狩りと漁による暮らしを送ってきましたが、近年は町への定住化が進みました。

【亜寒帯の住居と雨温図】

建物からの熱で永久凍土が解けて、建物が傾くのを防ぐために床を高くしている。

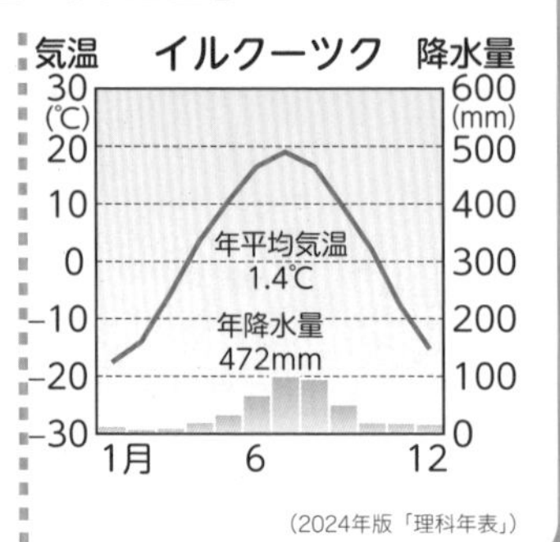

（2024年版「理科年表」）

【寒帯の住居】

雪をれんが状にして積み上げる。

●高地の暮らし

アンデス山脈の高地では標高に合わせて、**じゃがいも**の栽培や、**リャマ・アルパカ**の放牧を行い、石づくりの住居や日干しれんがの住居がみられます。

基本練習

答えは別冊2ページ

1 [　　] **にあてはまる語句を書き、(　　) は正しいほうを選びましょう。**

⑴　イタリアやスペインは温帯の地中海性気候に属し、(　冬・夏　) に雨がやや多く、(　冬・夏　) に乾燥する気候です。

⑵　イタリアやスペインでは、ぶどうを原料とする [　　　　] の生産がさかんです。

⑶　ロシアのシベリアは [　　　　] 帯に属し、冬の寒さが厳しい気候で、タイガ（針葉樹林）が広がっています。

⑷　カナダ北部には先住民の (　マオリ・イヌイット　) が暮らしています。

⑸　アンデス山脈の高地では、リャマや [　　　　] を放牧しています。

2 **地図１、２中の・印は、それぞれ、地図１、２中のア〜エの国の首都の位置を示しています。また、次のA〜Dは、それぞれ、ア〜エのいずれかの国の首都の雨温図です。Bにあたる首都がある国をア〜エから１つ選び、記号で答えましょう。**

[愛媛県・改]

〔　　　〕

地図１

ア
イ
ウ

地図２

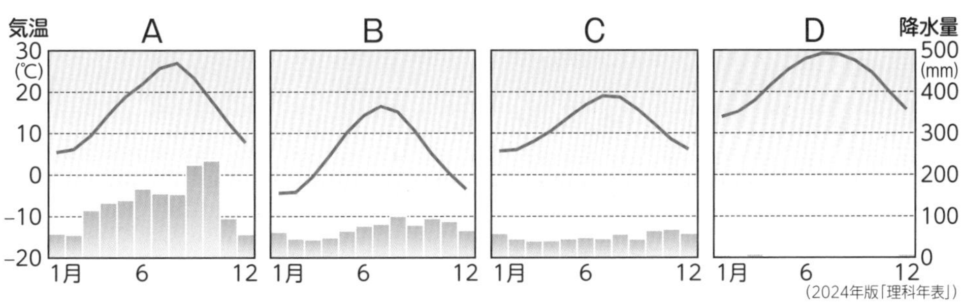

(2024年版「理科年表」)

1 ⑶ 亜寒帯（冷帯）の気候がみられるのは北半球だけなので覚えておこう。

学習した日　／　 もう一度　  バッチリ!

05 世界の宗教と暮らし #中1 宗教にはどんな慣習があるの？

広い地域で信仰されている**仏教**、**キリスト教**、**イスラム教**を三大宗教といいます。ほかに、**ヒンドゥー教**や**ユダヤ教**など特定の民族や地域と結びつきが強い宗教があります。

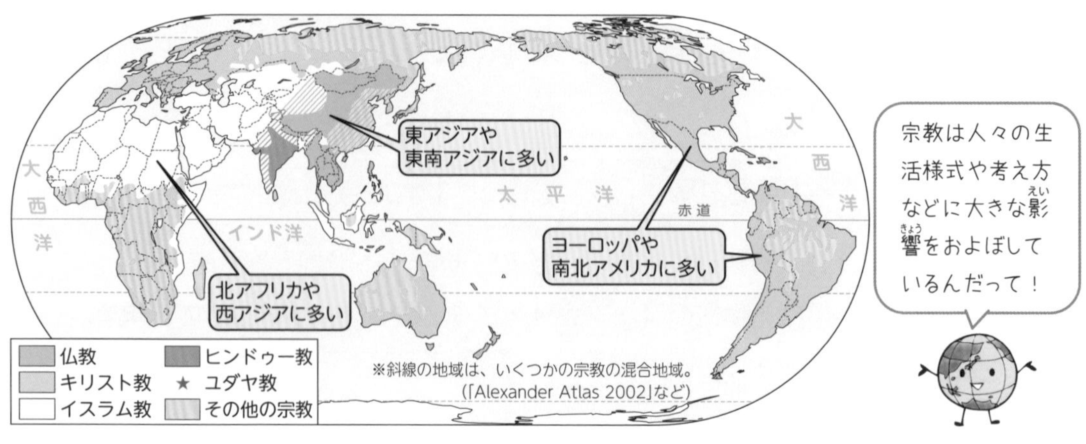

●三大宗教の祈りと慣習

(写真は3点とも、Cynet Photo)

●ヒンドゥー教の慣習

ヒンドゥー教は、**インド**で約8割の人が信仰しています。牛は神聖な動物として大切に扱われ、人々は聖なる川のガンジス川で身を清めます（沐浴）。

基本練習

➡ 答えは別冊3ページ

1 [　　] にあてはまる語句を書き、(　　) は正しいほうを選びましょう。

(1) 東アジアには、(イスラム教・仏教) の信者が多くいます。

(2) クリスマスやイースターは、[　　　　] 教の行事です。

(3) [　　　　] 教徒の女性は、人前で肌(はだ)を見せないようにします。

(4) インドの国民の約８割は [　　　　] 教を信仰しています。

2 次の各問いに答えましょう。

(1) 次の表中のＡ～Ｃには、韓国(かんこく)、タイ、ドイツのいずれかがあてはまります。Ａ～Ｃにあてはまる国の組み合わせをあとの**ア**～**エ**から１つ選び、記号で答えましょう。 [栃木県]

	主な宗教の人口割合(%)	
A	キリスト教　56.2	イスラム教　5.1
B	仏教　94.6	イスラム教　4.3
C	キリスト教　27.6	仏教　15.5

注）韓国、タイは2015年、ドイツは2018年

(「The World Fact Book」により作成)

ア　Ａ－韓国　Ｂ－タイ　Ｃ－ドイツ
イ　Ａ－韓国　Ｂ－ドイツ　Ｃ－タイ
ウ　Ａ－ドイツ　Ｂ－韓国　Ｃ－タイ
エ　Ａ－ドイツ　Ｂ－タイ　Ｃ－韓国

〔　　　〕

(2) 北アフリカや西アジアでは、ワインやビールの１人あたりの消費量がほかの地域に比べて少なくなっています。このことに最も関連のある宗教を次の**ア**～**エ**から１つ選び、記号で答えましょう。[栃木県]

ア　イスラム教　**イ**　キリスト教
ウ　ヒンドゥー教　**エ**　仏教

〔　　　〕

ポイント **1** (3) **イスラム教徒には、衣服や食事に限らず、日常生活に関わる細かいきまりが多くあるよ。**

学習した日 ／　□もう一度　□バッチリ!

06 アジア州ってどんなところ？

アジア州　#中1

アジア州の中央部には**ヒマラヤ山脈**がそびえ、大河が流れ出します。世界の人口の約6割を占め、**季節風（モンスーン）**の影響で地域によって降水量に違いが生じます。

●東アジアの国々

中国はインドと並ぶ人口が多い国で、人口抑制のために**一人っ子政策**がとられていました。外国企業を優遇する**経済特区**の設置をきっかけに工業が発展し、「**世界の工場**」と呼ばれています。一方で沿岸部と内陸部の経済格差が問題となっています。

東アジアの主な地形と農作物

【韓国の経済発展】

工業化が進んだ韓国はアジアNIESの一つに数えられ、現在は先端技術（ハイテク）産業がさかん。

●東南アジア、南アジアの国々

東南アジアの国々では米の**二期作**のほか、**プランテーション**で油やしなどの栽培がさかんです。また、**東南アジア諸国連合（ASEAN）**を結成し、結びつきを強めています。

南アジアのインドは**ヒンドゥー教徒**が多い国です。英語や数学の教育水準が高いことなどに支えられ、**情報通信技術（ICT）産業**が発展しています。

南アジアの主な地形と農作物

●西アジア、中央アジアの国々

西アジアなどの産油国は**石油輸出国機構（OPEC）**を結成し、日本にも石油を多く輸出しています。西アジアや中央アジアは、**イスラム教徒**が多い地域です。

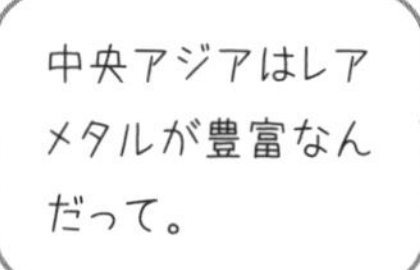

中央アジアはレアメタルが豊富なんだって。

基本練習

➜ 答えは別冊3ページ

1 ［　　］にあてはまる語句を書き、（　　）は正しいほうを選びましょう。

(1) アジア州の人口は世界の約（ 4割・6割 ）を占め、（ 偏西風(へんせいふう)・季節風〔モンスーン〕 ）の影響で地域によって降水量に違いが生じます。

(2) 中国の南部では、（ とうもろこし・米 ）の栽培がさかんです。

(3) 中国は、外国企業を優遇する［　　　　］の設置をきっかけに工業が発展し、「世界の工場」と呼ばれるようになりました。

(4) 東南アジアの国々が結成している組織の略称(りゃくしょう)を［　　　　］と言います。

(5) インドのデカン高原では、（ 綿花・小麦 ）の栽培がさかんです。

(6) 南アジアのインドでは、ベンガルール（バンガロール）を中心に情報通信技術（［　　　　］）産業が発達しています。

(7) 西アジアの国々が加盟している石油輸出国機構の略称を［　　　　］といいます。

2 次のア～エは、1970年と2015年における、日本と中国の人口ピラミッドです。2015年の中国の人口ピラミッドにあたるものを選びましょう。［栃木県］

〔　　　〕

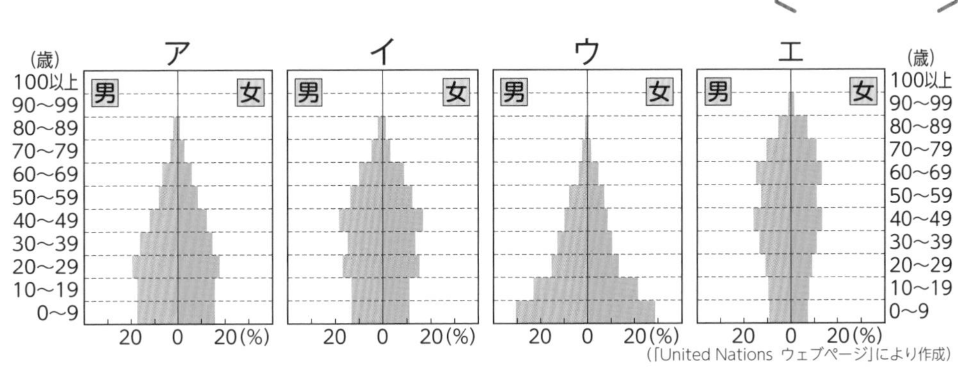

（「United Nations ウェブページ」により作成）

ミス注意 **2** 中国では1979年から2015年まで一人っ子政策が実施されたよ。人口の割合が減っている年代に注目しよう。

学習した日　／　もう一度　バッチリ!

07 ヨーロッパ州 #中1 ヨーロッパ州ってどんなところ？

ヨーロッパ州の大部分は日本よりも高緯度ですが、暖流の**北大西洋海流**と、その上を吹く**偏西風**の影響で比較的温暖な気候です。人々の生活には**キリスト教**が根づいています。

ヨーロッパ州の民族と言語

北西部のゲルマン系、南部のラテン系、東部のスラブ系の大きく3つに分けられる。

●ヨーロッパ州の産業と環境対策

ヨーロッパ州では果樹・穀物の栽培や畜産が行われ、工業では**先端技術産業（ハイテク産業）**がさかんです。**酸性雨**などの環境問題が深刻化しましたが、現在は対策が進んでいます。

地域で異なる農業

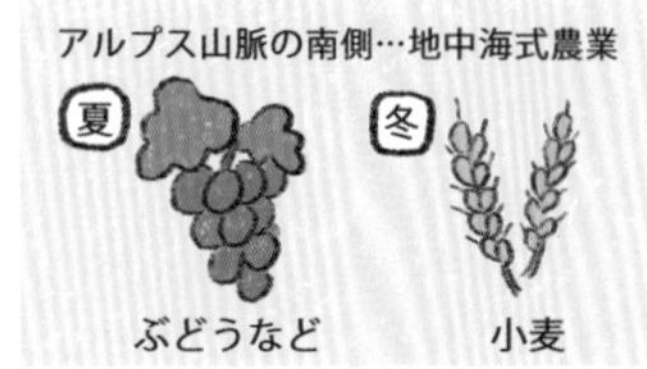

アルプス山脈の北側では混合農業や**酪農**が行われている。

工業

(Cynet Photo)

各国が分業して**航空機**を生産。医薬品や自動車も生産。

再生可能エネルギーの導入

(ピクスタ)

風力発電や太陽光発電・バイオマス発電を行う。

●ヨーロッパ州の結びつき

ヨーロッパ州の国々は、政治的・経済的な結びつきを強めるために**ヨーロッパ連合（EU）**を結成しています。下のような利点もありますが、加盟国間の**経済格差**などが課題となっています。

EU加盟国とユーロ導入国

基本練習

答えは別冊3ページ

1 [ ]にあてはまる語句を書き、（　　）は正しいほうを選びましょう。

(1) ヨーロッパ州の大部分は、暖流の（ 北太平洋・北大西洋 ）海流と、その上を吹く（ 季節・偏西 ）風の影響で、高緯度のわりに温暖な気候です。

(2) ヨーロッパ州で最も多いのは（ キリスト教・イスラム教 ）の信者です。

(3) ヨーロッパ州の北西部でゲルマン系言語、南部で（ スラブ・ラテン ）系言語、東部で（ スラブ・ラテン ）系言語が主に使われています。

(4) 乾燥する夏にぶどうやオリーブ、やや雨が多くなる冬に小麦を栽培する農業を（ 混合・地中海式 ）農業といいます。

(5) ヨーロッパ州の国々では、医薬品や航空機など、生産するのに高度な知識や技術が求められる[ ]産業がさかんです。

(6) ヨーロッパ州の国々では、風力や太陽光などの繰り返し利用できる、[ ]エネルギーの導入が進んでいます。

(7) EUの共通通貨である[ ]を導入している国の間では、両替が不要です。また、輸入品にかかる[ ]を撤廃しているため、農作物などの貿易がさかんです。

2 右の地図で示されたヨーロッパ連合（EU）加盟国において、EUの成立は人々の生活に大きな変化をもたらしました。多くのEU加盟国で起こった変化の１つを、「パスポート」という語句を用いて、簡潔に書きましょう。 ［和歌山県］

［　　　　　　　　　　　　　　　　］

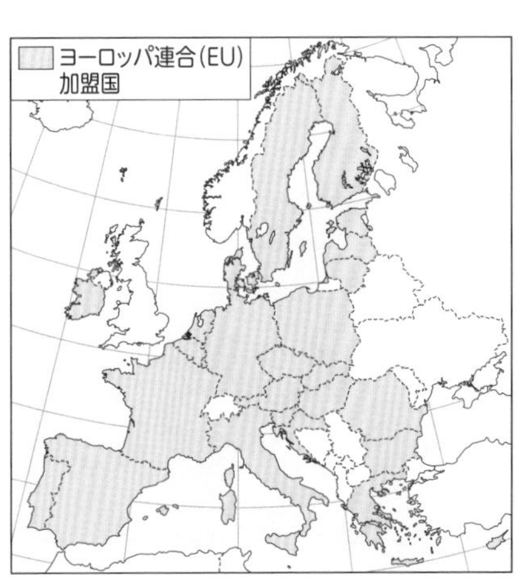

ポイント **2** ヨーロッパ連合（EU）の主な政策と課題はしっかりチェックしておこう。

学習した日　／

もう一度

バッチリ！

08 アフリカ州ってどんなところ？

アフリカ州　#中1

アフリカ州は、アフリカ大陸とマダガスカル島などの島々からなります。北部に**サハラ砂漠**が広がり、その東を世界最長の**ナイル川**が流れています。赤道付近は**熱帯林**が広がり、その周辺地域には丈の長い草原の**サバナ**が広がります。

(ピクスタ)

世界最大の砂漠。南縁のサヘルでは砂漠化が進行している。

サハラ砂漠

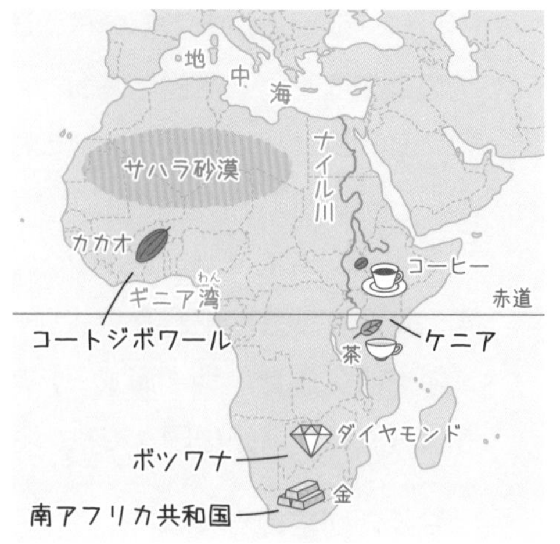

●アフリカ州の歴史と民族問題

アフリカ州の広い地域がヨーロッパ諸国の**植民地**でした。そのときに民族のまとまりなどを無視して引かれた境界線のなごりが現在の国境線にもみられ、一つの国に複数の民族が暮らすことが紛争や内戦の原因の一つになっています。

●アフリカ州の産業と課題

アフリカ州の多くの国は、特定の農作物や鉱産資源の輸出に頼る**モノカルチャー経済**となっていて、収入が不安定な国が多いです。また、都市への人口の集中で生活環境の悪い**スラム**の形成や、人口増加による食料不足も深刻な問題です。

プランテーション農業

カカオ、コーヒー、茶、綿花などを栽培し、輸出している。

豊富な鉱産資源

金、ダイヤモンド、銅、レアメタル（コバルトなど）が産出。

発展への取り組み

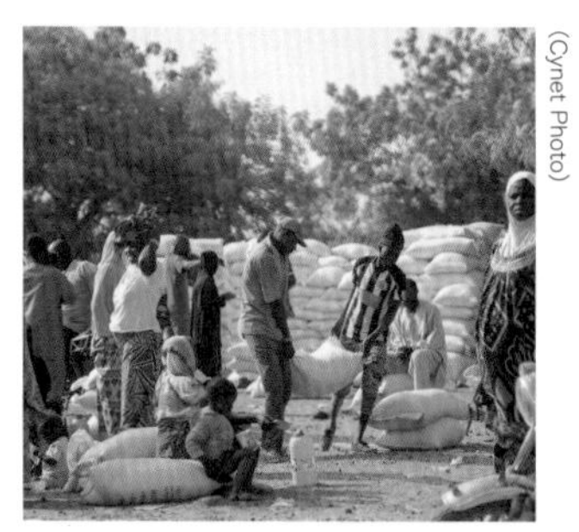
(Cynet Photo)

先進国や非政府組織（NGO）が食料支援などを行っている。

基本練習

答えは別冊3ページ

1 □にあてはまる語句を書き、(　　)は正しいほうを選びましょう。

(1) アフリカ大陸の東部には、世界最長の(　アマゾン川・ナイル川　)が北に向かって流れています。

(2) アフリカ大陸の北部には、世界最大の□砂漠が広がります。また、熱帯林が広がる地域の周辺には、□と呼ばれる、樹木がまばらに生えた、丈の長い草原がみられます。

(3) ギニア湾(わん)沿岸の国々では、(　カカオ・ぶどう　)の栽培がさかんです。

(4) (　エジプト・ボツワナ　)ではダイヤモンドが豊富にとれます。

(5) □経済とは、特定の農作物や鉱産資源の輸出に頼る経済のことで、アフリカ州の多くの国々にみられます。

(6) 現代のアフリカでは農村から都市への人口移動が進み、都市へ過度に人口が集中して、生活環境の悪い□が形成され問題となっています。

2 アフリカ州では、民族によって異なるさまざまな言語が使われています。右のグラフは、2009年における、右下の地図中のA国の民族構成を示しています。A国では、英語とスワヒリ語が公用語に定められており、国会などでは英語が使われ、小学校ではスワヒリ語の授業があります。A国において公用語が定められている理由を、グラフから読み取れることに関連づけて、簡潔に書きましょう。［静岡県］

[　　　　　　　　　　　　　　　　]

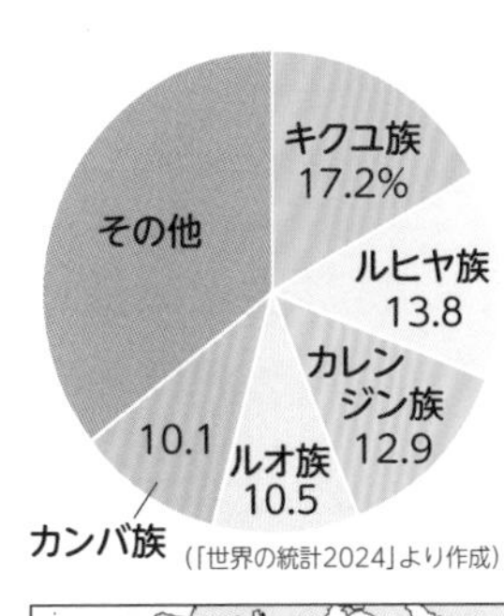

（「世界の統計2024」より作成）

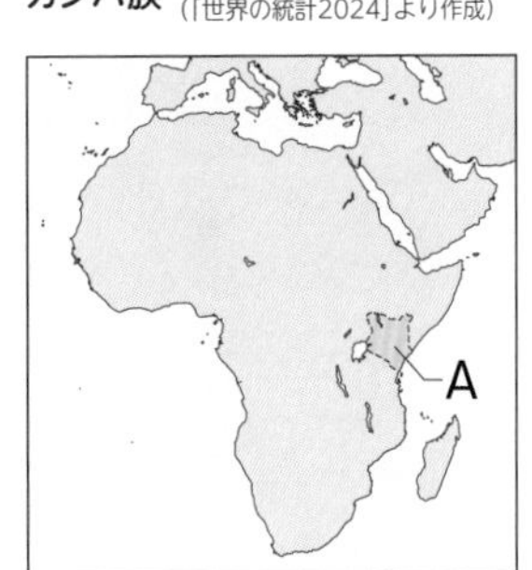

ポイント **2** 民族によって言語が異なるので、同じ国に住んでいても言葉が通じないことが起こりうる。

学習した日　／　□もう一度　□バッチリ!

09 北アメリカ州ってどんなところ？

北アメリカ州 #中1

北アメリカ州は、北アメリカ大陸と西インド諸島などからなります。熱帯から寒帯までさまざまな気候がみられ、メキシコ湾に面する地域は、**ハリケーン**で大きな被害が出ることがあります。

グレートプレーンズとプレーリー

グレートプレーンズは高原状の大平原で、プレーリーは丈の長い草が生える草原。どちらも一大農業地帯となっている。

●北アメリカ州の民族

もともと**先住民**が暮らしていた北アメリカ州に、さまざまな地域から**移民**がやってきました。近年アメリカ合衆国では、**ヒスパニック**（メキシコや中央アメリカなどからの移民）の割合が増加しています。

アメリカ合衆国の人口構成

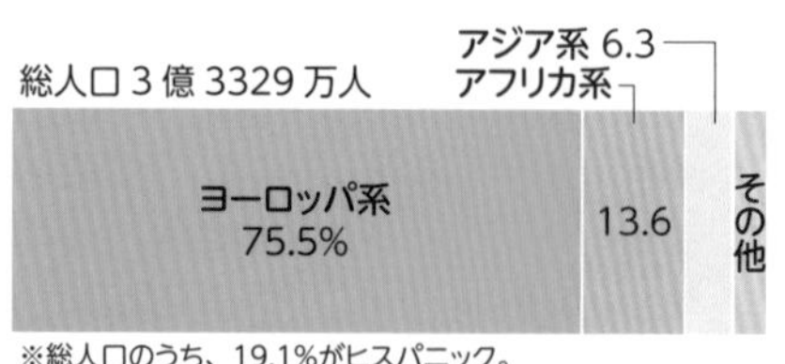

※総人口のうち、19.1%がヒスパニック。

(2022年)　(「データブック オブ・ザ・ワールド」2024年版)

●アメリカ合衆国の産業

大型機械で広い耕地を経営する**企業的な農業**が行われています。工業の中心は北緯37度以南の**サンベルト**で、航空宇宙産業など**先端技術産業**（ハイテク産業）がさかんです。

【主な農業地域】

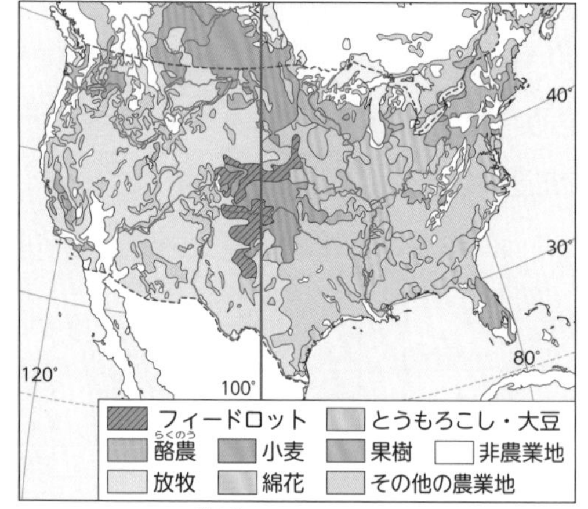

地域の気候や土壌に合った農作物をつくる適地適作が行われている。

【主な鉱工業地域】

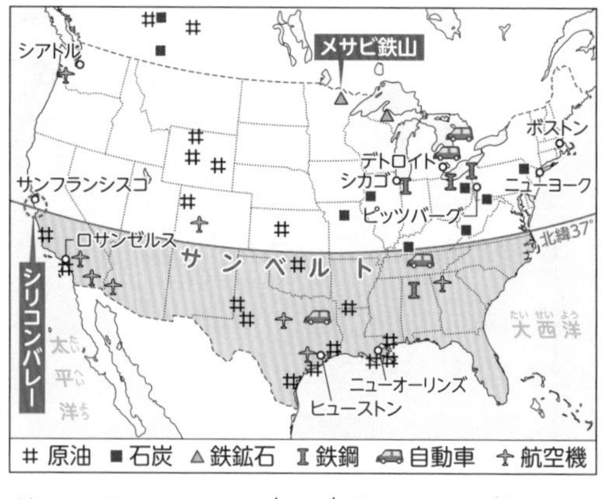

サンフランシスコの南にあるシリコンバレーには、情報通信技術（ICT）関連企業が集中している。

基本練習

答えは別冊4ページ

1章 地理分野

模試

1 [ ]にあてはまる語句を書き、( )は正しいほうを選びましょう。

(1) 北アメリカ大陸の西部には(ロッキー・ヒマラヤ)山脈が連なります。

(2) (1)の山脈の東には[ ]と呼ばれる高原状の大平原があり、ミシシッピ川の西には[ ]と呼ばれる、丈の長い草が生える草原があります。

(3) 近年、アメリカ合衆国では[ ]と呼ばれる、メキシコや中央アメリカなどからの移民が増加しています。

(4) アメリカ合衆国では、北緯37度以南の[ ]と呼ばれる地域が工業の中心となっています。

(5) サンフランシスコの南にある、[ ]と呼ばれる地域には、情報通信技術（ICT）関連企業が集中しています。

2 ほのかさんは、右の地図のⒶ～Ⓒの地域を旅行で順に訪れました。また、下のア～ウは、それぞれほのかさんが訪れたⒶ～Ⓒのいずれかの地域においてさかんに行われている農業の様子を絵にしたものです。ア～ウをほのかさんが絵にした順に並べて、記号で答えましょう。 ［佐賀県］

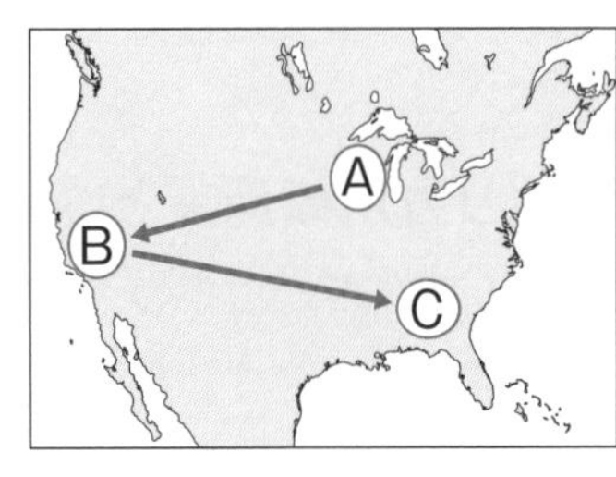

ア 綿花の収穫

イ 乳牛の飼育

ウ ぶどうの栽培

［ → → ］

2 アメリカ合衆国の五大湖周辺→太平洋沿岸→南東部の順で訪れている。

学習した日 ／ もう一度 バッチリ！

10 南アメリカ州ってどんなところ？

南アメリカ州　#中1

南アメリカ州は南北に長く、西部に険しい**アンデス山脈**が南北に連なります。北部の赤道付近が熱帯で、南に行くほど気温が低くなります。**アマゾン川**の流域には世界最大の**熱帯林**（熱帯雨林）が広がり、動植物の宝庫となっています。

（ピクスタ）

アマゾン川

アマゾン川は川幅（かわはば）が広く大型船も中流までさかのぼれ、重要な交通路となっている。

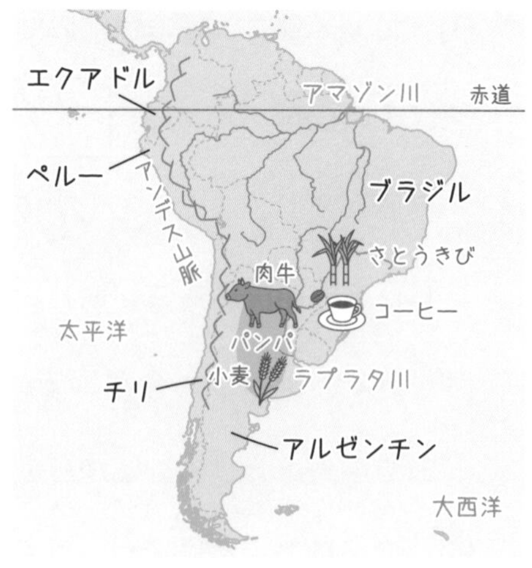

南アメリカ州の民族と文化

南アメリカ州は、植民地時代にアフリカ系の人々が奴隷（どれい）として連れてこられ、**先住民**とヨーロッパ系の混血も進みました（**メスチーソ**）。その結果、さまざまな文化が共存する**多文化社会**となっています。

南アメリカ州の産業と開発の影響（えいきょう）

ブラジルでは**さとうきび**や**コーヒー**、大豆の栽培（さいばい）、アルゼンチンでは小麦の栽培や肉牛の放牧がさかんです。鉱産資源も豊富でブラジルで**鉄鉱石**、チリで**銅**が産出します。

焼畑農業

アマゾン川流域の熱帯林（熱帯雨林）が広がる地域で行われ、土地がやせる前にほかの場所に移動する。

バイオ燃料の利用

ブラジルでは、**再生可能エネルギー**の1つである**バイオエタノール**（バイオ燃料の一種）の利用が進む。

開発の影響

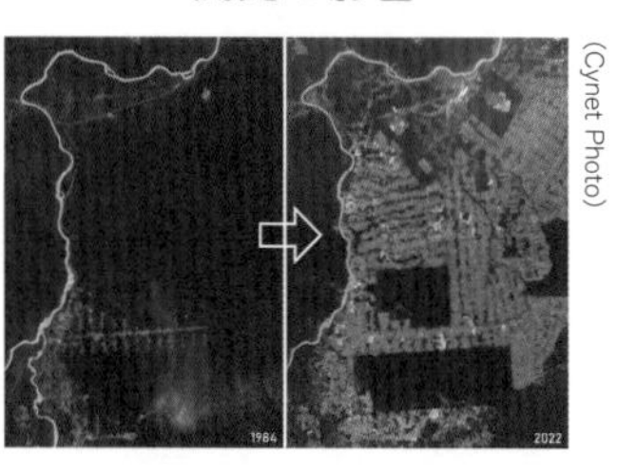

（Cynet Photo）

さとうきび畑などの農地や鉱山の開発で熱帯林（熱帯雨林）が伐採（ばっさい）され、**地球温暖化**への影響が心配される。

基本練習

答えは別冊4ページ

1 [　　] にあてはまる語句を書き、(　　) は正しいほうを選びましょう。

(1) アマゾン川流域に世界最大の [　　] 林が広がります。

(2) (パンパ・セルバ) では小麦の栽培や肉牛の放牧がさかんです。

(3) ブラジルのカラジャスでは [　　] が産出し、日本にも大量に輸出されています。

(4) ブラジルでは、バイオ燃料（バイオエタノール）の主な原料として、(さとうきび・とうもろこし) が利用されています。

2 下の２つの資料から読み取れることとして、誤っているものを次のア～エから１つ選び、記号で答えましょう。 ［三重県］

ア ブラジルでは、2021年は2000年と比べると、大豆の生産量も生産量の国別割合も増加した。

イ ブラジルでは、2021年は2000年と比べると、大豆の生産量に占(し)める輸出量の割合は増加した。

ウ アルゼンチンでは、2021年は2000年と比べると、大豆の生産量も輸出量も２倍以上になった。

エ アルゼンチンでは、2021年は2000年と比べると、大豆の輸出量の国別割合は減少したが、輸出量は増加した。

［　　］

資料１

大豆の生産量 （単位：百万トン）

国名	2000年	2021年
ブラジル	32.7	134.9
アルゼンチン	20.2	46.2

大豆の輸出量 （単位：百万トン）

国名	2000年	2021年
ブラジル	11.5	86.1
アルゼンチン	4.1	4.3

資料２

大豆の生産量の国別割合

	アメリカ合衆国	ブラジル	アルゼンチン	その他
2000年 161百万トン	46.6%	20.3	12.5	20.6
2021年 372百万トン	32.5%	36.3	12.4	18.8

大豆の輸出量の国別割合

	アメリカ合衆国	ブラジル	アルゼンチン	その他
2000年 47百万トン	57.4%	24.3	8.7	9.6
2021年 161百万トン	37.9%	53.4	2.7	6.0

（資料１、２は、「世界国勢図会 2023/24」ほかから作成）

ミス注意 ブラジルとアメリカ合衆国(がっしゅうこく)では、バイオ燃料の主な原料となっている農作物が異なるのでまちがえないようにしよう。

学習した日 ／   もう一度  バッチリ！

11 オセアニア州ってどんなところ？

オセアニア州　#中1

オセアニア州は、オーストラリア大陸と南太平洋の島々からなります。オーストラリア大陸の広い範囲は乾燥した気候で、太平洋の島々の多くは熱帯の気候です。

（ピクスタ）

さんご礁の島々

さんご礁の島や、火山の噴火でできた火山島がみられる。

●オセアニア州の民族と文化

オーストラリアはイギリスの**植民地**でした。ヨーロッパ系以外の移民を制限する**白豪主義**の政策がとられていましたが、現在は撤廃され、互いの文化を尊重する**多文化社会**を目指しています。また、オーストラリアでは**アボリジニ**、ニュージーランドでは**マオリ**の先住民の文化を守る動きがみられます。

(Cynet Photo)

ラグビーのニュージーランド代表によるハカ（マオリの踊り）

●オーストラリアの産業や結びつき

オーストラリアは、**小麦**の栽培や**羊・肉牛**の飼育がさかんです。鉱産資源も豊富で、北西部で**鉄鉱石**、東部で**石炭**が産出します。貿易相手国は、かつてはイギリスやアメリカ合衆国が中心でしたが、近年は距離が近いアジアの国々が中心となっています。

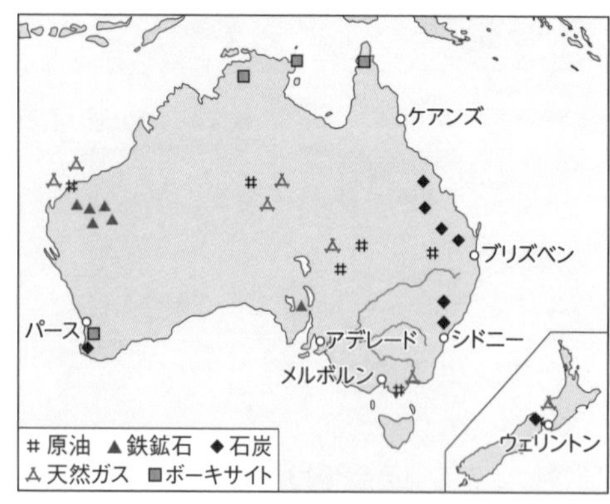

オーストラリアの鉱産資源の分布

露天掘りとは、地表を直接削って掘り下げて鉱産資源を採掘する方法。鉄鉱石や石炭は日本にも多く輸出されている。

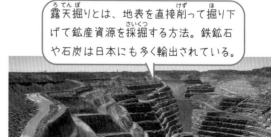

(Cynet Photo)

鉄鉱石の露天掘りの鉱山

基本練習

答えは別冊4ページ

1 [ ]にあてはまる語句を書き、（　　）は正しいほうを選びましょう。

(1) オーストラリアやニュージーランドは、かつて[ ]の植民地でした。

(2) オーストラリアの先住民は（ マオリ・アボリジニ ）、ニュージーランドの先住民は（ マオリ・アボリジニ ）です。

(3) オーストラリアでは、乾燥に強い[ ]がたくさん飼育されています。

(4) オーストラリアの東部では（ 鉄鉱石・石炭 ）、北西部では（ 鉄鉱石・石炭 ）が豊富に産出します。

(5) オーストラリアの貿易相手国は、近年は距離が近い中国や日本、韓国(かんこく)などの[ ]の国々が中心となっています。

2 オーストラリアについて、次のグラフは1966年と2021年のオーストラリアに暮らす移民の出身州の傾向(けいこう)を示したものです。グラフから読み取れることを、「白豪主義」という語句を用いて説明しましょう。［山口県］

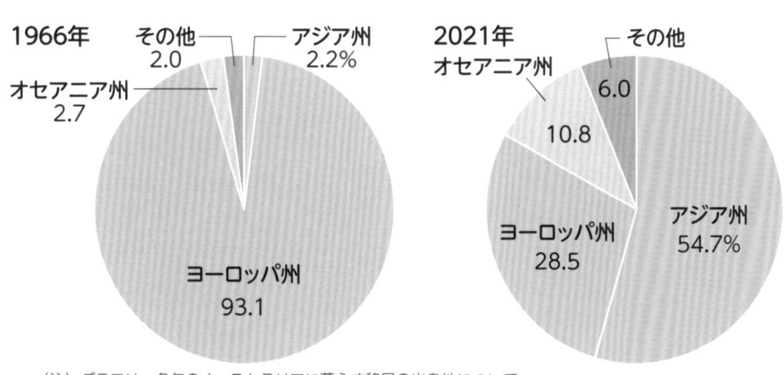

（注）グラフは、各年のオーストラリアに暮らす移民の出身地について、多いほうから順に20の国と地域を抽出(ちゅうしゅつ)して作成している。　（オーストラリア政府統計により作成）

［　　　　　　　　　　］

ポイント **2** ヨーロッパ系以外の移民を制限する白豪主義の政策は、1970年代に撤廃された。

学習した日 ／　□もう一度　□バッチリ!

実戦テスト 1

答えは別冊18ページ

得点　　／100点

1 次の各問いに答えましょう。

各12点　計48点

(1) 右の略地図は、ロンドンを中心に、ロンドンから世界各地への距離(きょり)と方位が正しく描(えが)かれたものです。略地図中のロンドンからみた東京の方位を、次のア～エから１つ選び、記号で答えなさい。 [岩手県]

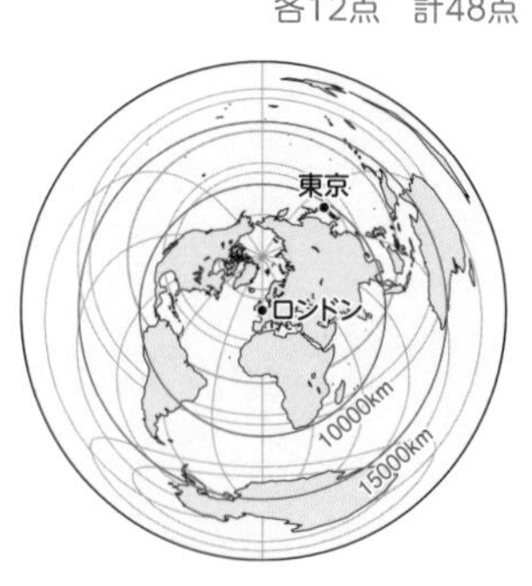

ア　南西　　イ　南東　　ウ　北西　　エ　北東

〔　　　〕

(2) 右の表は、排他的経済水域(はいたてき)の面積（領海を含(ふく)む）を示したもので、A～Cには日本、アメリカ、ブラジルがあてはまります。あてはまる国の組み合わせを次のア～エから１つ選び、記号で答えなさい。 [栃木県]

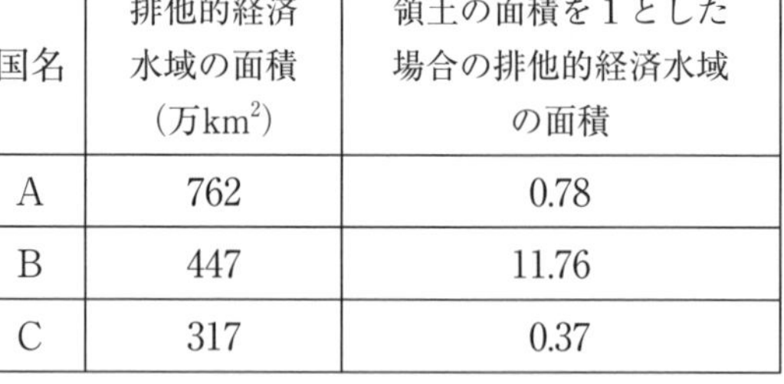

国名	排他的経済水域の面積（万km^2）	領土の面積を１とした場合の排他的経済水域の面積
A	762	0.78
B	447	11.76
C	317	0.37

（「地理統計要覧」ほかにより作成）

ア　A日本　Bアメリカ　Cブラジル
イ　A日本　Bブラジル　Cアメリカ
ウ　Aアメリカ　B日本　Cブラジル
エ　Aブラジル　B日本　Cアメリカ

〔　　　〕

(3) 右の地図を見て、次の各問いに答えましょう。 [兵庫県・改]

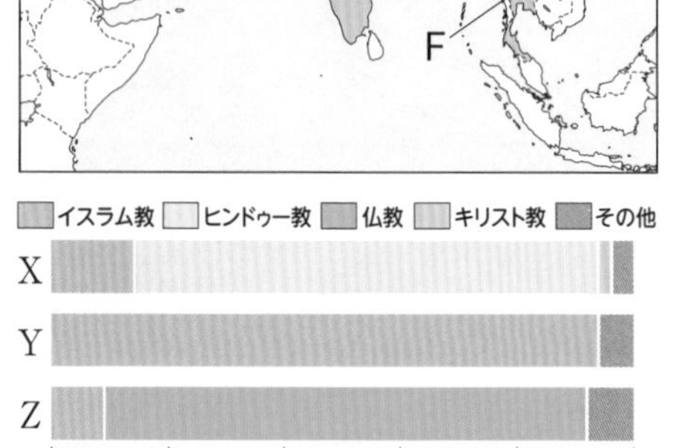

■イスラム教　■ヒンドゥー教　■仏教　■キリスト教　■その他
X
Y
Z
0　20　40　60　80　100%

（「データブック オブ・ザ・ワールド」2024年版より作成）

① 右下のグラフのX～Zは、それぞれ地図中のD～Fいずれかの国の宗教別人口構成を示しています。D、EとX～Zの組み合わせを次のア～カから１つ選び、記号で答えなさい。

ア　D－X　E－Y　　イ　D－X　E－Z
ウ　D－Y　E－X　　エ　D－Y　E－Z
オ　D－Z　E－X　　カ　D－Z　E－Y

〔　　　〕

② D国でみられる気候帯の伝統的な家屋の説明を、次のア～エから１つ選び、記号で答えなさい。

ア　遊牧(ゆうぼく)を行っているため、解体や組み立てがしやすいように建てられている。
イ　風通しをよくするため、床(ゆか)を地面から離(はな)して木材で建てられている。
ウ　森林が少なく木材を得にくいため、日干しれんがを積み上げて建てられている。
エ　湿気(しっけ)がこもらないようにするため、大きな窓や入口を設け、石を組んで建てられている。

〔　　　〕

2

けんさんのクラスでは、ある週の給食の献立に使用された食材に関連することを調べるために、次の表のように班ごとにまとめました。あとの各問いに答えましょう。

(3)は12点、ほかは各10点　計52点　[岐阜県・改]

班	献立	主な食材	調べたいこと
A	米飯	米	①東アジアや東南アジアでは稲作がさかんで、米を主食にする地域が多い。東南アジアでは、地域の安定と発展のために②東南アジア諸国連合が結成され、日本もさまざまな分野で協力を進めている。アジアの国々と日本との経済協力について調べたい。
B	揚げだし豆腐	大豆	給食の大豆は地元産を用いているが、日本は大豆の多くをアメリカやブラジルから輸入している。これらの国々では、③どのように農業が行われているのか、日本と比較して調べたい。
C	ビーフシチュー	牛肉	日本は牛肉の多くを、アメリカや④オーストラリアから輸入し、消費している。いっぽうで、経済の発展が進むBRICSの１つである（　X　）では、人口の80%以上が牛を神聖なものと考えるヒンドゥー教を信仰し、多くの人が牛肉を食べない。このような、宗教と食との関係について調べたい。

(1)　下線部①について、次の［　a　］にあてはまる風の名を書きなさい。

◇　アジアの東部から南部にかけての海沿いの地域では、半年ごとに風向きが変化する［　a　］が海から吹くことで降水量が多くなり、雨季となる。

［　　　　　］

(2)　下線部②の略称を、大文字のアルファベット５字で書きなさい。［　　　　　］

(3)　下線部③について、B班はメモを書きました。［　b　］にあてはまる事柄を表と資料を参考にして「農地」「大型機械」という２つの語句を用いて、簡潔に書きなさい。

表　日本とアメリカの農業経営の比較

	日本	アメリカ
１人あたりの農地の面積（2012年）	3.7 ha	169.6 ha
１人あたりの機械の保有台数（2007年）	1.64台	1.77台

(「FAOSTAT」より作成)

資料　アメリカの大規模なかんがい農業

(Cynet Photo)

たくさんのスプリンクラーがついた、長さ400 mのかんがい装置が散水しながら動く。

［B班のメモ］　日本とアメリカの農業経営を比べると、アメリカの農業の特色は、少ない労働力で［　b　］という、企業的な農業が主流となっていることである。

［　　　　　］

(4)　下線部④について、右のグラフはオーストラリアの貿易相手国の割合を示しており、Ⅰ、Ⅱは1960年、2022年のいずれかです。2022年にあたるものはどちらですか。［　　　］

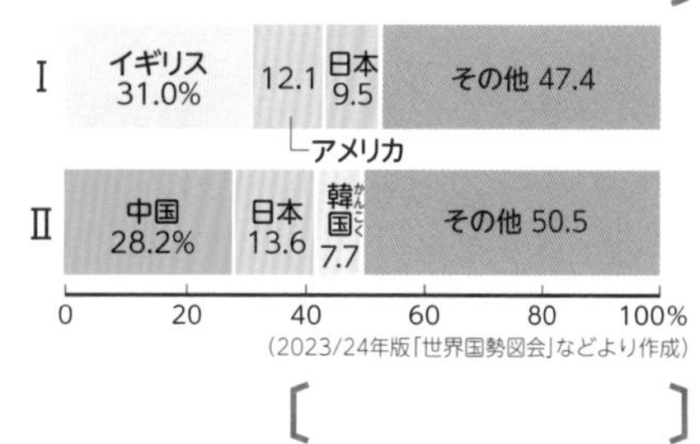

(2023/24年版「世界国勢図会」などより作成)

(5)　（　X　）にあてはまる国の名を書きなさい。

［　　　　　］

学習した日　／　もう一度　バッチリ!

12 地形図から何がわかるの？

地形図のきまり、日本の地形 #中2

地形図は土地の使われ方や起伏などを詳しく表した地図で、**縮尺**が**2万5千分の1**と**5万分の1**のものが代表的です。縮尺は、実際の距離を地図中に縮めた割合です。

●地形図の読み取り

【方位】 地形図では**上が北**になっています。

【実際の距離】 地形図上の長さ×縮尺の分母で求められ、右の地形図の**A－B**間の実際の距離は
2 cm×25000＝50000 cm＝500 m。

【等高線】 同じ高さの地点を結んだ線で、間隔が狭いと傾斜が急、広いと緩やか。斜面**C**は**D**より傾斜が急。

【地図記号】 建物・施設や土地利用の様子がわかります。

◎ 市役所	Y 消防署	老人ホーム	図書館	田	茶畑
文 小・中学校	⊗ 警察署	卍 寺院	博物館・美術館	畑	広葉樹林
〒 郵便局	病院	⛩ 神社	風車	果樹園	針葉樹林

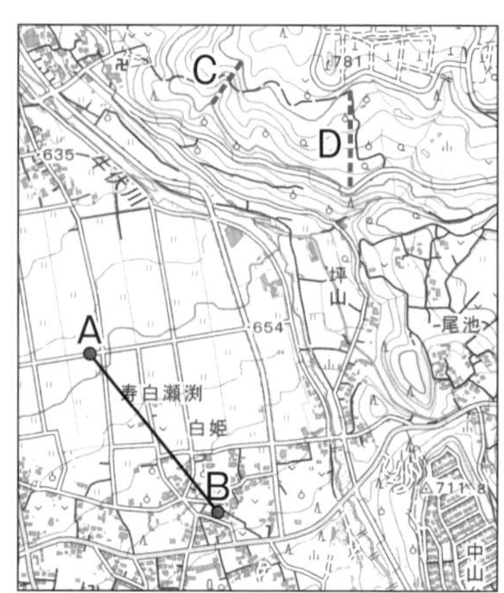

2万5千分の1の地形図

日本は地震や火山活動が活発な**環太平洋造山帯**にあり、国土の約4分の3が山地です。川は長さが短く傾斜が急で、土砂を運んで**扇状地**や**三角州**などの地形をつくります。

【日本の主な山地と火山】

主な山地・山脈
★ 日本アルプス
▲ 主な火山

日本海
太平洋
日高山脈
越後山脈
奥羽山脈
フォッサマグナ
大きな溝状の地形
飛驒山脈★
中国山地
筑紫山地
関東山地
富士山
赤石山脈★
四国山地
木曽山脈★
九州山地
紀伊山地
阿蘇山
桜島
0 400km
(『理科年表』など)

日本アルプスには3000 m級の山々が連なる。

●川がつくる地形

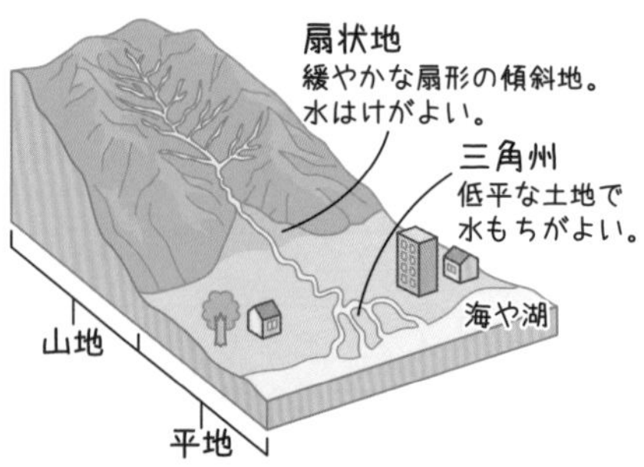

●海岸地形と海底地形

(Cynet Photo)
リアス海岸

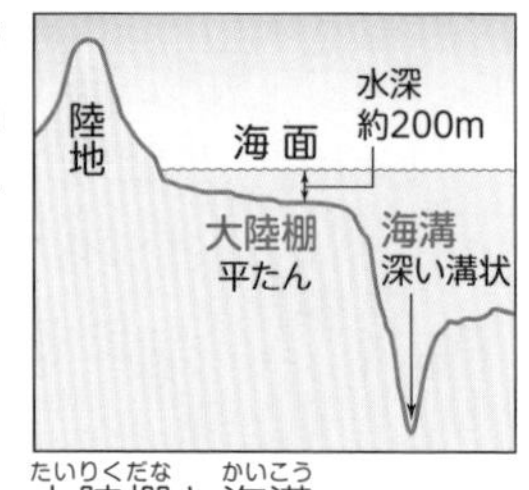

大陸棚と海溝

基本練習

➡ 答えは別冊4ページ

1 □にあてはまる語句を書き、（　　）は正しいほうを選びましょう。

⑴　等高線の間隔が広いところは、傾斜が（　急・緩やか　）になっています。

⑵　Qの地図記号は □ を表しています。

⑶　日本アルプスの３つの山脈は、北から順に □ 山脈、木曽山脈、□ 山脈です。

⑷　川が山地から平地に出るところには（　三角州・扇状地　）が、川が海や湖に流れ込むところには（　三角州・扇状地　）が形成されます。

2 **次の図は、静岡県牧之原市の地形図（２万５千分の１）の一部です。図の範囲から読み取れることとして最も適切なものをあとのア～エから１つ選び、記号で答えましょう。**
［山口県］

ア　「勝間田城跡」から見下ろすと、「布引原」付近の茶畑がよく見える。

イ　「勝間田城跡」周辺の森林は、針葉樹林よりも広葉樹林が多くみられる。

ウ　２つの三角点の地図上の直線距離は約4 cmなので、実際の距離は約2 kmである。

エ　「桃原」の西側には、谷に位置する果樹園がみられる。

〔　　　　〕

ミス注意　**2「勝間田城跡」と「布引原」の間の等高線の数値に注目して、「勝間田城跡」の標高と比べてみよう。**

学習した日　／　 もう一度　バッチリ！

13 日本の気候と自然災害 #中2
日本の中でも気候が違うの？

日本は大部分が**温帯**に属し（北海道は亜寒〔冷〕帯）、四季の変化がはっきりしています。**季節風（モンスーン）**のほか、**梅雨**や**台風**の影響も受け降水量が多いのが特徴です。

日本の気候区分と季節風

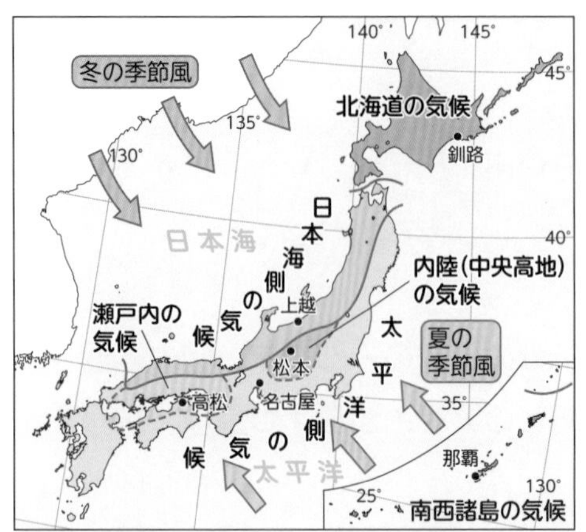

夏は暖かく湿った季節風が南東から吹き、太平洋側に雨を降らせます。冬は北西から冷たい季節風が吹き、日本海側に雪や雨を降らせます。山地を越えると乾いた風となります。

各地の雨温図

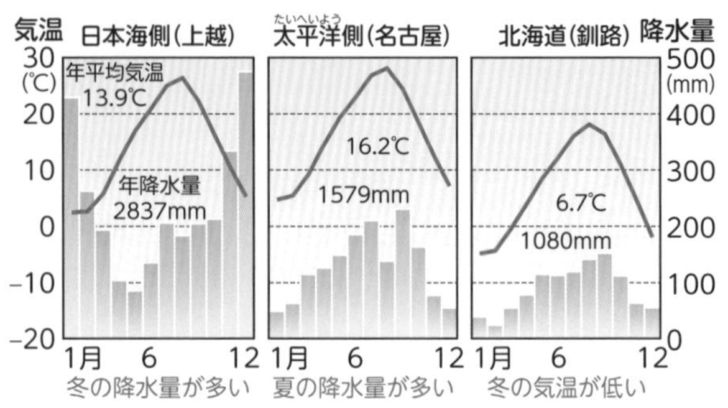

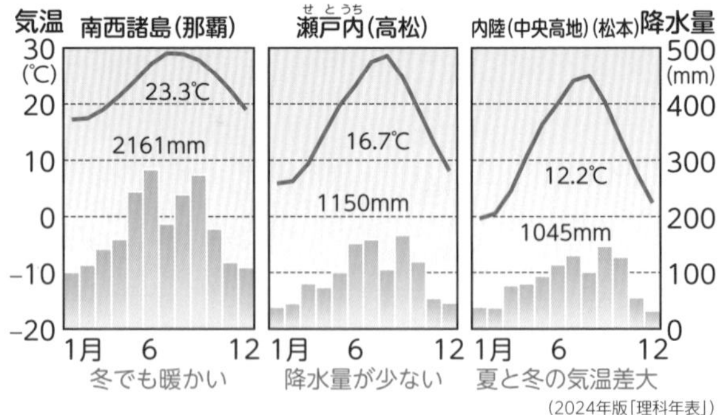

(2024年版「理科年表」)

日本は**地震**や**火山災害**のほか、**洪水**や**土石流**、**高潮**などの気象災害が多い国です。これらの被害を防ぐ取り組み（**防災**）や、できるだけ抑える取り組み（**減災**）が進んでいます。また、多くの地域で災害を予測した**ハザードマップ**がつくられています。

【さまざまな自然災害】

地震

(ピクスタ)

(朝日新聞社、Cynet Photo)

建物の倒壊や地盤の**液状化**、土砂災害のほか、海底が震源のときは**津波**が発生することもある。

気象災害

(朝日新聞社、Cynet Photo)

洪水や高潮、土砂災害、雪害や干害など。

公助・自助・共助

国や都道府県などが支援する**公助**、自分や家族を守る**自助**、住民どうしで助け合う**共助**の取り組みがある。

基本練習

➜ 答えは別冊5ページ

1 ［　　］にあてはまる語句を書き、（　　）は正しいほうを選びましょう。

(1) 日本の大部分は［　　］帯の気候で、北海道は［　　］帯の気候です。

(2) 日本列島には、夏は（ 北西・南東 ）から、冬は（ 北西・南東 ）から季節風が吹いてきます。

(3) 自然災害による被害を防ぐことを（ 防災・減災 ）、被害をできるだけ抑えることを（ 防災・減災 ）といいます。

(4) 自然災害が起こったときに、自分や家族を守る行動を［　　］助、国や都道府県などが行う支援を［　　］助といいます。

2 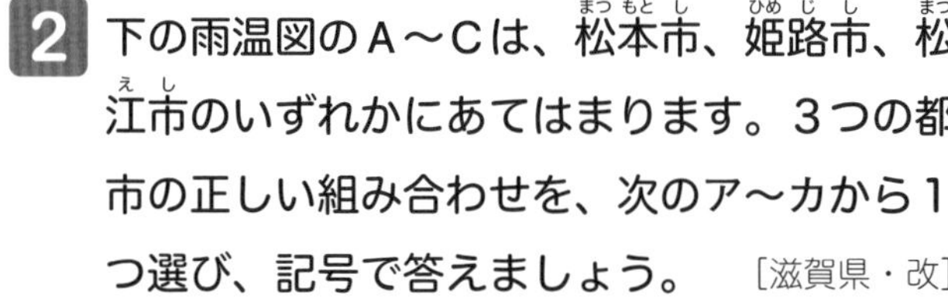下の雨温図のA～Cは、松本（まつもと）市（し）、姫路（ひめじ）市（し）、松江（まつえ）市（し）のいずれかにあてはまります。3つの都市の正しい組み合わせを、次のア～カから1つ選び、記号で答えましょう。　［滋賀県・改］

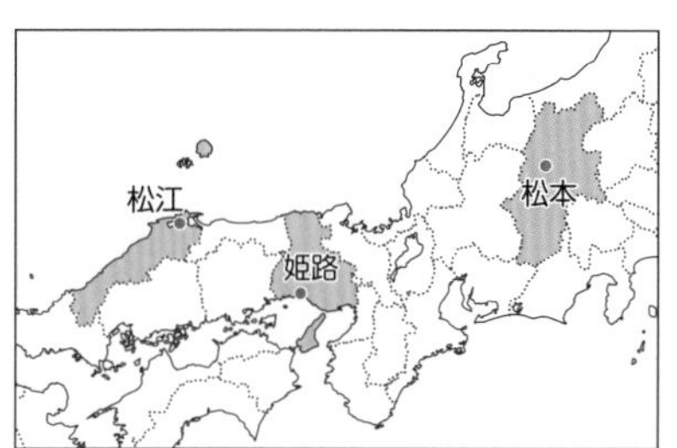

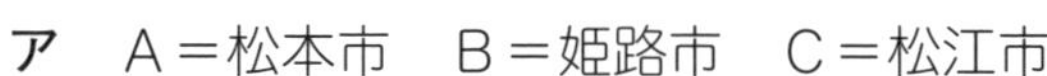
ア　A＝松本市　B＝姫路市　C＝松江市
イ　A＝松本市　B＝松江市　C＝姫路市
ウ　A＝姫路市　B＝松江市　C＝松本市
エ　A＝姫路市　B＝松本市　C＝松江市
オ　A＝松江市　B＝姫路市　C＝松本市
カ　A＝松江市　B＝松本市　C＝姫路市

〔　　　〕

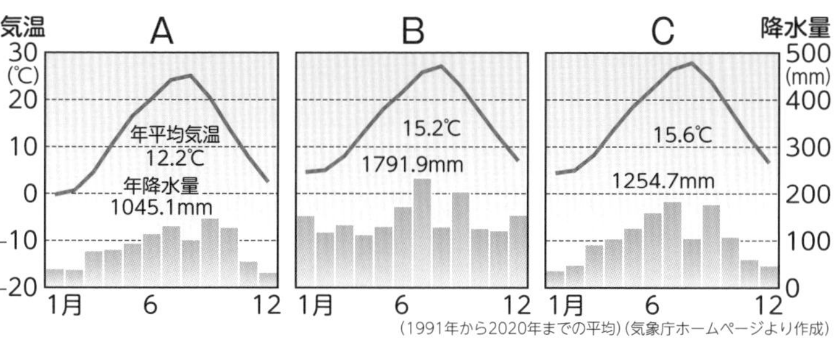

(1991年から2020年までの平均)(気象庁ホームページより作成)

ポイント **2** 年降水量のほか、冬の気温や降水量に注目して判断しよう。

14 日本の人口、資源、エネルギー #中2
再生可能エネルギーって何？

日本の人口は**約１億2500万人**（2022年）で、減少傾向にあり、子どもの数が減り、高齢者の割合が増える**少子高齢化**が急速に進んでいます。また、人口の分布には大きなかたよりがあります。

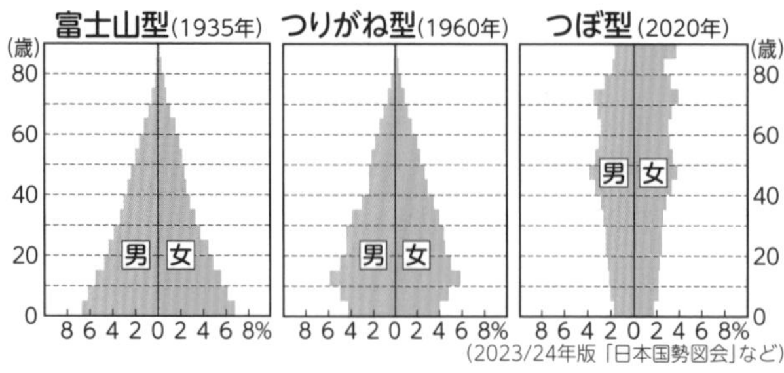

日本の人口ピラミッドの変化

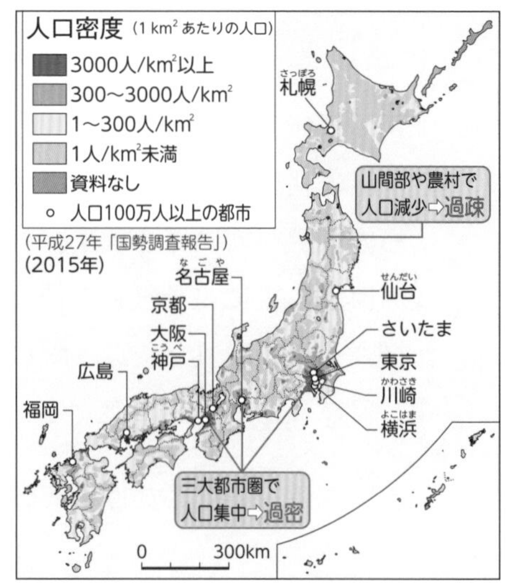

日本はエネルギー源となる**鉱産資源**が乏しく、ほとんどを外国からの輸入に頼っています。日本の発電の中心は**火力発電**で、**再生可能エネルギー**の導入を進めています。

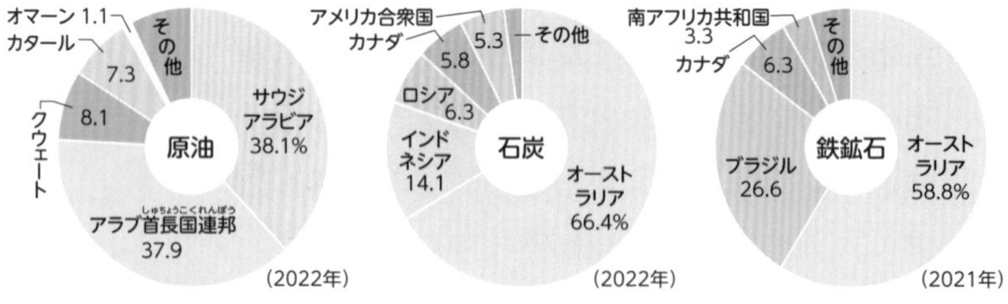

主な鉱産資源の輸入先

●主な発電の特色と日本の発電量割合

水力発電	ダムをつくり、水が落ちるときの力を利用。山間部に立地。
火力発電	石油や石炭、天然ガスなどが燃料。二酸化炭素の排出が課題。臨海部に立地。
原子力発電	ウランが燃料。放射性廃棄物の処理などが課題。

東日本大震災での原子力発電所事故のあと、原子力発電の利用が見直されるようになった。

●主な再生可能エネルギー

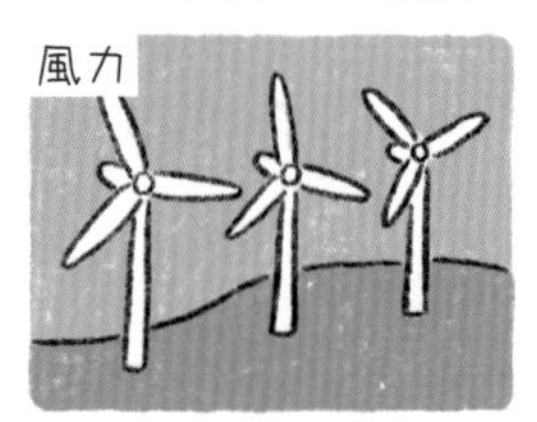

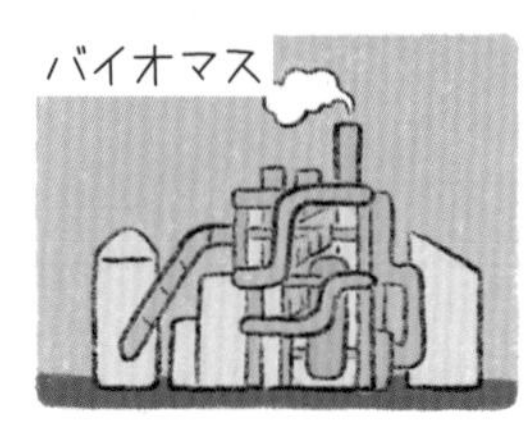

動植物など、生物を由来とした資源を燃やしたときの熱や、発生させたガスを利用する。

繰り返し利用することができ、環境にやさしい。効率や費用の面で課題も残る

基本練習

➡ 答えは別冊5ページ

1 [　　　] にあてはまる語句を書き、(　　　) は正しいほうを選びましょう。

(1) 日本の三大都市圏は人口が集中して (過密・過疎) の状態にあります。

(2) 日本は石油を (南アジア・西アジア) の国々から多く輸入しています。

石炭と鉄鉱石の最大の輸入相手国は (オーストラリア・中国) です。

(3) ウランを燃料に発電するのは、[　　　] 発電です。

(4) [　　　] 発電は、植物など、生物を由来とした資源を燃やしたときの熱や、発生させたガスを利用して発電します。

2 次の各問いに答えましょう。

(1) 右の**ア**～**エ**のグラフは、それぞれ1930年、1970年、2010年、2050年のいずれかの年における、わが国の年齢別人口の割合を表したものです。2010年のグラフにあたるものを**ア**～**エ**から1つ選び、記号で答えましょう。

[愛媛県]

	0～14歳	15～64歳	65歳以上
ア	10.6%	51.7	37.7
イ	13.2%	63.8	23.0
ウ	24.0%	68.9	7.1
エ	36.6%	58.6	4.8

(注) 2050年のグラフは、2017年における推計により作成したものである。

(2023/24年版「日本国勢図会」ほかによる)

〔　　　〕

(2) 右のグラフは、日本の発電電力量の発電方法による内訳の推移を表したものです。グラフ中の**A**～**C**にあてはまる発電方法を次の**ア**～**ウ**からそれぞれ選び、記号で答えましょう。

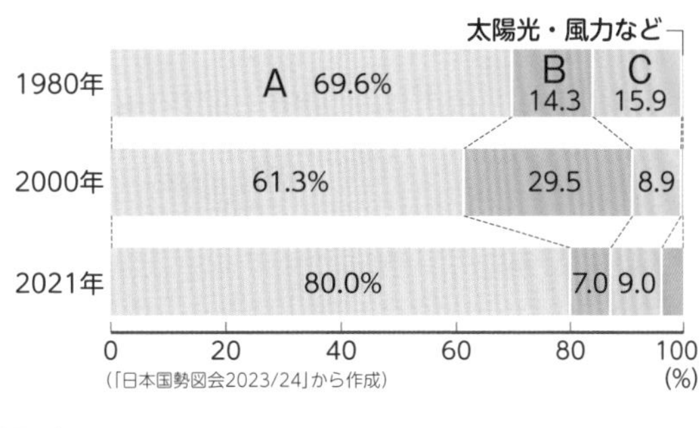

(「日本国勢図会2023/24」から作成)

ア 水力　**イ** 火力　**ウ** 原子力

[和歌山県]

A〔　　　〕　B〔　　　〕　C〔　　　〕

ポイント **2** (1) 日本の少子高齢化は今後さらに進むと予測されている。

学習した日 ／  もう一度 パッチリ!

15 日本の産業にはどんな特色があるの？

日本の産業、貿易、交通 #中2

産業は**第一次産業**（農林水産業）、**第二次産業**（鉱工業など）、**第三次産業**（商業やサービス業など）に分けられ、日本は第三次産業で働く人が全体の70%を超えています。

日本の農業

稲作は東北地方や北陸でさかんで、大都市の近くでは**近郊農業**が行われています。

日本の水産業

沖合漁業や遠洋漁業の漁獲量が減少し、**養殖業**や**栽培漁業**に力を入れています。

日本の工業

日本の工業は原材料を輸入し、工業製品をつくって輸出する**加工貿易**で発展しました。近年は人件費の安い外国へ工場移転が進み、**産業の空洞化**が問題になっています。

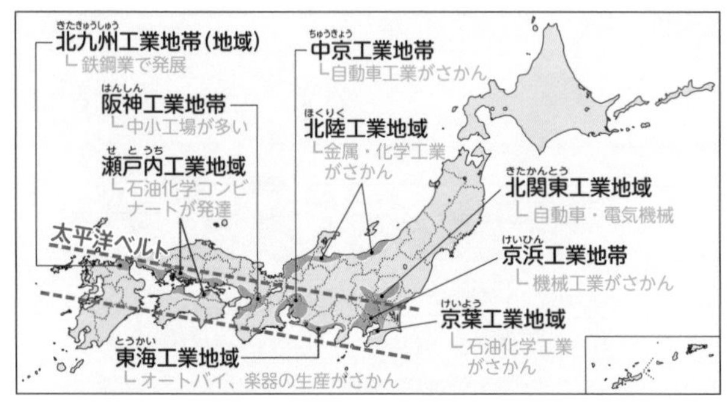

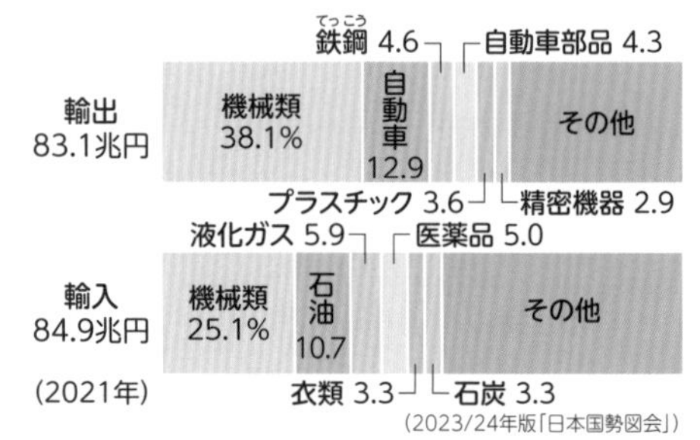

日本の輸出入品 近年は工業製品輸入が増加。

高速道路や新幹線などの**高速交通網**が整備されて、国内の主な都市間の移動時間が短縮されました。国内の貨物輸送と旅客輸送では**自動車**が中心となっています。外国との人や物の輸送では、**海上輸送**と**航空輸送**が使い分けられています。

基本練習

答えは別冊5ページ

1 [　　] にあてはまる語句を書き、(　　) は正しいほうを選びましょう。

(1) 商業・サービス業は、(第二次・第三次) 産業に分けられます。

(2) ビニールハウスなどの施設(しせつ)を使って、野菜の生長を早めて出荷する栽培方法を (促成・抑制) 栽培といいます。

(3) 千葉県の東京湾岸(わんがん)には [　　] 工業地域が形成され、大阪府から兵庫県にかけては [　　] 工業地帯が形成されています。

(4) 日本の2021年の輸出額１位の品目は機械類、２位は [　　] で、輸入額１位の品目は機械類、２位は [　　] です。

2 次の表は、2021年にわが国で貿易が行われた主な港または空港（あ～え）において、輸出額上位３品目とそれぞれが輸出総額に占(し)める割合を示したものです。表のA、Bは、輸出に利用する交通機関である船舶(せんぱく)または航空機のいずれかがあてはまります。航空機があてはまるのは表のA、Bのどちらですか。また、そのように判断した理由を、輸出額上位３品目の主な特徴(とくちょう)にふれながら簡潔に書きましょう。

[長崎県・改]

港または空港	輸出額上位３品目			交通機関
あ	半導体等製造装置	科学光学機器	金	A
	9.1%	5.8%	5.6%	
い	集積回路	電気回路等の機器	科学光学機器	
	20.4%	6.4%	6.2%	
う	自動車	自動車部品	原動機（内燃機関など）	B
	23.1%	16.8%	4.1%	
え	自動車	自動車部品	プラスチック	
	16.8%	5.2%	4.5%	

（2023/24年版「日本国勢図会」から作成）

航空機 [　　]

理由 [　　]

ポイント **2** 海上輸送（船舶）では重くてかさばるものを運ぶことが多いのに対して、航空輸送ではどんなものを運ぶだろうか？

学習した日 ／  もう一度  バッチリ!

16 九州地方って、どんなところ？

九州地方　#中2

九州地方は**火山**が多く、噴火により被害が出ることがあります。いっぽうで温泉や、地下の熱水を利用した**地熱発電**などのめぐみもあります。九州南部には、火山の噴出物が厚く積もった**シラス台地**が広がります。

（ピクスタ）

カルデラは、火山の噴火によってできた大きなくぼ地だよ。

阿蘇山のカルデラ

冬でも温暖な宮崎平野では野菜の**促成栽培**が行われていて、九州南部では**畜産**がさかんです。工業では、明治時代、現在の北九州市（福岡県）に八幡製鉄所が建設され鉄鋼業が発展し、**北九州工業地帯**（地域）が形成されました。現在はIC（集積回路）や自動車の工場が進出しています。

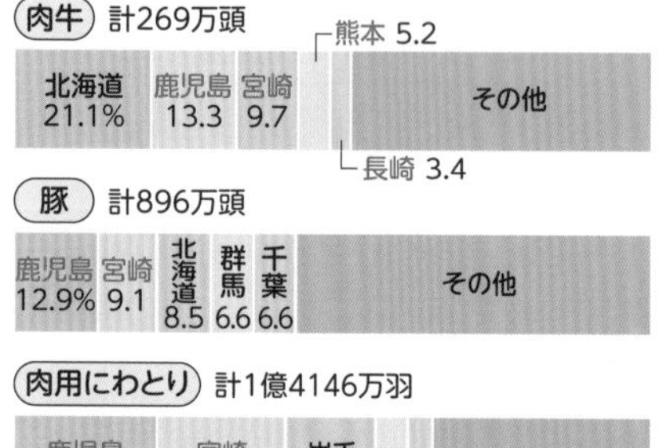

（2023年）（2024年版「データでみる県勢」）

主な家畜の飼育頭羽数の割合

【持続可能な社会への取り組み】

リサイクル

ごみの細かな分別

公害が深刻化した北九州市や熊本県水俣市は環境対策を進め、現在はエコタウンに認定されている。

九州の南にある南西諸島は亜熱帯の気候で一年中暖かく、**さんご礁**の海が広がります。**台風**の通り道になることが多く、被害が出ることもあります。沖縄県では、美しい自然や琉球王国時代の史跡をいかした**観光業**がさかんです。

さんご礁の海

首里城正殿（写真は2014年当時）

（2点とも、ピクスタ）

基本練習

→ 答えは別冊5ページ

1章 地理分野

2章

3章

模試

1 □にあてはまる語句を書き、（　）は正しいほうを選びましょう。

(1) 九州南部には、火山の噴出物が厚く積もった（ シラス・ローム ）台地が広がります。

(2) 火山の噴火によってできた大きなくぼ地を □ といい、阿蘇山のものは世界最大級です。

(3) 冬でも温暖な宮崎平野では、ビニールハウスを利用して、野菜の生長を（ 早めて・遅(おく)らせて ）出荷時期をずらす促成栽培が行われています。

(4) 明治時代、現在の北九州市に八幡製鉄所が建てられて □ 業が発展し、北九州工業地帯が形成されました。

(5) 沖縄県は、さんご礁などの美しい自然や、□ 王国時代の史跡をいかした観光業がさかんです。

2 みやこさんは、九州各県の特産品の多さに気づき、それぞれの農産物や農地の様子について調べました。資料１中のＡ～Ｄは佐賀、長崎、熊本、鹿児島のいずれかの県の農産物の収穫(しゅうかく)量を示したものです。鹿児島県にあてはまるものを資料１中のＡ～Ｄから１つ選び、記号で答えましょう。　［佐賀県・改］

資料１

	米（t）（2022年）	大麦（t）（2022年）	ばれいしょ（t）（2022年）	みかん（t）（2022年）	茶（生葉）（t）（2022年）
A	86000	704	97600	9700	130400
B	156800	9410	14800	75000	6230
C	117200	46200	3200	38900	–
D	48900	3900	83900	40400	–

（2024年版「データでみる県勢」などより作成）

1 (5) 琉球王国は、15世紀前半～17世紀はじめにかけて沖縄島を中心に栄えた独立国。首里城は2019年に火災にあい、多くの建物が焼失したけど、2026年に復元予定なんだ。

学習した日　／

17 中国・四国地方って、どんなところ？

中国・四国地方　#中2

中国・四国地方は３つの地域に分けられ、気候が異なります。**瀬戸内**は**季節風**が山地にさえぎられて降水量が少ないため、古くから水不足に悩まされ、**ため池**や用水路が整備されてきました。

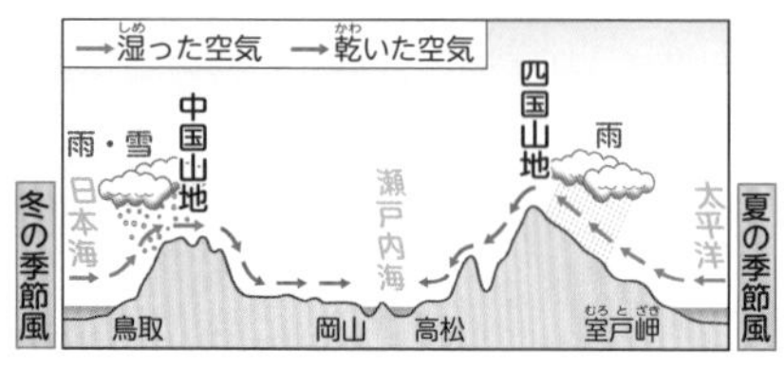

中国・四国地方の季節風の様子

高知平野では野菜の**促成栽培**が行われ、瀬戸内海の島々では**みかん**などかんきつ類の栽培がさかんです。瀬戸内海沿岸には**製鉄所**や**石油化学コンビナート**が建設され、**瀬戸内工業地域**が形成されています。

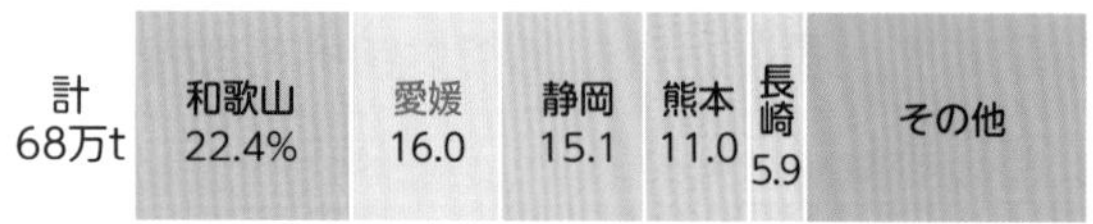

みかんの収穫量の割合

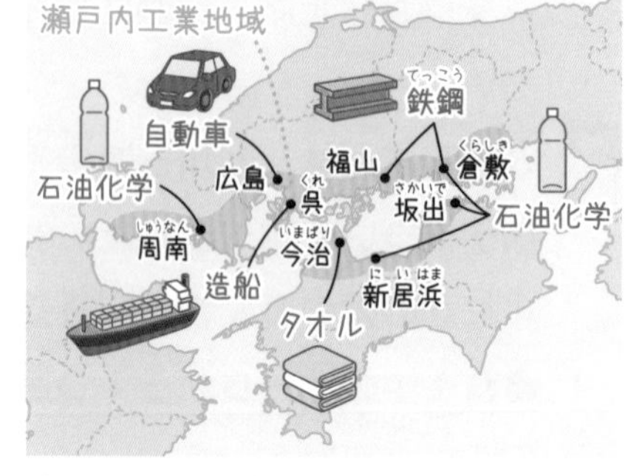

中国・四国地方の主な工業

本州四国連絡橋の開通で移動時間が短くなり、四国側から大阪など本州側の大都市に人が吸い寄せられる**ストロー現象**がみられます。山間部や離島は**過疎化**が深刻です。

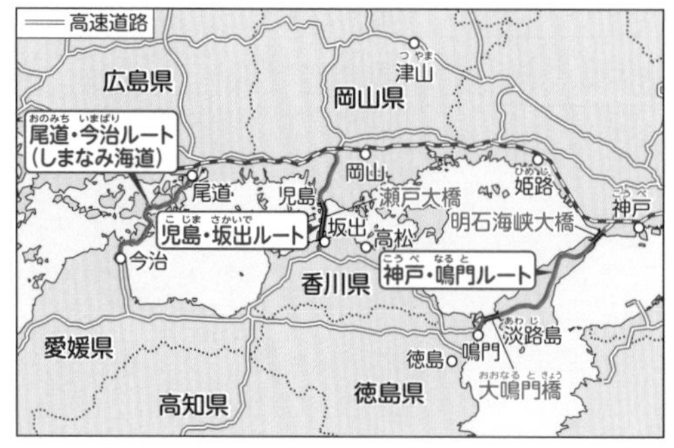

本州四国連絡橋の３つのルート

【地域おこし（町おこし・村おこし）】

過疎化が進む地域での地域活性化への取り組み。

基本練習

➔ 答えは別冊6ページ

1 [　　　] にあてはまる語句を書き、(　　) は正しいほうを選びましょう。

(1) 高知平野では、野菜の生長を早めて出荷する [　　　] 栽培がさかんです。

(2) 山口県の周南(しゅうなん)市には (製鉄所・石油化学コンビナート) が集まっています。

(3) 本州四国連絡橋の開通により、四国側から大阪など本州側の大都市に人が吸い寄せられる (ドーナツ化・ストロー) 現象がみられます。

(4) 岡山県倉敷市と香川県坂出(さかいで)市の間に、 橋がかかっています。

2 中学生のひろきさんは、資料１と資料２を用いて、島根県、愛媛県、高知県の気候と農業について考察しました。地図のＡは３県のいずれか一つを示したものです。資料１のア～ウは、それぞれ島根県浜田(はまだ)市、愛媛県松山(まつやま)市、高知県高知市のいずれかの降水量です。地図のＡが示す県に位置する都市に該当(がいとう)するものを資料１から１つ選び、記号で答えましょう。また、資料２のａ～ｃは、それぞれ３県のいずれかの農業産出額の内訳(2021年)です。地図のＡが示す県に該当するものを資料２から１つ選び、記号で答えましょう。　［佐賀県・改］

資料１

	1月降水量(mm)	7月降水量(mm)	年間降水量(mm)
ア	59.1	357.3	2666.4
イ	97.8	239.7	1654.6
ウ	50.9	223.5	1404.6

(気象庁Webページから作成)

地図

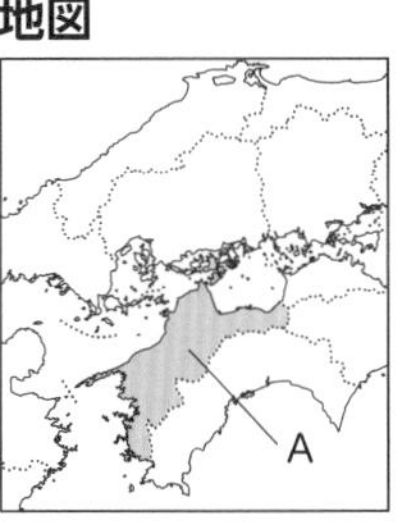

資料１［　　　］

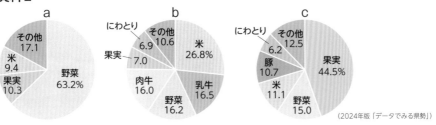

資料２［　　　］

資料２

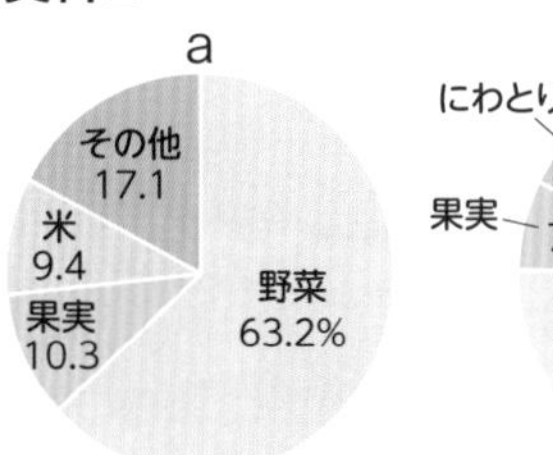

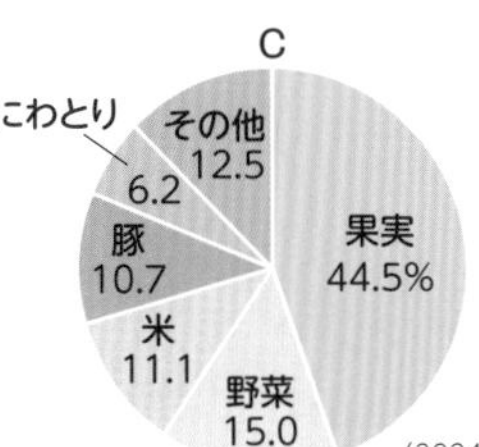

(2024年版「データでみる県勢」)

ポイント **2** Ａの県は瀬戸内海に面していることに注目しよう。

学習した日  ／  もう一度  バッチリ！

18 近畿地方 #中2 近畿地方って、どんなところ？

近畿地方の志摩半島や若狭湾には**リアス海岸**がみられます。**琵琶湖**から流れ出す**淀川**の水系は京阪神大都市圏の暮らしを支えていますが、琵琶湖では生活排水や工場廃水による水質悪化が問題となりました。

若狭湾
ずわいがに
丹波高地
琵琶湖
近江盆地
播磨平野
鈴鹿山脈
伊勢平野
淡路島
淀川
大阪平野
たまねぎ
かき
吉野すぎ
志摩半島
みかん
真珠
有田川
紀伊山地
うめ
尾鷲ひのき
紀伊半島
太平洋

(ピクスタ)
赤潮の発生（琵琶湖）

条例を制定するなどして、水質改善に取り組んでいる。

大阪湾の臨海部を中心に**阪神工業地帯**が形成されています。大阪府の内陸部には**中小企業**の町工場が集中し、高い技術力をもつ工場もあります。

東大阪市のある工場は、独自の技術で「絶対に緩まないねじ」を開発した。

●阪神工業地帯の歩み

明治時代	せんいなど軽工業が発達
第二次世界大戦後	臨海部で重化学工業が発達
1980年代以降	臨海部の工場の閉鎖・移転が進む
2000年代	テレビの薄型パネルの生産工場が進出するが、その後規模は縮小。
現在	太陽光発電のパネルや蓄電池などの工場ができて、再開発が進む。

大阪を中心に京都や神戸にかけて人口が集中し、**京阪神大都市圏**(大阪大都市圏)が形成されています。大都市周辺の**ニュータウン**では、建物の老朽化や少子高齢化が問題となっています。

【中心部の再開発】

(ピクスタ)
ターミナル駅の周辺で**再開発**。

【古都の景観を守る取り組み】

(2点ともに、Cynet Photo)
京都や奈良には歴史的な町並みが残り、外国人観光客も多い。景観を守るため、建物の外観などを規制。

基本練習

➡ 答えは別冊6ページ

1 ［　　］にあてはまる語句を書き、（　　）は正しいほうを選びましょう。

(1) 志摩半島や若狭湾沿岸には、複雑に入り組んだ［　　］海岸がみられます。

(2) 和歌山県は、（ ぶどう・みかん ）のほかにも、かきやうめの生産量が日本一です。

(3) ［　　］山地は昔から林業がさかんで、吉野(よしの)すぎや尾鷲(おわせ)ひのきなどの良質な木材が生産されています。

(4) 阪神工業地帯は明治(めいじ)時代にせんいなどの（ 軽・重化学 ）工業から発展し、戦後は臨海部で鉄鋼業などの（ 軽・重化学 ）工業が発達しました。

2 琵琶湖では、水質保全の取り組みがさかんに行われています。このような取り組みが行われているのはなぜですか。その理由を、次の資料1と資料2からわかることにふれて、簡単に書きましょう。 ［岩手県］

資料1 大阪府・京都府・滋賀県の市区町村別人口密度（2015年）

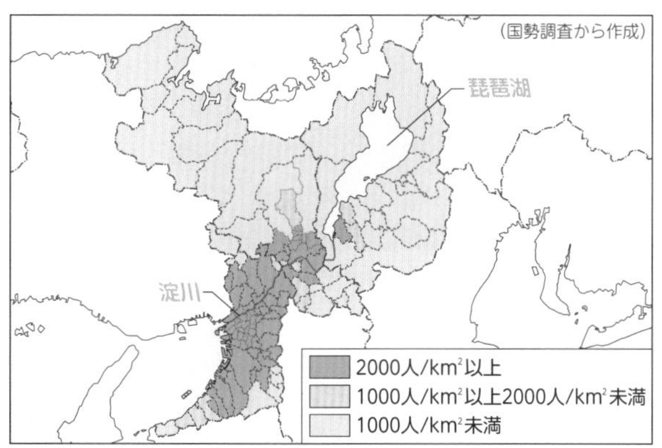

資料2 府県別人口に占(し)める琵琶湖の水の利用者数の割合（2019年）

府県名	割合（%）
大阪府	99.6
京都府	70.6
滋賀県	84.8

（滋賀県資料などから作成）

［　　　　　　　　　　　　　　　　］

ポイント **2** 京阪神大都市圏では、1960年代から千里(せんり)ニュータウンや泉北(せんぼく)ニュータウンなどがつくられたよ。その地域に暮らす人々が使う水道水の水源はどこだろう。

学習した日 ／   もう一度  バッチリ!

19 中部地方 #中2 中部地方って、どんなところ？

中部地方の中央高地には、飛驒山脈、木曽山脈、赤石山脈からなる**日本アルプス**が連なります。名古屋市には、国の出先機関や大企業のオフィスが集まり、周辺地域とともに**名古屋大都市圏**を形成しています。

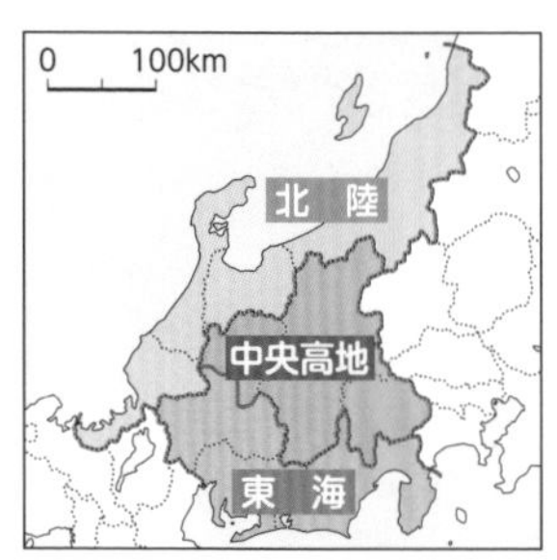

北陸、中央高地、東海の3つの地域に分けることができるよ！

中部地方の地域区分

北陸で**稲作**、中央高地で**果樹栽培**がさかんです。長野県の野辺山原など夏でも涼しい高原での**高原野菜**の栽培と、渥美半島での**電照菊**の栽培は**抑制栽培**といいます。

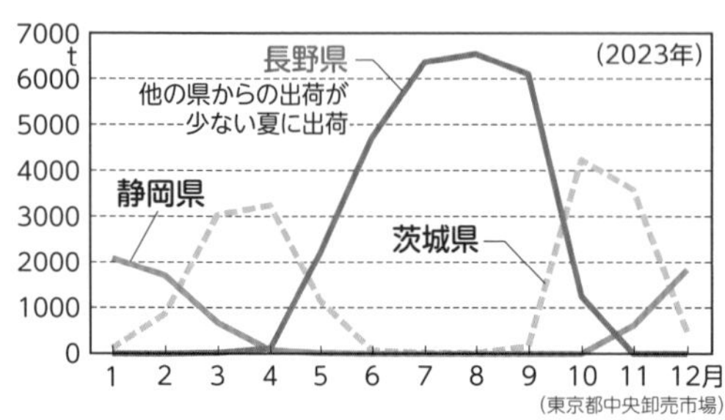

東京都の市場に出荷されるレタスの量

【電照菊の栽培】

(Cynet Photo)

温室（ビニールハウス）で夜間に照明を当てて菊の開花を遅らせ、秋から冬にかけて出荷する。

愛知県を中心に広がる**中京工業地帯**は工業生産額が日本一で、静岡県の沿岸部には**東海工業地域**が発達しています。中央高地では**精密機械工業**が発達していて、電気機械工業の工場も進出しています。北陸では**伝統産業**や**地場産業**がさかんです。

地場産業

伝統的な技術と地元でとれる原材料を用い、地域と深く結びついて発達した産業のこと。

基本練習

答えは別冊6ページ

1 [　　] にあてはまる語句を書き、(　　) は正しいほうを選びましょう。

(1) 電照菊の栽培のように、野菜や花の生長を (早めて・遅らせて) 出荷時期をずらす栽培方法を抑制栽培といいます。

(2) (中京・東海) 工業地帯は日本一の工業生産額を誇(ほこ)ります。

(3) 山梨県の [　　] 盆地(ぼんち)は、全国有数のぶどう・ももの産地です。

(4) 愛知県の [　　] 市には世界有数の自動車会社の本社があり、周辺には関連工場が集まっていて、自動車の生産がさかんです。

2 長野県と茨城県について、資料1、資料2、資料3は、まもるさんが、レタスの生産と出荷に関して集めた資料の一部です。資料1の[網かけ]で示した時期における、長野県産のレタスの東京都中央卸売(おろしうり)市場への月別出荷量には、どのような特徴(とくちょう)がありますか。資料1、資料2、資料3から読み取り、長野県の気候にふれて書きましょう。 [三重県]

資料1 長野県産のレタスと茨城県産のレタスの東京都中央卸売市場への月別出荷量

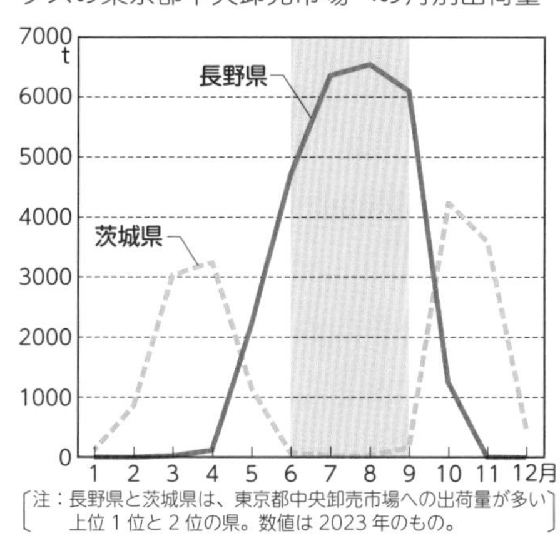

〔注：長野県と茨城県は、東京都中央卸売市場への出荷量が多い上位1位と2位の県。数値は2023年のもの。〕

(東京都中央卸売市場Webページから作成)

資料2 レタスの生育についてまとめたものの一部

> レタスの生育に適した気温は、15～20℃である。

資料3 レタスの生産がさかんな長野県の南牧(みなみまき)村(野辺山原)と茨城県の古河(こが)市の月別平均気温

	1月	2月	3月	4月	5月	6月
長野県南牧村	−5.3	−4.5	−0.3	5.8	11.0	14.8
茨城県古河市	3.6	4.6	8.2	13.5	18.4	21.8
	7月	**8月**	**9月**	**10月**	**11月**	**12月**
長野県南牧村	18.9	19.5	15.5	9.3	3.8	−1.9
茨城県古河市	25.6	26.8	23.0	17.2	11.0	5.8

(注：単位は℃)(気象庁Webページから作成)

〔　　　　　　　　〕

ヒント **2** 6月から9月の長野県産のレタスの東京都中央卸売市場への出荷量、同時期の南牧村の月別平均気温に注目しよう。

学習した日 [　／　]   もう一度  バッチリ!

20 関東地方って、どんなところ？

関東地方　#中2

関東平野の多くの台地は、**関東ローム**（火山灰が積もった赤土）に覆われています。内陸部では、冬に冷たく乾いた季節風の**からっ風**が北西から吹きます。

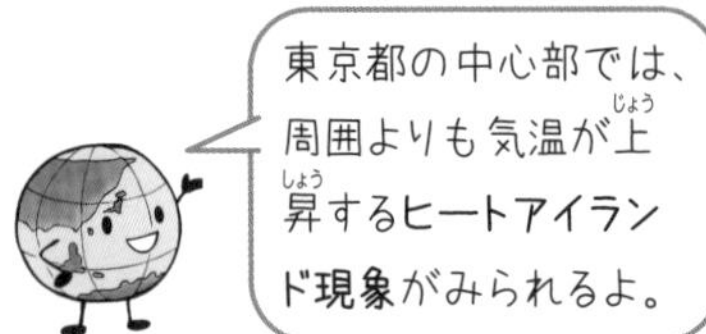

東京都の中心部では、周囲よりも気温が上昇するヒートアイランド現象がみられるよ。

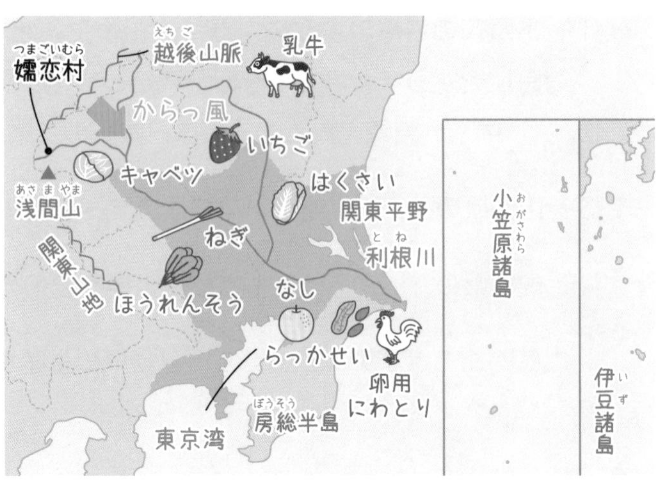

関東地方は大消費地向けに野菜や花を栽培する**近郊農業**がさかんです。東京湾岸に**京浜工業地帯**と**京葉工業地域**、内陸部に**北関東工業地域**が形成されています。

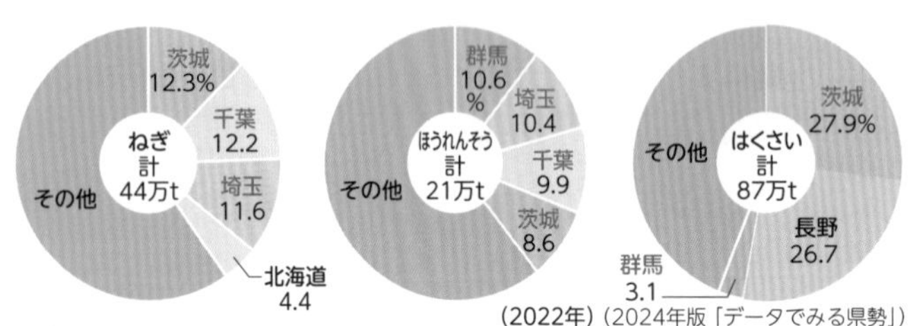

主な野菜の収穫量の割合

関東地方の主な工業

東京は日本の**首都**で、東京都を中心に周りの県にまたがる**東京大都市圏**が形成されています。多くの人が郊外や近県から東京都心へ通勤・通学するため、**都心**は夜間人口より昼間人口が多くなっています。東京は**過密**状態でさまざまな都市問題を抱えています。

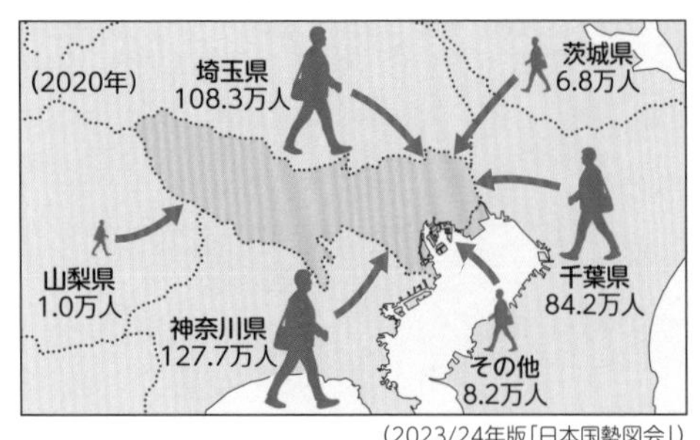

東京都へ通勤・通学する人の数

都心の役割
国会議事堂
国の政治や行政の中心。
副都心の役割
新宿
都心の役割を分担する。

基本練習

➡ 答えは別冊6ページ

1 ［　　　］にあてはまる語句を書き、(　　　) は正しいほうを選びましょう。

(1) 関東平野には、流域面積が日本一の（ 利根・信濃 ）川が流れています。

(2) 関東地方の内陸部では、冬に冷たく（ 湿った・乾いた ）季節風のからっ風が北西から吹きます。

(3) 神奈川県・東京都・埼玉県には［　　　］工業地帯、群馬県・栃木県・茨城県には［　　　］工業地域が発達しています。

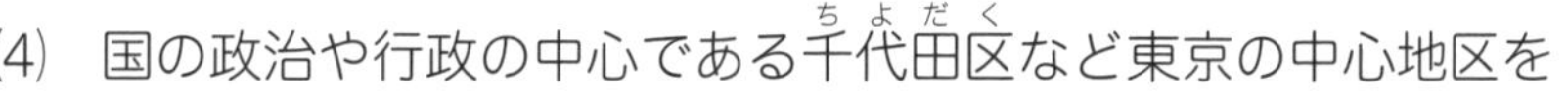

(4) 国の政治や行政の中心である千代田区など東京の中心地区を

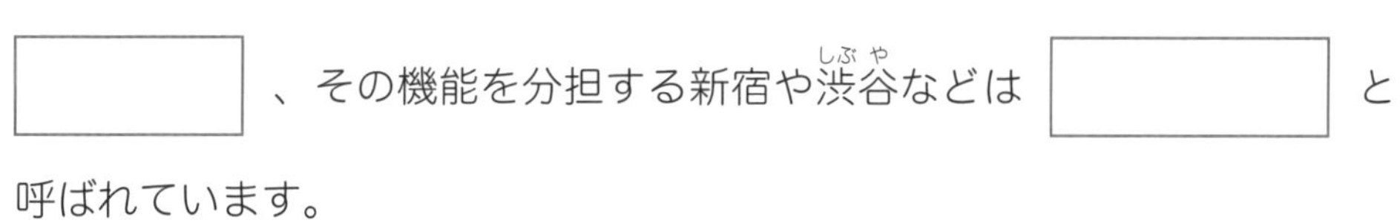

［　　　］、その機能を分担する新宿や渋谷などは［　　　］と呼ばれています。

2 関東地方に関し、次の図は、関東１都６県について、それぞれの昼夜間人口比率*を表したものです。図中のA～Cにあてはまる都県名を、あとのア～ウからそれぞれ１つ選び、記号で答えましょう。　［和歌山県］

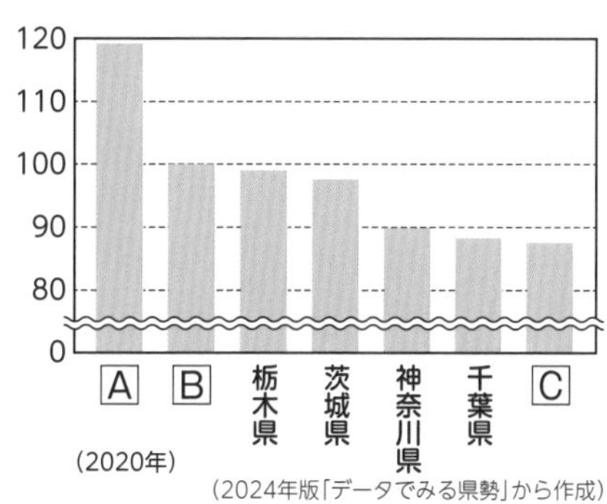

(2024年版「データでみる県勢」から作成)

＊昼夜間人口比率とは、夜間の人口100人あたりの昼間の人口の割合のことである。
(昼夜間人口比率＝昼間の人口÷夜間の人口×100)

ア　群馬県　　イ　埼玉県　　ウ　東京都

A［　　　］ B［　　　］

C［　　　］

ポイント **2** 東京大都市圏には、都道府県並みの権限をもつ政令指定都市が５つもある（横浜市・川崎市・さいたま市・千葉市・相模原市）。

学習した日　／　□もう一度　□バッチリ！

21 東北地方 #中2 東北地方って、どんなところ？

東北地方の日本海側は、冬に北西の季節風の影響で雪や雨が多くなります。いっぽう、太平洋側では、夏に、**やませ**という冷たく湿った北東風が吹くと、日照不足や低温になり、稲が十分に育たない**冷害**が発生することがあります。

潮目（潮境）
暖流の黒潮と寒流の親潮がぶつかる海域。魚のえさとなるプランクトンが豊富で好漁場となっている。

東北地方では**稲作**や**果樹栽培**がさかんです。三陸海岸の南部には**リアス海岸**がみられ、波の静かな湾内では養殖業が行われています。**伝統産業**もさかんで、国の伝統的工芸品に指定されているものも多くあります。

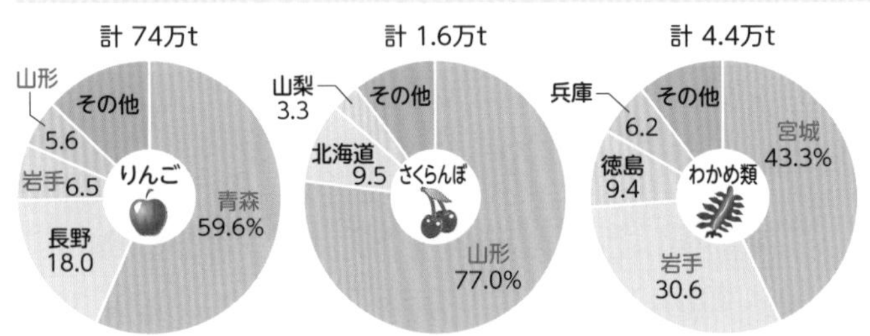

（わかめ類は2021年、ほかは2022年）（2024年版「データでみる県勢」）

りんご・さくらんぼの収穫量・わかめ類の養殖量の割合

東北地方の主な伝統的工芸品

東北地方には地域の自然や生活、文化の影響を受けた**民俗行事**や、豊かな収穫を願う祭りなどの**伝統行事**が受け継がれています。中には、国の重要無形民俗文化財やユネスコの無形文化遺産となっているものもあります。

(Cynet Photo)

秋田竿燈まつり（秋田市）

たくさんの提灯をつけた竿燈を持って町を練り歩き、豊作を願うよ。竿燈全体を稲穂に見立てているんだ。

基本練習

答えは別冊7ページ

1章 地理分野

2章 3章 模試

1 ［　　］にあてはまる語句を書き、（　　）は正しいほうを選びましょう。

(1) 庄内（しょうない）平野には［　　］川（がわ）が流れています。

(2) 東北地方の太平洋側では、冷たく湿った北東風の［　　］が吹くと、日照不足や低温で稲が十分に育たない［　　］の被害が出ることがあります。

(3) （　わかめ・かき　）類の養殖量では、宮城県が日本一で、岩手県が２位となっています。

(4) 岩手県では、（　天童将棋駒（てんどうしょうぎごま）・南部鉄器（なんぶてっき）　）や秀衡塗（ひでひらぬり）などの伝統的工芸品が生産されています。

2 東北地方の水産業に関して、次の各問いに答えましょう。　［静岡県］

(1) 地図の気仙沼港（けせんぬまこう）は三陸海岸の漁港です。三陸海岸の沖合いは、海底の栄養分がまき上げられてプランクトンが集まり、さまざまな魚がとれる豊かな漁場になっているため、沿岸部には水あげ量の多い漁港が点在しています。三陸海岸の沖合いが、このような豊かな漁場になっている理由を、海流に着目して、簡単に書きましょう。

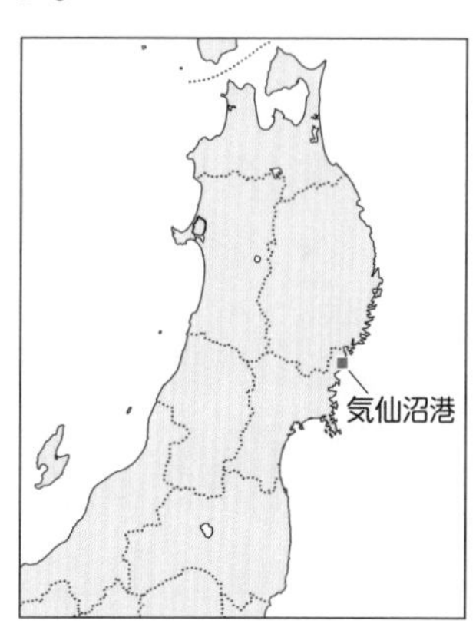

［　　　　　　　　　　　　　　　　］

(2) 近年、遠洋漁業のような「とる漁業」に加えて、栽培漁業のような「育てる漁業」にも力が入れられるようになっています。「育てる漁業」のうち、三陸海岸でもさかんな、いけすやいかだなどで、魚介類（ぎょかいるい）を大きく育てたのち出荷する漁業は何と呼ばれますか。その名称（めいしょう）を書きましょう。

［　　　　　　］

ミス注意 **2**(2)「育てる漁業」の種類は２つあって、放流するかどうかが大きな違（ちが）いだったね。

22 北海道地方 #中2 北海道地方って、どんなところ？

北海道は冬の寒さが厳しい**亜寒帯（冷帯）**の気候に属し、太平洋側の沿岸部では夏に**濃霧**が発生します。先住民族の**アイヌの人々**が暮らし、近年はその文化を保護しようとする動きがみられます。

(Cynet Photo)

寒さを防ぐ二重の玄関

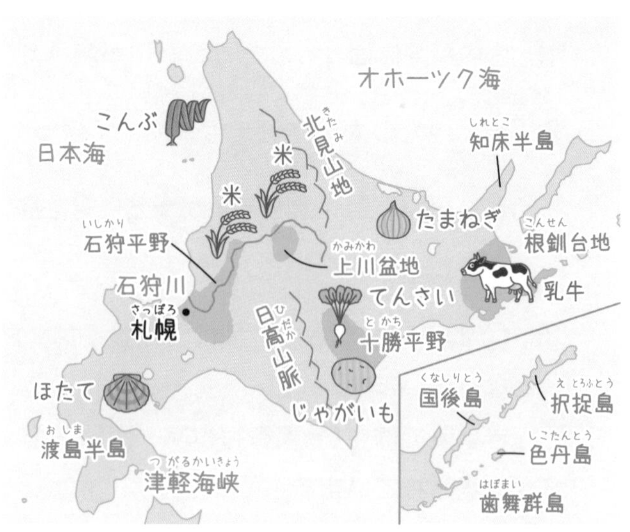

石狩平野は、ほかの土地から性質のよい土を運び入れる**客土**によって**稲作**に適した土地になりました。**畑作**がさかんな**十勝平野**では**輪作**が取り入れられていて、**根釧台地**は大規模な**酪農**地帯となっています。**養殖業**や**栽培漁業**、食料品工業もさかんです。

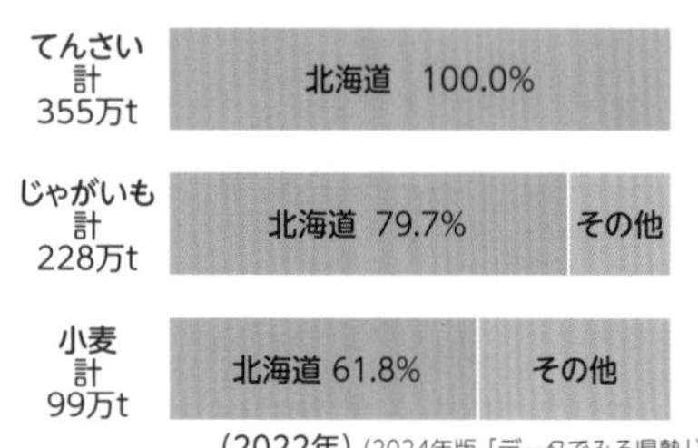

（2022年）（2024年版「データでみる県勢」）

主な農作物の収穫量に占める北海道の割合

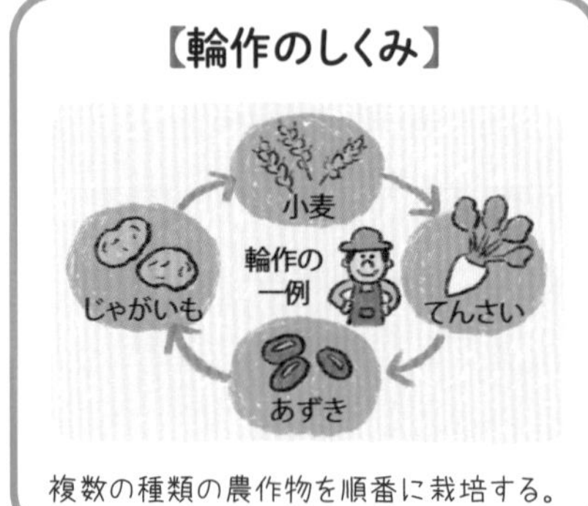

複数の種類の農作物を順番に栽培する。

同じ農作物を続けてつくると、土地の栄養分が落ちてしまうんだ。

北海道には雄大な自然が広がり、**国立公園**もあります。**世界遺産（自然遺産）**に登録されている知床などでは、**エコツーリズム**（自然環境などを守りながら、それを体験したり学んだりする観光の形）の取り組みが進められています。

【自然環境との共存】

（ピクスタ）

知床五湖周辺では、貴重な植物が踏み荒らされないように高架木道を設置している。

基本練習

答えは別冊7ページ

1 ［　　］にあてはまる語句を書き、（　　）は正しいほうを選びましょう。

(1) 北海道は、冬の寒さが厳しい（ 亜寒・寒 ）帯の気候に属します。

(2) 泥炭地が広がっていた［　　］平野は、ほかの土地から性質のよい土を運び入れる［　　］によって稲作に適した土地になりました。

(3) 十勝平野では、同じ耕地で複数の種類の農作物を順番に栽培する（ 連作・輪作 ）が取り入れられています。

(4) 根釧台地では、乳牛を飼育してバターやチーズなどの乳製品をつくる［　　］がさかんです。

2 太郎(たろう)さんは、地図で示した知床半島の斜里(しゃり)町を訪れた際に観光政策に興味をもち、図１、図２を作成しました。1980年代から1990年代にかけて知床半島においてどのような問題が生じたと考えられますか。また、知床半島の人々はその解決に向けてどのような取り組みをしてきたのか、図１、図２を踏まえ、「両立」の語句を用いてそれぞれ簡潔(かんけつ)に書きましょう。［栃木県］

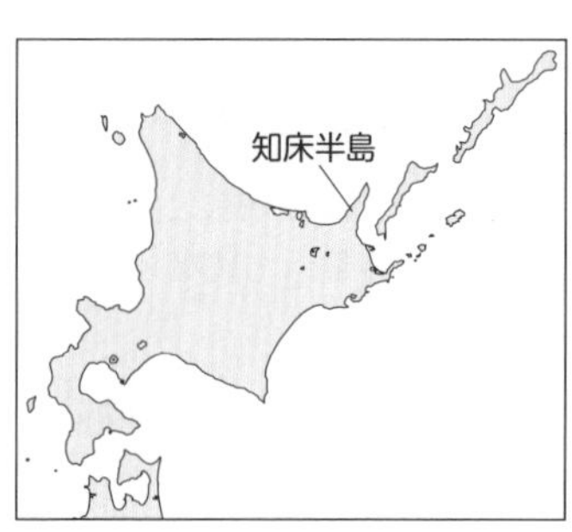

図１ 観光客数（斜里町）

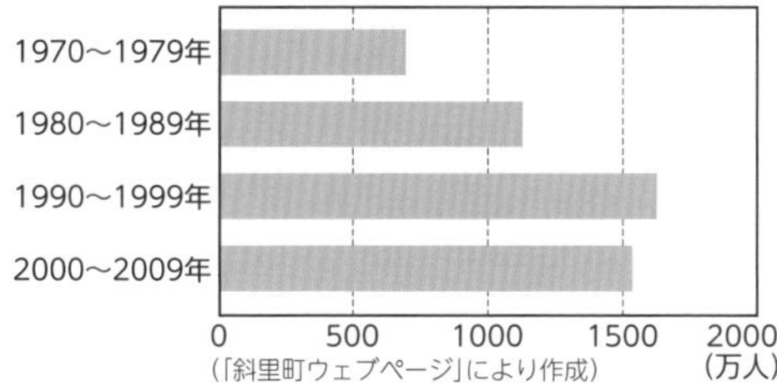

図２

1980年	知床横断道路開通
1999年	自動車の乗り入れ規制開始
2005年	世界自然遺産登録
2007年	知床エコツーリズムガイドライン策定

（知床データセンターウェブページ）

［　　　　　　　　　　　　　　　　　　］

ポイント **2** 北海道では雄大な自然や豊富な雪をいかした観光業がさかんで、国内だけでなく外国からも多くの観光客が訪れるよ。

学習した日　／

もう一度
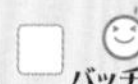
バッチリ！

実戦テスト 2

➔答えは別冊18ページ

得点 ／100点

1

次の文は、地形図上に示した、松江城(まつえじょう)と松江城周辺の調査の道順を説明したものです。この文には、誤っている語句が2つあります。誤っている語句を下線部ア～オの中から2つ選び、それぞれ正しい語句を書きなさい。　各10点（それぞれ完答）　計20点　[滋賀県]

- - - - ：調査の経路を示す破線
➔ ：進む方向を示す矢印
[国土地理院　電子地形図2万5000分の1より作成]

X地点を出発地、X地点から見て8方位でア南東の方角にあるY地点を最終地として、地形図上に破線と矢印で示した経路で進みます。地形図上のX地点からY地点までの直線の長さは8cmであることから、実際のX地点からY地点までの直線距離(きょり)はイ2kmです。
X地点を出発してウ市役所の横を通って進み、交差点を左に曲がって松江城に行き、天守を見学します。天守を見学したあと、Y地点に向かいます。松江城から国道431号までの間には、松江城を出てすぐにエ図書館があり、さらに進むと左にオ寺院があります。
国道まで行き、国道にそって進むと交差点があり、この交差点を右に曲がって進むとY地点に到着(とうちゃく)します。

記号［　　］・正しい語句［　　　　］　記号［　　］・正しい語句［　　　　］

2

次の各問いに答えましょう。　各10点　計30点

(1) 日本列島の近海には、海岸線に沿うように、深さおよそ200 mまでの平たんな海底がみられます。このような海底を何といいますか。　[山口県]［　　　　］

(2) 次の説明文は、日本海側の地域で冬に雨や雪が多く降るしくみについて述べたものです。説明文中の□□□にあてはまる内容を、簡潔(かんけつ)に書きなさい。　[和歌山県・改]

右の資料は、日本海側の地域で冬に雨や雪が多く降るしくみを模式的に表したものです。大陸から吹(ふ)いてくる季節風が、日本海を渡(わた)るときに、□□□、本州(ほんしゅう)の山地にぶつかって、日本海側の地域に多くの雪を降らせます。

資料

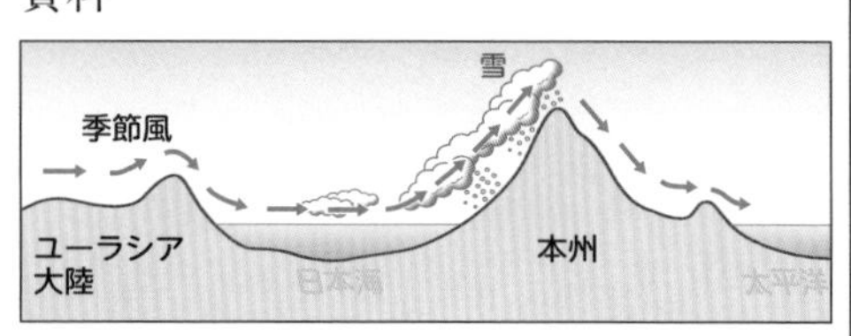

［　　　　　　　　　　］

(3) 再生可能エネルギーを次のア～エから1つ選び、記号で答えなさい。　[岐阜県・改]

ア　石炭　　イ　天然ガス　　ウ　バイオマス　　エ　石油　［　　］

3

右の略地図を見て、次の各問いに答えましょう。　各10点　計50点　[三重県]

(1)　資料１は、略地図に□で示した範囲の拡大図です。資料１に（楕円）で示したあたりに広がる自然環境について述べた文を次のア～エから１つ選び、記号で答えなさい。

ア　吉野すぎなどの良質な樹木が育っている。
イ　縄文すぎをはじめとする貴重な自然が残っている。
ウ　日本アルプスと呼ばれる、3000 m級の山脈がある。
エ　ブナの原生林が残る、白神山地が広がっている。

〔　　　　〕

資料１

(2)　略地図に示した仙台市のように、政府によって指定を受け、都道府県が担う業務の一部を分担する都市を何といいますか。その名称を漢字で書きなさい。〔　　　　〕

(3)　資料２のＡ～Ｃには、略地図に示した福岡県、佐賀県、宮崎県のいずれかがあてはまります。ＡとＣにあてはまる県名の組み合わせを次のア～カから１つ選びなさい。

資料２

	耕地面積に占める水田の割合（%）	農業産出額(億円) 米	農業産出額(億円) 畜産	工業出荷額(億円)
A	53.3	159	2308	17236
B	83.1	223	356	21051
C	80.9	327	397	94450

耕地面積に占める水田の割合は2022年。ほかは2021年。
（2024年版「データでみる県勢」ほかから作成）

ア　Ａ－福岡県　Ｃ－佐賀県
イ　Ａ－福岡県　Ｃ－宮崎県
ウ　Ａ－佐賀県　Ｃ－福岡県
エ　Ａ－佐賀県　Ｃ－宮崎県
オ　Ａ－宮崎県　Ｃ－福岡県　　カ　Ａ－宮崎県　Ｃ－佐賀県　〔　　　　〕

(4)　略地図に示した静岡県の工業について述べた文を次のア～エから１つ選び、記号で答えなさい。

ア　豊かな水を利用した製紙・パルプ工業がさかんで、パルプ・紙・紙加工品の出荷額は、全国１位である。
イ　金属加工の技術が発達し、ナイフやフォークなどの金属洋食器の出荷額は、全国１位である。
ウ　織物機械をつくる技術を土台にして自動車の生産が始まり、輸送用機械の出荷額は、全国１位である。
エ　明治時代に副業として眼鏡フレームづくりが始まり、眼鏡フレームの出荷額は、全国１位である。　〔　　　　〕

(5)　資料３のア～エには、略地図に示した北海道、三重県、兵庫県、沖縄県のいずれかがあてはまる。北海道をア～エから１つ選び、記号で答えなさい。〔　　　　〕

資料３

	産業別人口の割合（%） 第一次産業	第二次産業	第三次産業	人口（千人）
ア	3.4	14.7	81.9	1468
イ	1.5	25.2	73.3	5402
ウ	4.2	16.5	79.3	5140
エ	3.4	30.7	66.0	1742

（2022年）　（2024年版「データでみる県勢」から作成）

学習した日　／　□もう一度　□バッチリ!

合格につながるコラム②

受験のプレッシャーに負けないためには？

やるべきことをリストアップ

やるべきことを書き出して、優先順位を決めよう

受験が近づいてくると、何をどう対策したらよいのかわからず、焦ることがあります。

そんなときは、自分がこれからすべきことを書き出してみるとよいでしょう。何をすべきかがはっきりしないと余計に不安が募るものです。遠回りに感じても、やるべきことをリストアップして、いつまでに・何を・どうするのかを明確にして、今後のスケジュールを立てると、勉強がはかどるようになります。受験までの日数が迫ってきたら、優先順位をはっきりさせて、まずは必須事項から終わらせていきましょう。

社会科であれば、苦手意識がある単元の中で、得点に結びつきやすい項目を復習するとよいでしょう。例えば、まずは「歴史分野」から、混同しやすい「三大改革や元禄文化・化政文化」を整理して覚える、というようにひとつひとつこなしていきましょう。

友達といっしょにスケジュールを立てたり、重要な項目を先生に確認したりするのもいいと思うよ。

ニュースや新聞はこまめにチェック

ニュースは短時間でも確認する習慣をつける

社会科では「時事問題」として、現在の世の中で起こっている社会的なできごとが出題される場合があります。

受験勉強もあるのに、ニュースや新聞までとてもチェックしきれないと思うかもしれません。しかし、入試直前に数か月から１年分のできごとを、一気に覚えようとするのは大変です。１日のうちの短い時間でかまいません。例えば、「毎日15分だけニュースを見る」「夕食前に新聞の一面をチェックする」などと決めて、継続することがポイントです。

また、世の中の出来事や動きを知っておくことは、社会に出てからも大切なことなので、中学生のうちからニュースをチェックする習慣を身につけておくとよいでしょう。

2章

歴史分野

23 古代文明はどこでおこった？

古代文明のおこり　#中1

アフリカやアジアでは、農耕や牧畜に適した大河の流域で古代文明がおこりました。

●古代文明がおこった地域

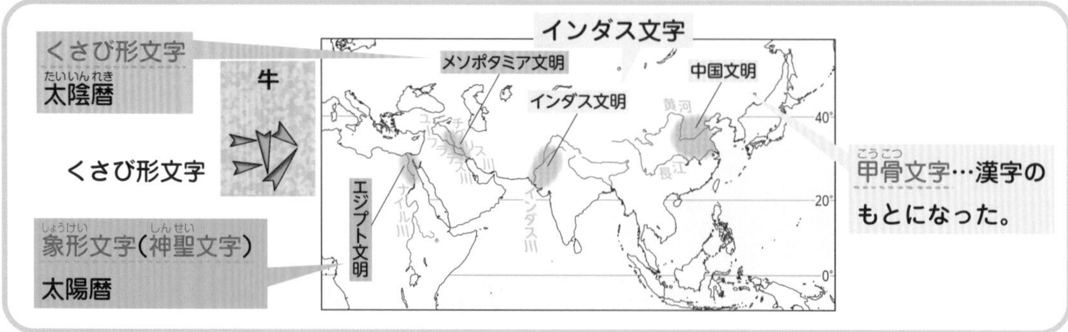

●古代中国の動き

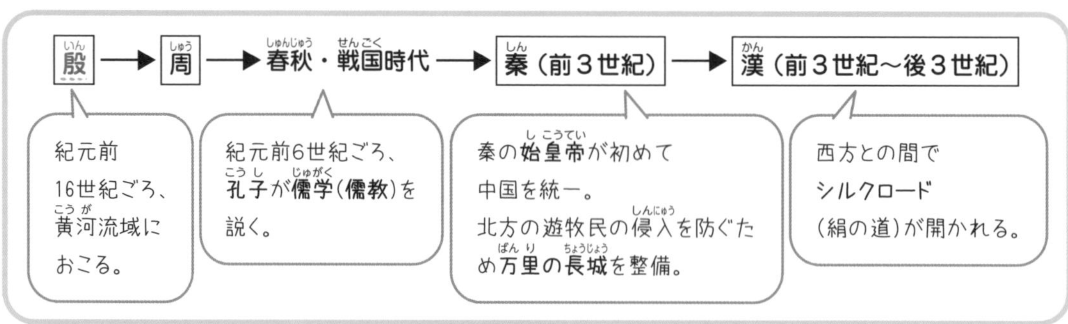

ヨーロッパでは、地中海沿岸のギリシャやローマで文明が栄えました。

●ギリシャの文明

◎紀元前８世紀ごろから、多くの都市国家（ポリス）が生まれた。

◎アテネでは市民全員による民主政が行われた。

◎ギリシャの文明が東方に広まり、ヘレニズムという文化が生まれた。

ヘレニズムを代表する彫刻「ミロのビーナス」です！

●ローマの文明

◎紀元前６世紀に王政を廃し、貴族が率いる共和政が行われた。

◎紀元前27年にローマ帝国が成立した。

三大宗教と呼ばれる、仏教・キリスト教・イスラム教についても押さえておこう。

	開いた人	開いた時期	開いた場所
仏教	シャカ（釈迦）	紀元前６世紀	インド
キリスト教	イエス	紀元前後	パレスチナ
イスラム教	ムハンマド	7世紀初め	アラビア半島

基本練習

答えは別冊7ページ

1 [　　　] にあてはまる語句を書き、(　　) は正しいほうを選びましょう。

(1) チグリス川とユーフラテス川の流域におこった文明を [　　　] 文明といいます。

(2) 紀元前16世紀ごろ、中国の黄河流域に（ 殷・漢 ）という国がおこりました。この国で使われ、現在の漢字のもとになった文字を（ 神聖文字・甲骨文字 ）といいます。

(3) 紀元前８世紀ごろからギリシャ人が地中海各地につくった、アテネやスパルタのような都市国家を、[　　　] といいます。

(4) アレクサンドロス大王の遠征（えんせい）によって、ギリシャの文化が東方に伝えられて生まれた文化を [　　　] 文化といいます。

(5) 中国で、紀元前６世紀ごろに現れた、孔子が説いた教えを [　　　] といいます。

(6) 秦の王である [　　　] は、紀元前３世紀に中国を統一しました。

(7) 三大宗教の１つで、７世紀初めにアラビア半島でムハンマドが開いた宗教は、[　　　] 教です。

2 エジプトについて、次の文のａ・ｂの（　　）の中から、適当なものをそれぞれ１つずつ選び、記号で答えましょう。［熊本県］

古代のエジプトでは、１年を365日とする
ａ（ ア 太陰暦　イ 太陽暦 ）がつくり出され、
ｂ（ ア くさび形文字　イ 甲骨文字　ウ 象形文字 ）も発明された。

ａ［　　　］　ｂ［　　　］

ポイント
1 (6) 秦の王が初めて中国を統一し、初めて「皇帝」と名乗った。
2 太陰暦は月の満ち欠けをもとにした暦。太陽暦は太陽の動きをもとにした暦。

学習した日　／　もう一度　バッチリ！

24 縄文時代と弥生時代の違いは？

縄文時代、弥生時代、古墳時代　#中1

旧石器時代の日本列島は、1万数千年前から**縄文時代**となりました。次の**弥生時代**の始まりは、朝鮮半島などから**青銅器**や**鉄器**とともに**稲作**が伝わった紀元前4世紀ごろです。

【縄文時代】…狩り・採集・漁の生活。

縄文土器
(Colbase)

土偶
(Colbase)

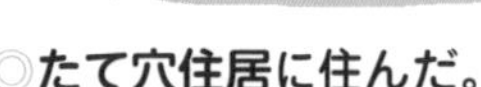

◎**たて穴住居に住んだ。**
◎**縄目の文様がつけられた縄文土器。**
◎**祈りのための土偶。**
◎**食べたあとの貝殻などを捨てた貝塚。**

【弥生時代】…稲作が広まった。

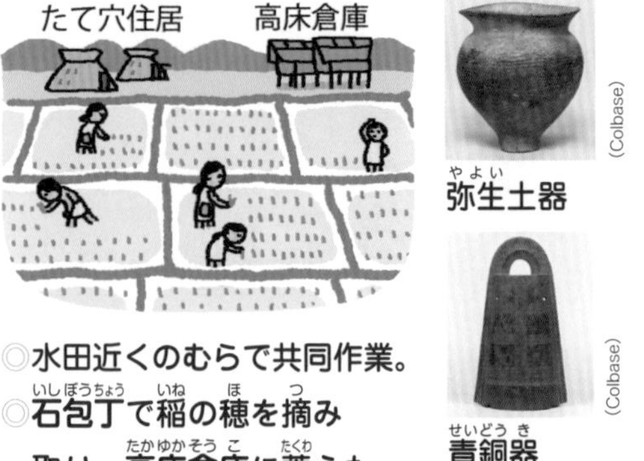

弥生土器
(Colbase)

青銅器
（銅鐸）
(Colbase)

◎**水田近くのむらで共同作業。**
◎**石包丁で稲の穂を摘み取り、高床倉庫に蓄えた。**
◎**薄手でかためのの弥生土器。**
◎**青銅器（祭りの宝物）と鉄器（武器や農具）。**

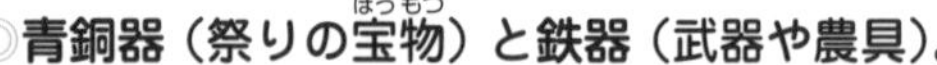

●国の発展～大和政権（ヤマト王権）の成立

人々が蓄えをもつようになると、土地や水をめぐる争いがおこるようになりました。やがて、いくつかのむらをまとめる王が現れて小さな国々ができていきました。

1世紀半ば

現在の福岡県にあった奴国の王が漢に使いを送り、皇帝から金印を授けられた。

金印

(Colbase)

3世紀前半

邪馬台国の女王卑弥呼

3世紀後半

奈良盆地を中心とする地域に、大和政権が成立した。

●大和政権の発展と古墳

◎**王は、5世紀後半までに九州地方から東北地方南部までの豪族を従え、大王と呼ばれるようになった。**
◎**王や豪族の墓である古墳がつくられた→前方後円墳など。**
◎**朝鮮半島から渡来人が移住。**

須恵器をつくる技術、
漢字や**儒学**、
6世紀半ばに**仏教**を伝えた。

(Colbase)

埴輪…古墳の上や周りに並べられた。

古墳がさかんにつくられた3世紀後半から6世紀末ごろまでを**古墳時代**というよ。

基本練習

→ 答えは別冊7ページ

1 ［　　］にあてはまる語句を書きましょう。

(1) 縄文時代の人々は、ほり下げた地面に柱を立てて屋根をかけた［　　］住居をつくって住むようになりました。

(2) 弥生時代、ねずみや湿気を防ぐ［　　］をつくって、収穫した稲を蓄えました。

(3) 3世紀前半、［　　］の女王卑弥呼は、魏に朝貢しました。

(4) 右の写真のような形の古墳を［　　］といいます。

(5) 1世紀半ば、倭の奴国の王は漢に使いを送り、皇帝から［　　］を授けられました。

((株)Gakken写真資料)

2 右の資料中のAが使われ始めたと考えられる時代の様子について説明したものとして最も適するものを、資料を参考にしながら、次のア～エから1つ選び、記号で答えましょう。　［神奈川県］

資料（模様の一部を拡大して示してある。）

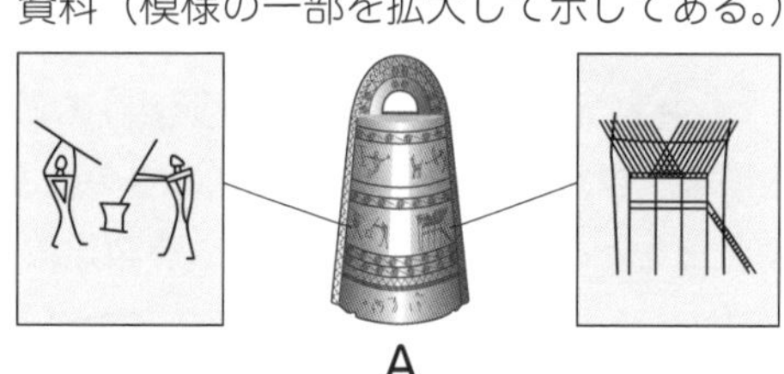

ア　ユーラシア大陸から移り住んだ人々が、打製石器を使って大型動物をとらえていた。

イ　稲作が東日本にまで広がり、人々は収穫した米を蓄えるようになった。

ウ　海面が上昇し海岸に多くの入り江ができたため、人々は魚や貝を獲得できるようになった。

エ　朝鮮半島から移り住んだ渡来人によって、須恵器をつくる技術や漢字などの文物が伝えられた。

［　　］

ポイント
1(4) 写真は、大阪府にある大仙古墳。5世紀につくられた、世界最大級の墓である。
2 資料中のAの銅鐸には、さまざまな文様、脱穀の様子や高床倉庫などが描かれていた。

学習した日　／　□もう一度　□バッチリ!

25 飛鳥時代の政治って？

飛鳥時代 #中1

飛鳥時代は、まず**聖徳太子（厩戸皇子）**が政治を行い、その死後に**大化の改新**が起こり、天智天皇、次に**天武天皇**が政治を行いました。その後、**大宝律令**が完成して日本は**律令国家**となり、天皇を頂点として全国を統一して支配するしくみ（中央集権）が整備されました。

◎593年、聖徳太子は、おばである推古天皇の摂政となり、蘇我馬子と協力して大王（天皇）を中心とする政治のしくみをつくろうとした。

【冠位十二階の制度】
家柄にとらわれず、才能や功績のある人物を役人に取り立てようとした。

【十七条の憲法の制定】
天皇の命令に従うべきことなど、役人の心構えを示した。

【遣隋使の派遣】
進んだ制度や文化を取り入れるため、小野妹子らを隋に派遣した。

◎日本で最初の仏教文化である飛鳥文化が栄えた。

法隆寺の金堂には釈迦三尊像が残されているよ。

（(株)Gakken写真資料）

法隆寺（奈良県）…現存する世界最古の木造建築。

●律令国家を目指して

【中大兄皇子（のちの天智天皇）の政治】

◎645年、中大兄皇子と中臣鎌足（のちの藤原鎌足）らは、蘇我氏をたおして大化の改新という政治改革を始めた。

中大兄皇子
これからは公地・公民とする！
土地と人々は国が直接支配

◎663年、百済を助けるために唐と新羅の連合軍と戦い、大敗した（白村江の戦い）。

【天武天皇の政治】

◎天武天皇は、672年、天智天皇のあと継ぎをめぐる壬申の乱に勝利。

→天皇中心の強い国づくりを進めた。

天武です！

7世紀初めに隋が滅び、唐が中国を統一。日本は、たびたび唐に使者（遣唐使）を送ったんだ。

●律令国家の成立

701年、唐の律令にならった大宝律令が完成。地方は国に、国はさらに郡に分けられた。

律は刑罰のきまり、令は政治のきまりです！
大宝律令

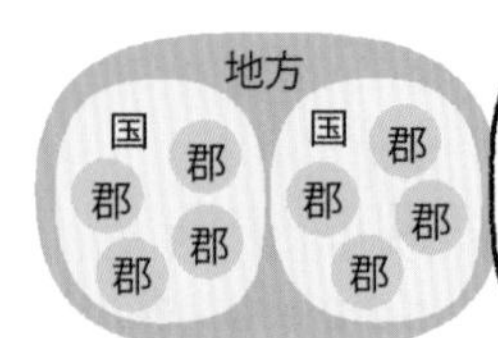

国には、都から国司という役人が派遣されます！

基本練習

答えは別冊8ページ

1 [　　] にあてはまる語句を書き、（　　）は正しいほうを選びましょう。

(1) 聖徳太子が建て、現存する世界最古の木造建築である [　　] は、[　　] 文化を代表する寺院です。

(2) 645年、中大兄皇子と中臣鎌足らが蘇我氏をたおして始めた政治改革を [　　] といいます。

(3) 663年、中大兄皇子らは、百済の復興を助けようと大軍を送りましたが、[　　] の戦いで、唐と新羅の連合軍に大敗しました。

(4) 壬申の乱に勝利して即位した（ 天智・天武 ）天皇は、天皇を中心とする強い国づくりを進めました。

(5) 701年、唐の律令にならった [　　] 律令が完成しました。地方は国や郡に分けられ、それぞれの国には都から [　　] が派遣されて、地方の豪族(ごうぞく)が任命される郡司たちを指揮して人々を治めました。

2 次の各問いに答えましょう。

(1) 右の資料は聖徳太子(厩戸皇子)が仏教や儒教の考え方を取り入れ、役人としての心構えを説いたものの一部です。これを何といいますか。［長崎県］

〔　　〕

資料
一に曰(いわ)く、和をもって貴(たっと)しとなし、…
二に曰く、あつく三宝(さんぼう)を敬(うやま)え。…
三に曰く、詔(みことのり)をうけたまわりては、必ずつつしめ。…
(以下省略)

(2) 小野妹子が派遣された中国の王朝の名称(めいしょう)を次のア～エから１つ選び、記号で答えましょう。［静岡県］

ア 漢(かん)　**イ** 隋　**ウ** 唐　**エ** 宋(そう)

〔　　〕

ヒント
1 (4) 天武天皇は天智天皇の弟。(5)律令に基づいて政治を行う国家を律令国家という。
2 (1) 資料中の「詔」は天皇の命令、「つつしめ」は守りなさいという意味。

学習した日 ／ □もう一度 □バッチリ！

26 奈良時代 #中1 聖武天皇はなぜ大仏をつくった？

710年、律令国家の新しい都として奈良に**平城京**がつくられ、**奈良時代**が始まりました。この時代、人々は重い負担に苦しみ、都では貴族を中心に国際色豊かな文化が栄えました。

【土地制度】班田収授法…6歳以上の人々に**口分田**を与え、死ぬと国に返させた。

【人々の負担】

税	租	収穫量の約3％の**稲**を納める
	調	絹や魚などの**特産物**を納める
	庸	都での労役の代わりに**布**を納める
労役	雑徭	国司の下での**労役**(土木工事など)
兵役	衛士	都の警備（1年間）
	防人	九州北部の警備（3年間）

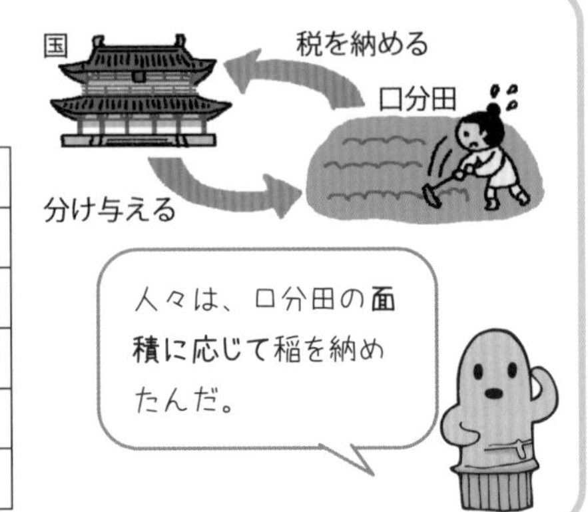

税を納める

分け与える
人々は、口分田の面積に応じて稲を納めたんだ。

●私有地の広がり

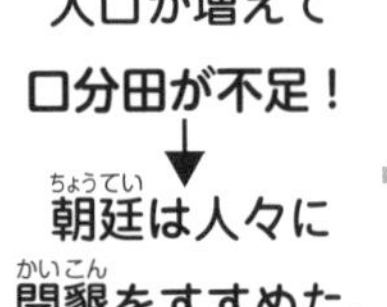

人口が増えて
口分田が不足！
朝廷は人々に
開墾をすすめた。

743年
墾田永年私財法

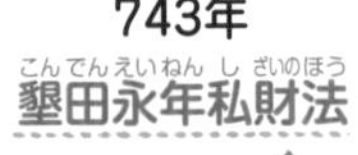

新しく開墾した土地の永久私有を認める。

どんどん開墾しなさい！
すべて私の土地になる♪
このような私有地は
のちに荘園と呼ばれる

公地・公民の原則が崩れ始めた！

●聖武天皇と大仏

光明皇后
仏教の力で国を守ろう！
よいお考えです～

国ごとに国分寺と国分尼寺を建て、都には東大寺を建てて大仏をつくらせた。

国を守ってください

●天平文化

聖武天皇のころ、遣唐使がもたらした唐の文化の影響を強く受けた国際色豊かな天平文化が栄えた。

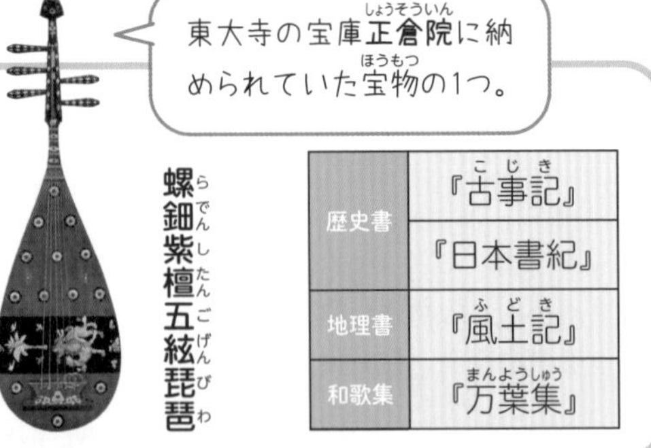

東大寺の宝庫正倉院に納められていた宝物の1つ。
螺鈿紫檀五絃琵琶

(正倉院宝物)

歴史書	『古事記』
	『日本書紀』
地理書	『風土記』
和歌集	『万葉集』

唐招提寺
奈良時代に唐から来日した僧の鑑真です。日本に正式な仏教の教えを伝えました。

基本練習

➜ 答えは別冊8ページ

1 [　　] にあてはまる語句を書き、(　　) は正しいほうを選びましょう。

(1) 710年、律令国家の新しい都として [　　] がつくられました。これ以後、京都に都が移されるまでを [　　] 時代といいます。

(2) 戸籍(こせき)に基づいて６歳以上の人々に [　　] という農地を与え、死ぬと国に返させる土地制度を [　　] といいます。

(3) 743年、朝廷は、人々に開墾を奨励(しょうれい)するため、新しく開墾した土地であれば永久に私有地としてよいとする [　　] 法を出しました。

(4) [　　] 天皇と光明皇后は、(天皇・仏教) の力で国家を守ろうと考え、都に [　　] 寺を建て、国ごとに国分寺と国分尼寺を建てました。

(5) 日本からの求めに応じて唐から来日し、日本に正式な仏教の教えを伝えた僧は (鑑真・行基(ぎょうき)) です。

(6) ８世紀後半に大伴家持(おおとものやかもち)らがまとめたとされる和歌集は [　　] です。

2 次の各問いに答えましょう。

(1) 資料は、都に塩を税として運んだときの荷札です。次の**ア**～**エ**のうち、各地の特産物を都に運んで納める税として正しいものはどれですか。１つ選び、記号で答えましょう。 [岩手県]

ア 租　**イ** 調　**ウ** 奉公(ほうこう)　**エ** 雑徭

[　　]

資料

(Colbase)

(2) 天平文化が栄えたころにつくられた、地方の国ごとに、自然、産物、伝承などをまとめて記したものは何と呼ばれますか。その名称(めいしょう)を答えましょう。 [静岡県]

[　　]

ポイント
1 (5) 行基はため池や橋などをつくり民衆の信頼(しんらい)を得ていた僧。大仏づくりにも協力した。
2 (1) 資料は「木簡(もっかん)」という木の札で、墨(すみ)で文字が書かれている。

学習した日　／　□もう一度　□バッチリ!

27 平安時代① #中1 藤原氏が行った政治とは？

平安時代は**桓武天皇**の政治から始まり、９世紀中ごろから貴族の藤原氏が勢力を強め、やがて朝廷の実権を握ります。貴族たちは日本風の文化（**国風文化**）を生み出しました。

794年、律令政治を立て直すため、平安京（京都市）に都を移した。

平安時代の始まりです！
桓武天皇

東北地方へ支配を広げた。

坂上田村麻呂よ、征夷大将軍に任命する。
東北地方へ行き、蝦夷を平定せよ！

平安時代の初め、唐に渡った僧が仏教の新しい教えを日本に伝えた。

比叡山に延暦寺を建てた。　高野山に金剛峯寺を建てた。

藤原氏の政治

娘を天皇のきさきにして、生まれた子を次の天皇にするのだ！
これで政治の実権は握ったぞ！
藤原氏
そして
われらの政治を摂関政治というのだ！
摂政
天皇が幼いとき
関白
成長すると

11世紀前半の**藤原道長**と、その子**頼通**のころが最も栄えた。

この世をば　わが世とぞ思う
望月の　欠けたることも
無しと思えば　道長

894年には、**菅原道真**の提案で、**遣唐使**の派遣が停止されたよ。

国風文化と浄土信仰

貴族たちは、唐風の文化をもとにしながら、日本の風土や日本人の感情に合った国風文化を生み出した。

【文学】

物語	『源氏物語』	紫式部
随筆	『枕草子』	清少納言
和歌集	『古今和歌集』	紀貫之ら

漢字を変形させてつくられた仮名文字による作品。

【建築】

（国立歴史民族博物館）

寝殿造を取り入れた貴族の邸宅。

阿弥陀如来にすがり極楽浄土へ生まれ変わることを願う浄土信仰が広まった。

→平等院鳳凰堂（京都府）

（©平等院）

藤原頼通がつくらせた阿弥陀堂。

基本練習

➡ 答えは別冊8ページ

1 **[　　　]にあてはまる語句を書き、(　　)は正しいほうを選びましょう。**

(1) 794年に、平安京に都を移したのは、[　　　]天皇です。

(2) 平安時代の初め、唐にわたって仏教を学び、天台宗を伝えた僧は、(　最澄・空海　)、真言宗を伝えた僧は、(　最澄・空海　)です。

(3) 藤原氏が行った政治を、[　　　]政治といい、この政治は11世紀前半の[　　　]とその子頼通のころに最も安定しました。このころ栄えた、貴族が生み出した文化を[　　　]文化といいます。

(4) 10世紀半ば、念仏を唱えて阿弥陀如来にすがり極楽浄土への生まれ変わりを願う[　　　]信仰が、都でおこりました。藤原頼通が宇治(うじ)(京都府)につくらせた[　　　]鳳凰堂は、代表的な阿弥陀堂です。

(5) 宮中に仕えていた(　清少納言・紫式部　)は、『源氏物語』を著しました。

2 **次の各問いに答えましょう。**

(1) 資料は、遣唐使に任命された人物が、天皇に提案をした書状の一部です。この書状を出した人物名を答えましょう。

[埼玉県・2023]

〔　　　　〕

資料
私が送らせた記録をみましたところ、唐の国力の衰退(すいたい)している様子が詳(くわ)しく書かれていました。これから遣唐使にどのような危険が生じるかしれません。どうか遣唐使の派遣の可否を審議(しんぎ)し決定するようお願いします。

(2) 平安時代、女性たちによって多くの文学作品が生み出された背景の1つには、日本語の書き表し方の変化があります。平安時代に漢字をもとにして新しく生み出されたものは何ですか。

[熊本県]

〔　　　　〕

ポイント
1 (2) 最澄と空海は、遣唐使とともに唐に渡った。
2 (1) この人物は894年に遣唐使に任命され、その派遣の停止を提案した。

学習した日　／　□もう一度　□バッチリ!

28 平安時代② #中1 武士の政治はどのように始まった？

平安時代の10世紀ごろから、戦いの技術に優れた都の武官や地方の豪族が、**武士**として成長し始めました。11世紀後半になると、朝廷では摂政や関白の力をおさえた上皇による政治（**院政**）が始まりました。

◎地方の武士は武士団をつくった。

源氏と平氏はとくに有力。

◎東北地方では、**奥州藤原氏**が**平泉**（岩手県）を中心に勢力を広げた。

奥州藤原氏が平泉に建立した阿弥陀堂。

中尊寺金色堂

（絵：さぼてん）

源氏は東日本に、平氏は西日本に勢力を広げたよ。

院政と武士

1086年、**白河天皇**が天皇の位を幼少の皇子に譲って**上皇**となり、院政を始めた。

白河上皇
これからは上皇である私が政治を行う！
おまかせあれ！
武士たちに都を警備させよう！

院政の実権をめぐって上皇と天皇が対立し、２つの内乱が起こった。

1156年、**保元の乱**
1159年、**平治の乱**

↓

武士どうしの戦いで解決され、以後、武士が政治にも力をもつようになった。

平氏の政治

２つの内乱に加わり、平治の乱で勝利した**平清盛**がまもなく政治の実権を握りました。

◎1167年、平清盛は武士として初めて**太政大臣**となった。

◎兵庫の港（**大輪田泊**）を修築して**日宋貿易**を進めた。

◎平氏一族は高い官職や位につき、多くの荘園や公領を支配した。

日本で初めての武士の政権を成立させたぞ！

娘を天皇のきさきにして、朝廷の政治の実権を握ったのだ。

平清盛

政治や富を独占した平氏一族に対して、貴族や武士の間で不満が高まっていったんだ。

基本練習

→ 答えは別冊8ページ

1 ［　　］にあてはまる語句を書き、（　　）は正しいほうを選びましょう。

⑴ 平安時代の10世紀ごろ、都の武官や地方の豪族たちが弓矢や騎馬(きば)などの戦いの技術を身につけ、［　　］と呼ばれるようになりました。

⑵ 地方にいた⑴は、一族や家来を従えて、［　　］をつくるほどに成長していきました。とくに、天皇の子孫である［　　］と［　　］が有力でした。

⑶ 東北地方で、平泉(岩手県)を拠点(きょてん)として勢力を広げ、3代にわたって栄えた［　　］氏は、阿弥陀堂の（ 平等院鳳凰堂(びょうどういんほうおうどう)・中尊寺金色堂 ）を建てました。

⑷ 1086年、白河天皇は、位を譲って［　　］となり、摂政や関白の力をおさえて政治を行いました。この政治を［　　］といいます。

⑸ 12世紀半ば、朝廷内での対立から2つの内乱が起こりました。1156年の［　　］の乱と1159年の［　　］の乱です。

⑹ ⑸の2つの内乱で勝利し、のちに武士として初めて太政大臣となった人物は、兵庫の港（大輪田泊）を整備して（ 唐(とう)・宋 ）との貿易を進め、経済的な基盤(きばん)としました。

2 平安時代の末期には、武士が政治のうえで力をもつようになりました。武士として初めて、政治の実権を握り、太政大臣となった人物は誰(だれ)ですか。その人物名を答えましょう。

［静岡県］

〔　　　　〕

ポイント **1** ⑸ 1156年の乱では、平清盛や源義朝(みなもとのよしとも)らを従えた天皇が上皇に勝利し、1159年の乱では、平清盛が源義朝を破った。

学習した日 ／　□もう一度　□バッチリ！

鎌倉時代 #中1

29 鎌倉幕府はどんな政治を行った？

1185年、壇ノ浦（山口県）で平氏を滅ぼした**源頼朝**は、1192年に**征夷大将軍**に任命されました。頼朝が鎌倉（神奈川県）に開いた本格的な武士の政権を**鎌倉幕府**といいます。

【守護・地頭の設置（1185年）】

◎**守護**…国ごとに設置。
軍事・警察を担当。

◎**地頭**…荘園・公領ごとに設置。
土地の管理・年貢の取り立てを担当。

【将軍と家来（御家人）＝御恩と奉公】

土地を仲立ちに
主従関係を
結ぶしくみを
封建制度という。
領地を保護し、
新しい領地を
与える！
将軍のために
戦います！
御恩
奉公
将軍
御家人

頼朝の死後、幕府の実権は北条氏が握り、将軍の補佐役の執権として政治を行った（執権政治）。

承久の乱（1221年）→ 幕府は**六波羅探題**を設置 → **御成敗式目**（貞永式目）（1232年）

京都で朝廷を

初めての
武士独自の
法である！
執権 北条泰時

●鎌倉時代の文化と新しい仏教

武士の好みを反映した力強い文化が生まれた。

◎建築…**東大寺南大門**

◎彫刻…**金剛力士像**（**運慶**や**快慶**ら）

◎文学…和歌集『**新古今和歌集**』、
軍記物『**平家物語**』

【新しい仏教】

宗派	開祖	宗派		開祖
浄土宗	法然	禅宗	臨済宗	栄西
浄土真宗	親鸞	禅宗	曹洞宗	道元
時宗	一遍	日蓮（法華）宗		日蓮

●元寇（蒙古襲来）と幕府の衰え

モンゴル帝国の第５代皇帝**フビライ＝ハン**は、中国北部を支配し、**元**としました。

フビライ＝ハンが元への服属を要求。
↓

執権 北条時宗

元の大軍が２度にわたって九州北部に襲来（元寇）。

◎1274年、**文永の役**

◎1281年、**弘安の役**

↓

元軍は退却。

1297年、御家人の生活苦を救うため、幕府は借金を帳消しにする徳政令を出した。

→効果は一時的だった。

防衛戦だから
恩賞がない…

御家人の幕府への反感が強まっていったよ。

基本練習

答えは別冊9ページ

1 [　　　] にあてはまる語句を書き、(　　　) は正しいほうを選びましょう。

(1) 鎌倉幕府では、源頼朝の死後、幕府の実権を握った北条氏が、将軍の補佐役である [　　　] という地位について政治を行いました。

(2) 鎌倉幕府の将軍が御家人の領地を保護し、手柄(てがら)に応じて新しい領地を与えることを (御恩・奉公) といい、御家人が将軍に忠誠をちかい、戦いでは一族を率いて命がけで戦うことを (御恩・奉公) といいます。

(3) 1221年に後鳥羽上皇が起こした [　　　] の乱に勝利した幕府は、朝廷を監視するために、京都に [　　　] を置きました。

(4) 右は、運慶らがつくった [　　　] という彫刻で、東大寺南大門に収められています。

(東大寺／撮影：飛鳥園)

(5) 2度にわたる元軍の襲来を [　　　] といい、このときの幕府の執権は [　　　] です。この襲来のあと、幕府は御家人の生活苦を救うために [　　　] を出しました。

2 次の各問いに答えましょう。

(1) 資料は、武家社会の慣習に基づく裁判の基準などを示した鎌倉幕府の法律であり、執権の [a] が定めました。[a] にあてはまる人物名を答えましょう。[愛媛県・改]

〔　　　　〕

資料　御成敗式目（部分要約）
一　諸国の [b] の職務は、頼朝公の時代に定められたように、京都の御所の警備と、謀反(むほん)や殺人などの犯罪人の取り締(し)まりに限る。

(2) 資料中の [b] にあてはまる、国ごとに置かれた役職名を答えましょう。[岐阜県]

〔　　　　〕

ポイント　1 (5) 御家人の生活苦は、分割相続によって土地が減っていたことも原因の１つ。また、このときの執権は第８代。

学習した日　／　□もう一度　□バッチリ！

30 室町時代① #中2 武士の政権はどのように続いていく?

鎌倉幕府を滅ぼした**後醍醐天皇**は天皇中心の新しい政治(**建武の新政**)を始めましたが、貴族重視の政策に武士の不満が高まり、**足利尊氏**が挙兵すると2年ほどでたおれました。

室町幕府では、将軍の補佐役として**管領**が置かれ、有力な**守護大名**が任命されました。第3代将軍**足利義満**は南北朝を統一し、**明**(中国)との**日明貿易**(**勘合貿易**)を始めました。

●日明貿易(勘合貿易)

倭寇と区別するため、正式な貿易船に勘合という証明書を持たせた。

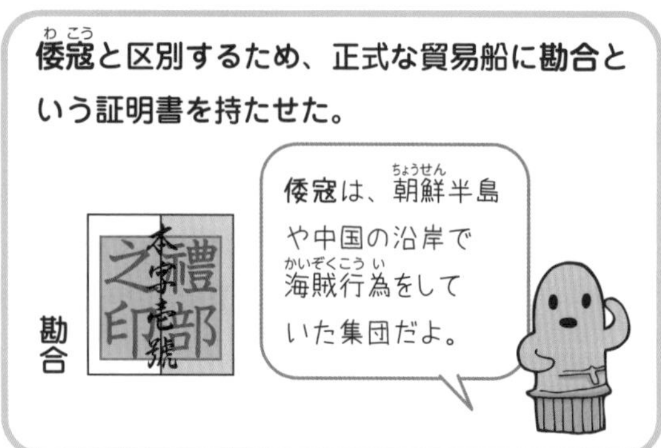

勘合
倭寇は、朝鮮半島や中国の沿岸で海賊行為をしていた集団だよ。

●民衆の生活

商工業者
同業者ごとに座を結成!
税を納めて営業独占だ!
農民
自治組織の惣(惣村)をつくって団結!
借金帳消しを求めて土一揆だ!

●応仁の乱をきっかけに戦国時代へ

第8代将軍足利義政のあと継ぎをめぐり守護大名が対立し、1467年に**応仁の乱**が起こりました。このころから**下剋上**の風潮が広がり、**戦国大名**が各地に登場しました。

独自の分国法を定めて領国を支配するのだ!

●室町時代の文化

【北山文化】…足利義満のころ。

◎**金閣…足利義満が建てた。**

◎**能(能楽)…観阿弥・世阿弥父子が大成。**

◎**狂言…能の合間に演じられる。**

【東山文化】…足利義政のころ。

◎**銀閣…足利義政が建てた。**

◎**書院造の部屋。**

◎**雪舟は水墨画を描いた。**

書院造

(絵:ゼンジ)

基本練習

答えは別冊9ページ

1 □にあてはまる語句を書き、(　　)は正しいほうを選びましょう。

⑴ 鎌倉幕府を滅ぼした□天皇は、天皇中心の新しい政治を始めました。この政治を□といいます。

⑵ 室町幕府では、将軍の補佐役として(執権・管領)が置かれました。

⑶ 第3代将軍足利義満は、中国の(宋・明)との貿易を始めました。この貿易では、□と区別するため、正式な貿易船には□という証明書を持たせました。

⑷ 第8代将軍足利義政のあと継ぎをめぐって有力な守護大名が対立すると、1467年に□の乱が起こりました。

⑸ ⑷の乱のころから、下の身分の者が上の身分の者に打ち勝ち、その地位を奪う□の風潮が広がり、戦国大名が各地に登場しました。

⑹ 京都の東山に銀閣を建てたのは、(足利義満・足利義政)です。

⑺ 室町時代に始まった、畳をしいて床の間などを設けた建築様式を(寝殿造・書院造)といいます。

2 次の各問いに答えましょう。

⑴ 室町時代、商人や手工業者らは、同業者ごとに団体をつくり、武士や貴族、寺社に税を納めて保護を受け、商品の製造や販売を独占する権利を確保しました。この同業者ごとの団体を何といいますか。［岩手県］

〔　　　　〕

⑵ 戦国大名が、領地を治めるために定めた独自のきまりを何といいますか。［栃木県］

〔　　　　〕

ポイント
1⑷ この乱以後、幕府が権力を失い、各地で戦国大名が活躍した時代を戦国時代という。
⑺ 銀閣と同じ敷地にある東求堂という建物の同仁斎という部屋が代表的。

学習した日　／　□もう一度　□バッチリ!

31 室町時代② #中2 中世ヨーロッパではどんな動きがあった？

ヨーロッパでは、５世紀後半～15世紀ごろまでを**中世**といい、この時代はキリスト教が広まり、**カトリック教会**の首長である**ローマ教皇**が、諸国の王をしのぐ権威をもつようになりました。また、アラビア半島では、７世紀に**イスラム帝国**が成立しました。

11世紀、イスラム勢力が聖地エルサレムを占領！
→ローマ教皇の呼びかけで十字軍が派遣された。

200年間、何度も派遣されたが、聖地奪回は失敗した。
エルサレム

【影響】
イスラム世界の学問や産物がヨーロッパに伝えられた。

キリスト教が政治や人々の生活に大きな影響を与えていたよ。

●ルネサンス

14世紀にはイタリアで、**ルネサンス**（文芸復興）という新しい風潮が生まれました。

◎キリスト教の教えにとらわれず、人間や自然をありのままに表現しようとした。
◎古代ギリシャやローマの文化を理想とした。
◎イタリアから西ヨーロッパ各地へ広がった。

ミケランジェロの「ダビデ」

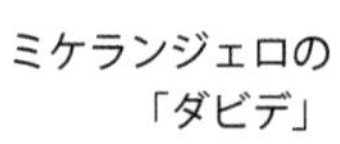

レオナルド=ダ=ビンチの「モナ=リザ」

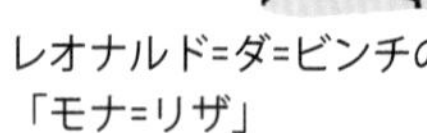

●宗教改革

16世紀前半には、ドイツで**ルター**が、スイスで**カルバン**が宗教改革を始めました。

【きっかけ】

これを買えば、罪が許される！
免罪符
ローマ教皇

【始まり】

カトリック教会の腐敗を正すのだ！
ルター

【カトリック教会の動き】
勢力を立て直すため改革を開始。
→中心となったイエズス会はザビエルら宣教師を派遣し、海外布教に力を入れた。

宗教改革を支持する人々はプロテスタントと呼ぶよ。

●大航海時代

15世紀、ヨーロッパの人々はアジアへの新しい航路の開拓を始めた。

【開拓の目的】
①キリスト教の布教。
②香辛料などアジアの産物を直接手に入れること。

新航路の開拓

基本練習

答えは別冊9ページ

1 　　　にあてはまる語句を書き、（　　）は正しいほうを選びましょう。

⑴ 11世紀、イスラム勢力に占領された聖地エルサレムを奪(うば)い返すため、　　　教皇の呼びかけで　　　の派遣が始まりました。

⑵ 14世紀にイタリアで生まれた古代ギリシャやローマの文化を理想とする　　　（文芸復興）は、16世紀にかけて西ヨーロッパ各地に広まりました。

⑶ 宗教改革を支持する人々は、　　　と呼ばれました。カトリック教会も勢力を回復するために改革に取り組み、その中心となった　　　会は、海外布教に力を入れました。

⑷ 大航海時代に、ヨーロッパからインドへの航路を開拓した人物は、（ポルトガル・スペイン）の航海者の　　　です。初めて世界一周を成しとげたのは（ポルトガル・スペイン）の後援を受けた　　　の船隊です。

2 次のア～エのうち、15世紀の世界の様子について述べた文として正しいものはどれですか。1つ選びましょう。 ［大阪府］

ア　コロンブスの船隊が、アメリカ大陸付近の西インド諸島に到達した。

イ　チンギス=ハンが遊牧民の諸部族を統一し、モンゴル帝国を築いた。

ウ　李成桂(りせいけい／イソンゲ)が高麗(こうらい／コリョ)をたおし、漢城(かんじょう)を都に定めた朝鮮(ちょうせん)（朝鮮国）を建てた。

エ　ルターが免罪符(めんざいふ)（贖宥状(しょくゆうじょう)）の販売(はんばい)に対する批判(ひはん)などを発表し、宗教改革が始まった。

〔　　　〕

ポイント
1⑶ このときアジアへ派遣されたザビエルは、のちに日本にキリスト教を伝えた。
2 この時代、カトリック国のポルトガルとスペインが新航路の開拓を競っていた。

学習した日　／　□もう一度　□バッチリ!

32 室町時代③～安土桃山時代 #中2
ヨーロッパ人と出会って日本はどうなった？

新航路を開拓して世界に進出したヨーロッパ人は、16世紀になると日本にもやってきました。ヨーロッパ人は戦国時代の日本に**鉄砲**と**キリスト教**を伝えました。

●鉄砲の伝来（1543年）

【伝えた人】

中国の船に乗って種子島（鹿児島県）に流れ着いたポルトガル人。

【影響】

◎戦国大名の間に鉄砲が急速に普及。

◎堺（大阪府）などで、刀鍛冶による生産開始。

◎戦い方や城づくりが変化。

↓

全国統一の動きが加速！

●キリスト教の伝来（1549年）

【伝えた人】

イエズス会の宣教師フランシスコ＝ザビエル。

…鹿児島に上陸。

ザビエル

（神戸市立博物館）

●貿易の始まり

長崎などで来日したポルトガル人やスペイン人との南蛮貿易が始まった。

当時の日本では、ポルトガル人やスペイン人のことを南蛮人と呼んでいたよ。

●織田信長の統一事業

16世紀後半、尾張（愛知県）の小さな戦国大名だった織田信長が勢力を広げ、全国統一を目指して京都に入りました。

【室町幕府を滅ぼす】

1573年、将軍足利義昭を京都から追放。

【長篠の戦い】

1575年、鉄砲を活用して、甲斐（山梨県）の大名武田勝頼に勝利。

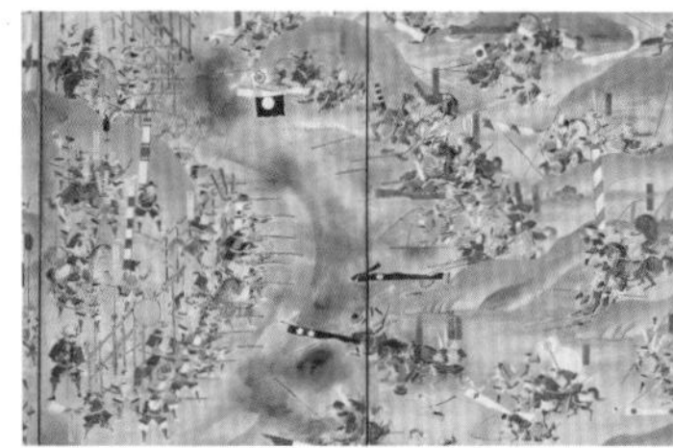

左側が織田・徳川の連合軍、右側が武田軍。

（徳川美術館蔵©徳川美術館イメージアーカイブ／DNPartcom）

【楽市・楽座】

城下町の経済を発展させるため、安土（滋賀県）の城下で、市での税を免除し、特権的な座を廃止した。

安土城
誰でも自由に商売できるようになったよ♪

【キリスト教を保護】

仏教勢力をおさえ、貿易の利益を得るためじゃ！

織田信長

基本練習

➡ 答えは別冊9ページ

1 ［　　］にあてはまる語句を書き、(　　)は正しいほうを選びましょう。

(1) 鉄砲は、1543年、現在の鹿児島県の［　　　］島に漂着した船に乗っていた（ ポルトガル・スペイン ）人によって日本に伝えられました。

(2) キリスト教は、イエズス会の宣教師である［　　　　　　］が、1549年に鹿児島に上陸して日本に伝えました。

(3) 尾張（愛知県）の小さな戦国大名から台頭した［　　　　］は、1573年、将軍足利義昭を京都から追放して［　　　］幕府を滅ぼし、1575年には、鉄砲を有効に使った［　　　］の戦いで、甲斐（山梨県）の大名武田勝頼を破りました。

(4) (3)の戦国大名は、（ 安土城・姫路城 ）を築いて全国統一の拠点とし、その城下では、商工業を活発にするための［　　　　］という政策を行いました。また、キリスト教を（ 保護・禁止 ）しました。

2 資料に描かれているヨーロッパ人の多くは、ポルトガル人やスペイン人です。16世紀から17世紀にかけて来日したポルトガル人やスペイン人と、日本人との間で行われた貿易は何と呼ばれますか。その名称を答えましょう。　［静岡県］

資料

(Colbase)

［　　　　　　　］

ポイント
1 (3) 1560年に桶狭間の戦い（愛知県）で、大名の今川義元を破って勢力を広げた。
(4) この大名は、通行料を取り流通のさまたげとなっていた関所も廃止した。

学習した日［　／　］ □もう一度 □バッチリ！

33 安土桃山時代② #中2 豊臣秀吉はどのような政策を進めた？

織田信長の後継者となった**豊臣秀吉**は、**大阪城**を築いて本拠地とし、1590年に全国統一を実現しました。

【太閤検地】

年貢を確実に集めるため、
◎ものさしやますを統一。
◎田畑の面積・土地のよしあしを調査。
→予想される収穫量を石高で表す。
◎実際の耕作者を検地帳に登録。

【刀狩】

一揆を防ぐため、百姓や寺社から武器を取り上げた。

太閤検地と刀狩で、武士と農民の身分の区別が明確になる**兵農分離**が進んだ。

【バテレン（宣教師）追放令】

南蛮貿易は続けなさい♡
宣教師は、国外へ追放！
キリスト教は禁止！

【朝鮮侵略】

２度にわたり朝鮮に大軍を送った。
◎文禄の役（1592年）
◎慶長の役（1597年）

目指すのは明の征服だ！

●桃山文化

織田信長や豊臣秀吉が活躍した**安土桃山時代**には、壮大で豪華な**桃山文化**が栄えました。また、天文学や活版印刷術など、ヨーロッパの影響を受けた**南蛮文化**も広まりました。

【建築】

高くそびえる天守をもつ壮大な城
…安土城、大阪城、姫路城など。

（ピクスタ）

【絵画】

きらびやかな絵（濃絵）
…狩野永徳の「唐獅子図屏風」など。

唐獅子図屏風

（Colbase）

このような絵画は、城内のふすまや屏風に描かれたよ。

【芸能】

◎茶の湯…千利休がわび茶を完成。
◎かぶきおどり…出雲の阿国が始めた。

出雲の阿国

千利休
堺の商人です。織田信長さまや豊臣秀吉さまに仕えました。

➡ 答えは別冊10ページ

1 ［　　］にあてはまる語句を書き、（　　）は正しいものを選びましょう。

(1) 豊臣秀吉は、年貢を確実に集めるために［　　］という政策を行いました。この政策では、田畑の面積や土地のよしあしを調べて予想される収穫量を［　　］で表しました。

(2) 秀吉が行った(1)や刀狩の政策によって、武士と農民の身分の区別が明確になりました。これを［　　］といいます。

(3) 秀吉は、キリスト教を禁止しましたが、キリスト教と強く結びついていた［　　］貿易は禁止しなかったため、禁教は不徹底(ふてってい)でした。

(4) 安土桃山時代に栄えた豪華で壮大な文化を［　　］文化といいます。

(5) （ 狩野永徳・千利休・出雲の阿国 ）は、質素な風情(ふぜい)を工夫(くふう)して楽しむわび茶を完成させました。（ 狩野永徳・千利休・出雲の阿国 ）は、「唐獅子図屏風」など、きらびやかな絵（濃絵）を描きました。

2 次の各問いに答えましょう。

(1) 右の資料は、豊臣秀吉が出したある法令の一部です。この法令は何という政策のものですか。ことばで書きましょう。　［岩手県］

［　　　　］

資料
　諸国の百姓が刀やわきざし、弓、やり、鉄砲(てっぽう)、そのほかの武具などを持つことは、かたく禁止する。

(2) 右のメモは戦国時代のある都市についてまとめたものです。この都市はどこですか、都市名を答えましょう。　［滋賀県］

［　　　　］

メモ
●自治的な運営が行われた。
●鉄砲がさかんに生産された。
●この都市の商人がわび茶の作法を完成した。

ポイント **1** (1) この政策によって、百姓は年貢を納めることが義務づけられた。一方、公家や寺社などの荘園(しょうえん)領主はそれまでもっていた土地に対する権利を失い、荘園の制度は完全に崩(くず)れた。

学習した日　／　□もう一度　□バッチリ！

34 江戸時代① #中2
江戸幕府のしくみは？ 対外関係は？

関ヶ原の戦い(岐阜県)に勝利した**徳川家康**は、1603年に**江戸幕府**を開きました。**江戸時代**、幕府と藩が全国の土地と民衆を支配したしくみを**幕藩体制**といいます。

◎**武家諸法度**を定めて、大名を厳しく統制。
◎第３代将軍**徳川家光**は、**参勤交代**を制度化。

【参勤交代】

妻子は
人質として
江戸に住む
領地
出費が
かさんで
タイヘン…

武家諸法度（一部要約）

一．文武弓馬の道に常にはげむこと。
一．幕府の許可なく結婚しないこと。
一．大名は、毎年４月中に江戸へ参勤すること。

大名は、将軍から1万石以上の領地を与えられた武士！
大名の領地とそれを支配する組織を藩というよ。

【大名の区別】
◎**親藩**…徳川家の一族。
◎**譜代大名**…古くからの徳川家の家臣。
◎**外様大名**…関ヶ原の戦いのころから徳川家に従った大名。

●貿易の振興から鎖国への歩み

徳川家康は、はじめ貿易の利益のためにキリスト教の布教を黙認しましたが、信者が増加すると、**禁教令**を出しました。第３代将軍**徳川家光**は、「**鎖国**」の体制を固めました。

【朱印船貿易】

東南アジアへ！
朱印状
朱印船

→ 東南アジア各地に日本町ができた。

【島原・天草一揆(1637年)】

重税反対！
禁教令反対！
天草四郎
(益田時貞)
神を信じて幕府と戦うのです！

◎1639年、ポルトガル船の来航を禁止。
◎1641年、オランダ商館を長崎の出島に移す。
↓
「鎖国」の体制が固まる！

【鎖国下の対外関係】

朝鮮からは、将軍の代がわりなどに朝鮮通信使が派遣されたよ。

鎖国下の窓口	相手国（民族）
長崎	オランダ・中国
薩摩藩(鹿児島県)	琉球王国(沖縄県)
対馬藩(長崎県)	朝鮮
松前藩(北海道)	アイヌ民族

踏絵…キリスト教の信者を発見する**絵踏**に使われた。

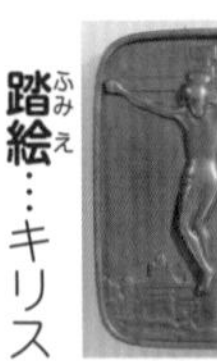

(Colbase)

基本練習

➔ 答えは別冊10ページ

1 [　　] にあてはまる語句を書き、(　　) は正しいほうを選びましょう。

(1) 関ヶ原の戦いに勝利した [　　] は、1603年に征夷大将軍(せいいたいしょうぐん)に任命され江戸に幕府を開きました。幕府は、大名を統制するための法律として [　　] を定めました。

(2) 江戸時代の初め、貿易を望む大名や豪商(ごうしょう)が、東南アジアへの渡航を許可する証書を与(あた)えられて行った貿易を（ 勘合(かんごう)・朱印船 ）貿易といいます。

(3) 江戸幕府が行った貿易統制などの対外政策は、のちに [　　] と呼ばれました。この政策の下、長崎では幕府が（ オランダ・ポルトガル ）と中国との貿易を管理しました。朝鮮との貿易は、（ 薩摩藩・対馬藩 ）が窓口となり、将軍の代がわりに祝いの使節である [　　] が日本に派遣されました。

2 資料1の下線部の制度について、次の各問いに答えましょう。

(1) この制度の名称(めいしょう)を答えましょう。

[埼玉県・2023]

〔　　〕

(2) この制度を制度化した将軍は誰(だれ)ですか。

[熊本県]

〔　　〕

(3) この制度によって藩の財政が苦しくなった理由を、資料2から読みとれることにふれて書きましょう。 [埼玉県・2023]

〔　　〕

資料1

大名に対して、定期的に領地と江戸とを往復するよう命じた。江戸での滞在時(たいざいじ)は、江戸城を守る役割を命じ、妻や子を江戸に住まわせた。

資料2 佐賀藩（鍋島(なべしま)氏）の予算の内訳 (1655年)

(注) 国元とは、大名の領地のこと

(「日本の歴史15 大名と百姓」から作成)

ポイント **1** (1) 天皇や公家を統制するためには、禁中並公家中諸法度(きんちゅうならびにくげちゅうしょはっと)という法律が定められた。
(3) 幕府は、キリスト教を布教しない国に長崎での貿易を認めた。

学習した日 ／　□もう一度　□バッチリ!

35 江戸時代に登場した新しい農具って？

江戸時代② #中2

江戸時代、**武士**の生活を支えていたのは、**百姓**が納める**年貢**でした。年貢は主に米で納められたので、幕府や藩は、その生産量を増やすために大規模な**新田開発**を進めました。また、農業技術も進歩して新しい農具が開発され、生産力は向上していきました。

【千歯こき】
脱穀が楽になった！
【備中ぐわ】
深く耕すことができるようになった！
木綿や菜種などの商品作物も栽培されるようになったよ。

三都（江戸・大阪・京都）の繁栄

◎江戸…「将軍のおひざもと」。
◎大阪…「天下の台所」。
◎京都…古くからの都、学問・文化の中心地。

諸藩は蔵屋敷で年貢米や特産物を売りさばいた。

元禄文化

17世紀後半の第５代将軍**徳川綱吉**は、**朱子学**を重視する**文治政治**を行いました。17世紀末から18世紀初めにかけては、**上方**（京都や大阪）で、経済力をつけた町人を担い手とする**元禄文化**が栄えました。

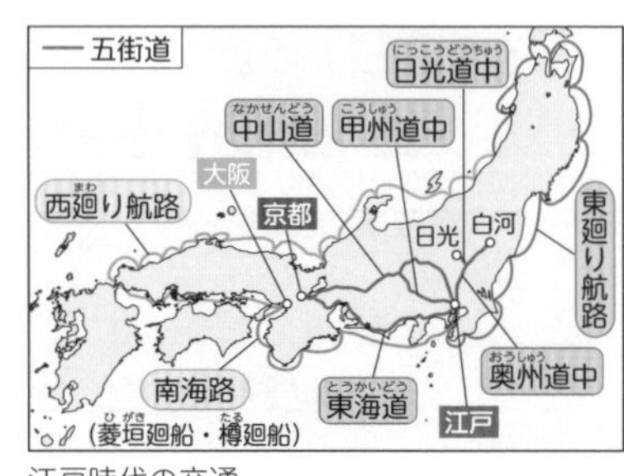

江戸時代の交通

【浮世草子（小説）】
町人の生活を生き生きと著しました！
井原西鶴
【俳諧（俳句）】
俳諧の芸術性を高めました！
松尾芭蕉
【浮世絵】
浮世絵を始めたのは、私です！
浮世絵の祖 菱川師宣
【人形浄瑠璃】
人形浄瑠璃の脚本を書きました！
近松門左衛門
(Colbase)

基本練習

➡ 答えは別冊10ページ

1 [　　] にあてはまる語句を書き、(　　) は正しいほうを選びましょう。

(1) 江戸幕府や藩は、年貢を増やすために大規模な [　　] を進めました。また、脱穀を効率的に行える [　　] や、深く耕すことができる [　　] などの新しい農具が開発されました。

(2) 17世紀後半にめざましく発展し三都と呼ばれた３つの都市のうち、全国の商業の中心地であった大阪は「 [　　] 」と呼ばれました。

(3) 第５代将軍 (徳川家光(いえみつ)・徳川綱吉) は、儒学(じゅがく)の中でも主従関係などを重視する [　　] を重んじる政治を行いました。このころ、(江戸・上方) の町人が担い手の [　　] 文化が栄えました。

2 次の各問いに答えましょう。

(1) 江戸時代に、年貢米や特産品を販売(はんばい)するために大阪に置かれたのはどれですか。次の**ア**～**エ**から１つ選び、記号で答えましょう。　［栃木県］

ア 土倉(どそう/とくら)　**イ** 問注所(もんちゅうじょ)　**ウ** 正倉院(しょうそういん)　**エ** 蔵屋敷

［　　　］

(2) 株仲間について学んだことをまとめた右のカードの [X]、[Y] にあてはまる内容をそれぞれ書きましょう。　［長崎県］

X［　　　　　　］

Y［　　　　　　］

◇株仲間とは
江戸時代に幕府や藩が公認した、商工業者による同業者組織のことである。

◎幕府や藩にとっての利点
・幕府や藩は [X] ことで、収入を増やすことができる。

◎商工業者にとっての利点
・商工業者は [Y] ことで、利益を増やすことができる。

ポイント
1 (1) **農業の発展で、18世紀初めの農地面積は、豊臣秀吉(とよとみひでよし)のころの約２倍に増えた。**
(3) **第５代将軍は極端(きょくたん)な動物愛護を命じる生類憐(しょうるいあわれ)みの令を定めて「犬公方(いぬくぼう)」と呼ばれた。**

学習した日　／　□もう一度　□バッチリ!

36 江戸時代③ #中2 財政難になった幕府はどんな改革をした？

17世紀後半から、経済発展に伴う出費の増加などによって、幕府財政は悪化していきました。18世紀には、将軍や老中が幕府財政を立て直すための改革を行いました。

●第8代将軍徳川吉宗による享保の改革（1716～45年）

【上げ米の制】
幕府に米を納めれば、参勤交代で江戸にいる期間が短くなる！
大名
【公事方御定書の制定】
裁判の基準となる法律である！
公事方御定書
人を殺し盗みをした者は、市中引き回しのうえ、獄門とする。
【目安箱の設置】
目安箱
民衆の意見を政治に取り入れるよ！
結果 幕府の財政は、一時的に立ち直った。

【農村の変化】…貨幣経済が広まり、**小作人**になる者や**地主**になる者など、貧富の差が拡大しました。幕府や大名が年貢を増やすと、農民は**百姓一揆**で抵抗し、都市では、米を買い占めた商人に対する**打ちこわし**が起こりました。

●老中田沼意次の政治（1772年～）

積極的な商業政策をすすめて、幕府の財政を立て直そう！
年貢だけに頼る政策はもう限界だ…
商人の豊かな経済力も利用するぞ…
田沼
【株仲間の結成を奨励】
特権を与えるから、営業税を納めなさい！
【長崎貿易を活発化】
→銅や俵物を輸出した。
俵物は、いりこ・干しあわび・ふかひれなどを俵につめたものだよ。
結果 わいろが横行して批判が高まり、田沼は老中を辞めさせられた。

●老中松平定信による寛政の改革（1787～93年）

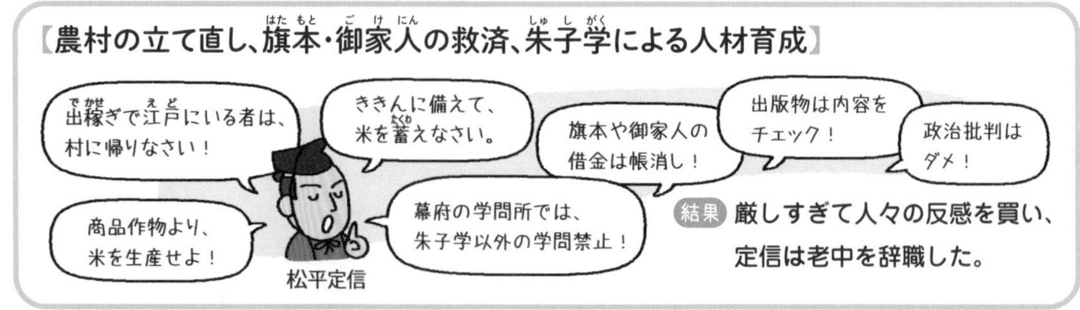

【農村の立て直し、旗本・御家人の救済、朱子学による人材育成】
出稼ぎで江戸にいる者は、村に帰りなさい！
ききんに備えて、米を蓄えなさい。
旗本や御家人の借金は帳消し！
出版物は内容をチェック！
政治批判はダメ！
商品作物より、米を生産せよ！
幕府の学問所では、朱子学以外の学問禁止！
松平定信
結果 厳しすぎて人々の反感を買い、定信は老中を辞職した。

基本練習

➔ 答えは別冊10ページ

1 ［　　］にあてはまる語句を書き、（　　）は正しいほうを選びましょう。

(1) 1716年に第８代将軍となった（ 徳川綱吉（つなよし）・徳川吉宗 ）が行った政治改革を［　　　　］といいます。この改革で幕府の収入を増やすために一時的に行われた、大名が参勤交代で江戸にいる期間を短縮する代わりに幕府に米を納めさせた政策を、［　　　］の制といいます。

(2) 財政が苦しくなった幕府や藩が年貢を増やすようになると、農民は（ 土（つち/ど）一揆・百姓一揆 ）で抵抗しました。

(3) 18世紀後半、積極的な商業政策で幕府の財政を立て直そうとした老中の［　　　］は、商人に株仲間の（ 結成・解散 ）をすすめました。

(4) (3)の老中のあとに老中となった［　　　］は、農村の立て直しと政治の引き締（し）めのため［　　　］の改革を行いました。

2 資料は江戸時代に出された法令の一部です。この法令を定めた人物の政策と、この法令の内容の組み合わせとして適切なものを、下のア～エから１つ選び、記号で答えましょう。 ［兵庫県］

資料
一　人を殺し、盗みをした者は、市中を引き回したうえ獄門（ごくもん）とする。
一　領主に対して一揆を起こし、集団になって村から逃（に）げ出したときは、指導者は死刑（しけい）、名主（なぬし）（庄屋（しょうや））は村から追放する。

法令を定めた人物の政策
A　民衆の意見を取り入れる目安箱を設置した。
B　出版を厳しく統制する寛政の改革を行った。

法令の内容
あ　この法令により都市に出稼ぎにきた農民を村に返した。
い　この法令により裁判や刑の基準を定めた。

ア　A・あ　　**イ**　A・い
ウ　B・あ　　**エ**　B・い

〔　　　〕

ポイント
1 (1) 第８代将軍は、米の価格の安定に苦心したので、「米将軍」とも呼ばれた。
2 資料の法令は、公事方御定書の一部。

学習した日　／　□もう一度　□バッチリ!

37 江戸時代④ #中2 江戸時代の後半に何が起こった？

18世紀末から、日本の沿岸に外国船が現れるようになりました。このころ新しい学問が生まれ、19世紀前半には、江戸で町人を担い手とする**化政文化**が栄えました。

【異国船打払令(1825年)】
イギリス
ドーン
外国船は撃退せよ！
アメリカ
【大塩の乱】
1837年　大阪
天保のききんで苦しむ人々を救うのだ！
大塩平八郎
元役人で陽明学者
【工場制手工業の始まり】
大商人
働き手を集めて、分業で製品を大量に仕上げる新しい生産方法ですよ♪

●老中水野忠邦による天保の改革(1841～43年)

株仲間は解散！
忠邦
物価上昇の原因は株仲間による営業の独占にちがいない
ぜいたく禁止！
政治批判や風紀を乱す小説も禁止！
◎アヘン戦争で清がイギリスに負けたことを知ると、異国船打払令をやめた。
出稼ぎ禁止！
江戸や大阪周辺は幕領にする！(上知令)
は？
大名
旗本
これからは燃料や水をあげてね。
忠邦
結果 大名などからの反発を受け、忠邦は2年余りで老中を辞めさせられた。

●新しい学問と化政文化

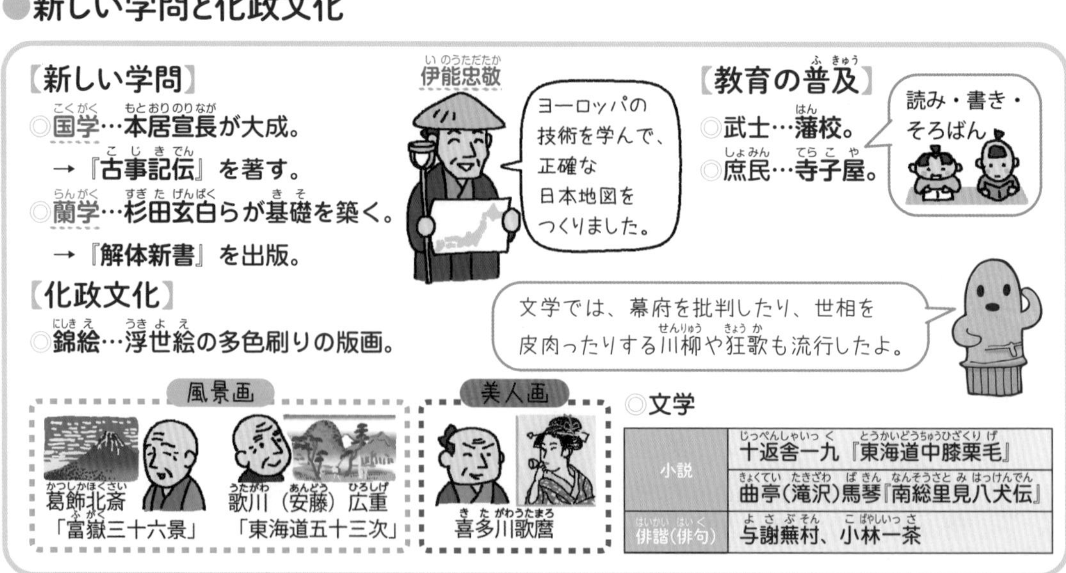

【新しい学問】
◎国学…本居宣長が大成。
→『古事記伝』を著す。
◎蘭学…杉田玄白らが基礎を築く。
→『解体新書』を出版。
伊能忠敬
ヨーロッパの技術を学んで、正確な日本地図をつくりました。
【教育の普及】
◎武士…藩校。
◎庶民…寺子屋。
読み・書き・そろばん
【化政文化】
◎錦絵…浮世絵の多色刷りの版画。
文学では、幕府を批判したり、世相を皮肉ったりする川柳や狂歌も流行したよ。
風景画
葛飾北斎「富嶽三十六景」
歌川(安藤)広重「東海道五十三次」
美人画
喜多川歌麿
◎文学

小説	十返舎一九『東海道中膝栗毛』
	曲亭(滝沢)馬琴『南総里見八犬伝』
俳諧(俳句)	与謝蕪村、小林一茶

基本練習

答えは別冊11ページ

1章 2章 歴史分野 3章 模試

1 □にあてはまる語句を書き、（　　）は正しいほうを選びましょう。

⑴ 1837年に、大阪町奉行所の元役人の□が起こした反乱は、幕府に大きな衝撃を与えました。

⑵ 19世紀になると、地主や大商人の中に、工場を建設し、人を雇って製品をつくらせる（　問屋制家内・工場制手　）工業を始める者が現れました。

⑶ 1841年、天保の改革を始めた老中の□は、物価上昇の原因と考えた株仲間の（　結成・解散　）を命じました。

⑷ 杉田玄白らはヨーロッパの解剖書を翻訳して『解体新書』を出版し、オランダ語でヨーロッパの学問を学ぶ（　国学・蘭学　）の基礎を築きました。

⑸ （　本居宣長・伊能忠敬　）は、ヨーロッパの技術で全国を測量して正確な日本地図をつくりました。

2 次の各問いに答えましょう。

⑴ アヘン戦争が日本に与えた影響について調べ、右のようにまとめました。（　　）にあてはまる法令の名称を答えましょう。［山口県］

〔　　　　〕

> まとめ
> 　アヘン戦争で中国が敗れたことを知った江戸幕府は、日本に接近してくる外国船に対する方針を定めた（　　）を継続すると、外国との紛争をまねくおそれがあると判断し、この方針を転換した。

⑵ 化政文化に最も関わりの深いものを、次の**ア**〜**エ**から１つ選び、記号で答えましょう。［静岡県］

ア 歌川（安藤）広重が、宿場町の風景画を描いた。
イ 井原西鶴が、町人の生活をもとに小説を書いた。
ウ 出雲の阿国が、京都でかぶきおどりを始めた。
エ 兼好法師が、民衆の姿を取り上げた随筆を書いた。

〔　　　　〕

ポイント **1** ⑸本居宣長が大成した国学は、仏教や儒学が伝わる以前の日本人の考え方を明らかにしようとする学問。

学習した日　／　もう一度　バッチリ！

実戦テスト③

➡答えは別冊19ページ

得点 ／100点

1

文明のおこりについて、次の各問いに答えましょう。　各10点　計20点

(1) メソポタミア文明、エジプト文明、インダス文明、中国文明に共通する特徴として適切なものを、次のア～エから１つ選び、記号で答えなさい。［和歌山県］

ア　大河の流域で成立した。　　イ　イスラム教を信仰した。
ウ　東アジアで成立した。　　エ　太陽暦が主に用いられた。

［　　　］

(2) 紀元前に王や皇帝によって統治されていた国家として適当でないものを、次のア～エから１つ選び、記号で答えなさい。［大分県］

ア　紀元前3000年ごろのエジプト　　イ　紀元前５世紀ごろのギリシャ
ウ　紀元前３世紀ごろの秦　　エ　紀元前１世紀ごろのローマ帝国

［　　　］

2

古墳時代までの日本について、次の各問いに答えましょう。　各10点　計30点

(1) 右の文は、稲作とともに日本に伝えられた金属器について述べたものです。文中の［A］にあてはまる語を漢字１字で書きましょう。［大阪府］

> 稲作とともに、金属器である青銅器や［A］器も伝えられた。金属器のうち銅鐸や銅剣などの青銅器は主に稲作に関する祭りなどに利用され、［A］器は主に農具の刃先や武器、工具などに使用された。

［　　　］

(2)「倭の奴国の王が、後漢に使者を送った」ころの日本の社会の様子について述べた文として最も適当なものを、次のア～エから１つ選び、記号で答えなさい。［愛媛県］

ア　ナウマンゾウをとらえて食料とした。
イ　弥生土器と呼ばれる土器がつくられた。
ウ　各地に国分寺が建てられた。
エ　古墳の周りや頂上に埴輪が並べられた。

［　　　］

(3) 大仙古墳などの古墳がつくられていたころ、中国大陸や朝鮮半島などから日本列島に移り住み、さまざまな技術を伝えた人々を何といいますか。［岡山県］

［　　　　　］

3 19世紀までの日本と世界について、次の各問いに答えましょう。 各10点 計50点

(1) 次のア～エは、飛鳥時代から室町時代にかけて、各時代の権力者が築いた寺院などについて述べたものです。時期の古い順に並べ、記号で答えなさい。 [東京都・2023]

ア 公家の山荘を譲り受け、寝殿造や禅宗様の様式を用いた三層からなる金閣を京都の北山に築いた。

イ 仏教の力により、社会の不安を取り除き、国家の安泰を目指して、3か年8回にわたる鋳造の末、銅製の大仏を奈良の東大寺に造立した。

ウ 仏教や儒教の考え方を取り入れ、役人の心構えを示すとともに、金堂などからなる法隆寺を斑鳩に建立した。

エ 産出された金や交易によって得た財を利用し、金ぱく、象牙や宝石で装飾し、極楽浄土を表現した中尊寺金色堂を平泉に建立した。

[→ → →]

(2) 「長崎と天草地方の潜伏キリシタン関連遺産」の1つとして世界文化遺産に登録された江上天主堂のように、わが国にはキリスト教に関連する文化遺産が存在しています。わが国と世界のキリスト教に関連して述べた次のア～ウを年代の古い順に並べ、記号で答えなさい。 [長崎県]

ア ザビエルが日本に来航した。 イ ルターが宗教改革を始めた。

ウ 島原・天草一揆が起こった。

[→ →]

(3) 太閤検地により荘園制が崩れることになりましたが、荘園が成立する起源となった法令として適切なものを次のア～エから1つ選び、記号で答えなさい。 [富山県]

ア 十七条の憲法 イ 大宝律令 ウ 班田収授法 エ 墾田永年私財法

[ ]

(4) 次のア～エは、古代から近世までに出された法令の一部をわかりやすくまとめたものです。徳川家光によって出された法令はどれですか。 [栃木県]

ア 外国船が乗り寄せてきたことを発見したら、居合わせた者たちで有無を言わせず打ち払うこと。

イ 新しく開墾された土地は私財として認め、期限に関係なく永久に取り上げることはしない。

ウ 大名が自分の領地と江戸に交替で住むように定める。毎年4月に江戸へ参勤すること。

エ この町は楽市としたので、座を認めない。税や労役はすべて免除する。

[ ]

(5) 水野忠邦は、株仲間についてどのような政策を行いましたか。ねらいも含めて簡潔に答えなさい。 [和歌山県]

[ ]

学習した日 / □もう一度 □バッチリ!

38 欧米の動き #中2 欧米で起こった革命って？

17～18世紀のイギリス・アメリカ・フランスでは、国王などに支配されていた市民たちが、自由や平等などの権利を求めて**革命（市民革命）**を起こしました。

●イギリスの革命

17世紀半ば、
ピューリタン革命
↓
名誉革命（1688年）
→「**権利章典**」

●アメリカの革命

独立戦争
→「**独立宣言**」
（1776年）

イギリスから独立するぞ！
初代大統領ワシントン

●フランスの革命

フランス革命
（1789年）
→「**人権宣言**」

1804年、皇帝になったよ！
ナポレオン
人は、生まれながらにして自由で平等だ！
byフランス市民

●イギリスの産業革命

18世紀後半、イギリスで、世界で最初に**産業革命**が起こり、まもなく、ほかの欧米諸国でも起こりました。19世紀半ばに「**世界の工場**」と呼ばれたイギリスは、これらの国々の先頭に立ち、工業製品の輸出先を求めてアジア侵略を進めました。

【蒸気機関の登場】

◎**綿織物の大量生産が実現！**

◎鉄道や船舶にも！

蒸気機関車

【資本主義の登場】

技術が向上して、社会全体が変化することを産業革命というのだ！

【1840年、中国（清）で…】

アヘンの密輸をめぐるアヘン戦争に勝利。
↓
南京条約で、多額の賠償金と香港を獲得。

【1857年、インドで…】

イギリスに対する反乱（インド大反乱）を鎮圧。

●アメリカの南北戦争（1861～65年）

奴隷制度などをめぐり南部と北部が対立。 ➡ **南北戦争** ➡

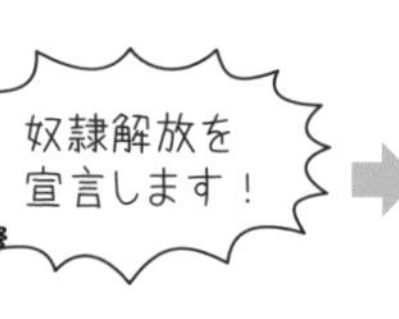

➡

リンカン大統領

北部が勝利

基本練習

答えは別冊11ページ

1 ［　　］にあてはまる語句を書き、（　　）は正しいほうを選びましょう。

(1) 17～18世紀のイギリス・アメリカ・フランスで、国王などに支配されていた市民が、自由や平等の権利を求めて［　　］革命を起こしました。

(2) イギリスでは1688年に名誉革命が起こり、翌年に［　　］章典が制定されて、世界初の立憲君主制と議会政治が始まりました。

(3) 1789年にフランス革命が始まり、国民議会が自由、平等、国民主権などを唱える（ 独立・人権 ）宣言を発表しました。その後、権力を握(にぎ)った軍人の［　　］が1804年に皇帝になりました。

(4) 18世紀後半、イギリスで、［　　］で動く機械によって綿織物が工場で大量生産されるようになり、世界で最初に［　　］革命が起こりました。その後、イギリスは、1840年に起こった［　　］戦争で中国（清）を破り、1857年には、［　　］大反乱を鎮圧して、インドを直接支配下に置きました。

2 19世紀半ば、アメリカ合衆国では工業化がすすむ中、南部の州と北部の州が対立するようになりました。資料は、南部と北部の対立について述べたものです。文中の（ A ）にあてはまる人名を答えましょう。また、B〔　　〕は適切なものを1つ選び、記号で答えましょう。

［大阪府］

資料

アメリカ合衆国では、奴隷制度や貿易に関する政策をめぐって南部と北部で対立が激しくなり、1861年に南北戦争が始まった。南北戦争中にアメリカ合衆国の第16代大統領であった（ A ）は、1863年に奴隷解放を宣言し、（ A ）の指導の下、B〔 ア 南部　イ 北部 〕側が勝利した。

A〔　　　　〕

B〔　　　　〕

ヒント **1** (1) 市民が革命を起こす前のヨーロッパでは、国王が政治権力のすべてを握り、議会を開かずに国を治めていた。これを絶対王政という。

1章 2章 歴史分野 3章 模試

学習した日　／　もう一度　バッチリ！

39 江戸時代⑤ #中2「鎖国」をやめた幕府はどうなった？

1853年、アメリカの**ペリー**が浦賀（神奈川県）に来航し、幕府に日本の開国を求めました。翌年、日本は条約を結んで**開国**し、1858年に結んだ条約で貿易が始まりました。

【日米和親条約（1854年）】
開国しなさい！4隻の軍艦を率いてますよ！
ペリー
【日米修好通商条約（1858年）】…日本にとって不平等な条約
貿易開始
締結
朝廷の許可が得られていないのだが…
下田に着任した総領事ハリス
大老井伊直弼
◎アメリカに領事裁判権を認める。
◎日本に関税自主権がない。

【貿易開始の影響】

◎主要輸出品…生糸→国内で品不足、物価上昇。

◎外国との金銀の交換比率が違ったため、大量の金貨（小判）が海外へ流出し、経済混乱。

人々は生活が苦しくなっていったよ。

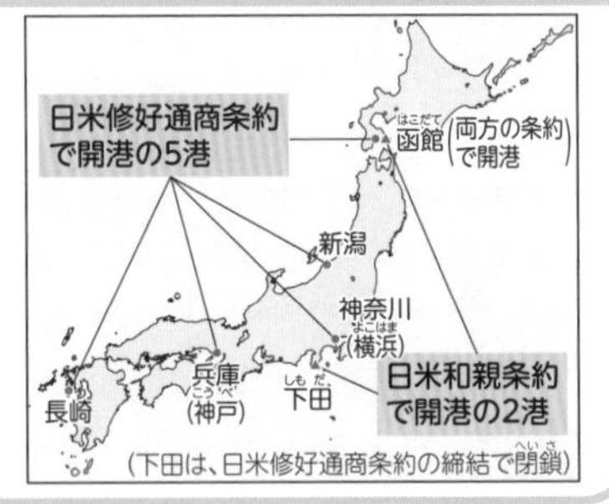

函館（両方の条約で開港）

神奈川（横浜）

●倒幕への動き

このころから、天皇を尊び外国勢力の排除を目指す**尊王攘夷運動**がさかんになりました。

【安政の大獄】
幕府を批判する者は厳しく処罰する！
井伊直弼
【桜田門外の変（1860年）】
→大老が殺され、幕府の権威は失われた。
【薩長同盟（1866年）】
坂本龍馬
仲介するぜよ！
西郷隆盛（薩摩藩）
木戸孝允（長州藩）
幕府にかわる新たな政府をつくろう。

●江戸幕府の滅亡と王政復古

政権を朝廷にお返しします！

天皇を中心とする政府の樹立を宣言する！

新政府軍 VS 旧幕府軍
→1869年、新政府軍が勝利。

基本練習

答えは別冊11ページ

1 ［　　］にあてはまる語句を書き、（　　）は正しいほうを選びましょう。

⑴　1854年、江戸幕府がアメリカと［　　］条約を結んで鎖国体制が崩(くず)れ、日本は開国しました。

⑵　1858年、大老の井伊直弼は朝廷の許可を得ずに［　　］条約を結びました。この条約はアメリカに［　　］権を認め、日本に［　　］権がない、不平等なものでした。この条約によって貿易が始まり、日本からは主に（　生糸・綿糸　）が輸出されました。

⑶　井伊直弼は、条約を結んだことや将軍のあとつぎ問題をめぐって幕府を批判する大名や公家、その家臣など多くの人々を厳しく処罰しました。これを（　安政の大獄・桜田門外の変　）といいます。

⑷　1867年、第15代将軍徳川慶喜は（　大政奉還・王政復古の大号令　）を行い、260年余り続いた江戸幕府は滅亡しました。

2 次の各問いに答えましょう。

⑴　資料は、鎖国体制の中で起きたあるできごとについての狂歌(きょうか)です。どのようなできごとを詠(よ)んだものですか。人物名を含(ふく)めて答えましょう。

資料
泰平の眠気(ねむけ)をさます上喜撰(じょうきせん)
たった四杯(しはい)で夜も寝られず

［大分県］

〔　　　　　　〕

⑵　江戸幕府は日米和親条約を結び、２つの港を開きました。函館(はこだて)とともに開かれたもう１つの港を、地図中の**ア**～**エ**から選び、記号で答えましょう。

［長崎県］

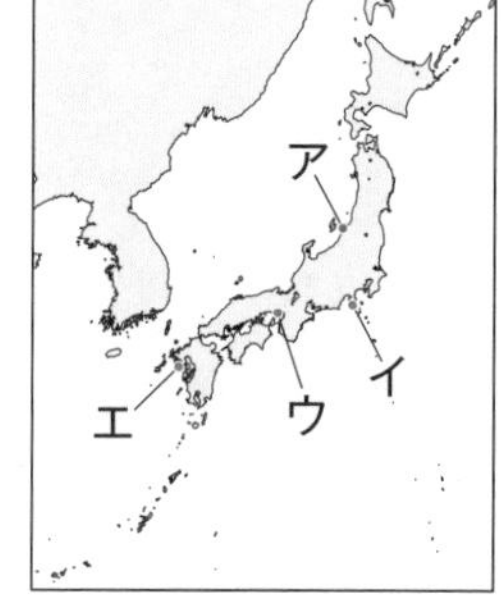

〔　　〕

ポイント
1⑶ **この処罰は、のちの暗殺の原因となった。**
2⑵ **この港にはアメリカ総領事としてハリスが着任した。**

学習した日　／　もう一度　バッチリ!

40 明治時代① #中2
明治時代になって何が変わった？

新政府は、**五箇条の御誓文**を出して新しい政治の方針を示しました。欧米諸国を手本に進められた近代国家になるための改革と、それに伴う社会の変化を**明治維新**といいます。

【**版籍奉還**（1869年）】　【**廃藩置県**（1871年）】

土地と人民を
政府に返して！
籍（人民）
版（領地）
藩主
藩をやめて
府と県を置く！
県
府
マジ!!
府知事や県令
を派遣する！
もと
藩主

改革	内容
学制 （1872年）	満６歳以上の男女に小学校教育を受けさせる。
徴兵令 （1873年）	満20歳になった男子に兵役を義務づける。
地租改正 （1873年）	土地所有者に地価の３％の地租を現金で納めさせる。

●近代国家を目指して

【**富国強兵**】

経済を発展させて国力をつけ（富国）、
強い軍隊をもつ（強兵）！
欧米諸国に対抗
できる国にしよう！

【**殖産興業**】

「富国」実現のため、
近代工業を育成する！
富岡製糸場

官営模範工場の富岡製糸場の設立

1877年に**西郷隆盛**と
鹿児島の不平士族
らが起こした西南戦
争も押さえておこう。

【**岩倉使節団の派遣**】

全権大使岩倉具視
不平等条
約の改正
を交渉す
るぞ！

失敗

欧米の政治や産業
を視察して、日本
の近代化に役立て
よう！

最年少
の女子
留学生
よ！
津田梅子

●自由民権運動

【**始まり**（1874年）】

提出
民撰議院設立の建白書

議会（国会）
を開設せよ！

板垣退助

【**政党結成**（1881年）】

国会開設に備え、
自由党を結成する！
キリッ
党首

●立憲制国家の成立

【**大日本帝国憲法発布**（1889年）】

伊藤博文が準備を進めた。

グッ
1885年に内閣
制度を創設して、
初代内閣総理
大臣になったよ。

基本練習

➔ 答えは別冊11ページ

1 　[　　　　] にあてはまる語句を書き、（　　　）は正しいほうを選びましょう。

⑴　右は、新政府が新しい政治の方針として定めた [　　　　] の一部です。

> 一　広ク会議ヲ興シ万機公論ニ決スベシ
> 一　上下心ヲ一ニシテ盛ニ経綸ヲ行ウベシ

⑵　藩を廃止して県を置く（　版籍奉還・廃藩置県　）が行われ、政府が全国を支配する中央集権国家の基礎が築かれました。

⑶　1872年、政府は [　　　　] を公布して、満６歳以上の子どもに教育を受けさせることを国民の義務とし、全国各地で小学校がつくられました。

⑷　殖産興業政策が進められる中、輸出の中心であった生糸の増産や品質向上のため、群馬県に官営模範工場の [　　　　] がつくられました。

⑸　（　板垣退助・伊藤博文　）らが民撰議院設立の建白書を政府に提出して自由民権運動が始まりました。

⑹　ヨーロッパに派遣されてドイツやオーストリアなどの憲法を学んだ（　板垣退助・伊藤博文　）は、帰国後、憲法制定の準備を進めました。

2 　**資料１は、明治政府の役人が作成した資料の一部をわかりやすく改めたもので、資料２は、明治政府が地租改正に伴い発行した地券です。明治政府が地租改正を行った理由を、資料１・２をふまえて簡潔に答えましょう。**　［栃木県］

資料１
【従来の税制度について】
◎役人に目分量で豊作・凶作の判断をさせて、年貢の量を決める。
◎政府に納められた米を換金して諸費用にあてているが、米の価格変動の影響を受ける。
（「田税改革建議」により作成）

資料２
（佐賀県立図書館データベース）

［　　　　　　　　　　　　　　　　　　　　　　　　　］

ポイント
1 ⑴ **会議を開いて、すべての政治を人々の話し合いによって決めることなどを定めている。**
⑷ **この工場の建設には、大蔵省の役人であった渋沢栄一が携わった。**

41 明治時代② #中2 日清・日露戦争の結果は？

朝鮮をめぐって対立していた日本と清（中国）は、朝鮮で起こった反乱（**甲午農民戦争**）をきっかけに開戦しました。勝利した日本は、その後、満州や韓国をめぐって対立を深めたロシアとの戦争にも勝利し、列強として国際的な地位を固めました。

●日清戦争とその後の動き

【開戦（1894年）】
清
朝鮮
日本
日本の勝ち！
【下関条約（1895年）】
◎清は、朝鮮の独立を認める。
◎日本は、遼東半島・台湾・澎湖諸島、多額の賠償金を獲得。
【三国干渉】
遼東半島を清へ返しなさい！
ドイツ
フランス
ロシア
【日英同盟（1902年）】
ロシアをけんせいせねば…
ロシアの南下を防がねば…
イギリス
日本

●条約改正の実現

国内での外国人の犯罪を、日本の法律で裁ける！
外務大臣陸奥宗光

これで、対等な条約が実現した！

●日露戦争とその後の動き

【開戦（1904年）】

【ポーツマス条約（1905年）】

ロシアは

◎韓国での優越権を日本に認める。

◎旅順・大連の租借権や、北緯50度以南の樺太（サハリン）などを日本に譲り渡す。

【日比谷焼き打ち事件】

賠償金よこせ！

日本は1910年に韓国を植民地としました（**韓国併合**）。中国では**辛亥革命**が起こり、1912年、孫文を臨時大総統とする**中華民国**が建国されました。

●日本の重工業の発展と社会問題の発生、科学の発達

【八幡製鉄所操業開始（1901年）】

日清戦争の賠償金をもとに建設された。

【足尾銅山鉱毒事件】

解決のために力をつくしました！

黄熱病を研究！

基本練習

答えは別冊12ページ

1 [　　] にあてはまる語句を書き、(　　) は正しいほうを選びましょう。

(1) 日清戦争直前の1894年、外務大臣の（ 陸奥宗光・小村寿太郎 ）が（ 領事裁判権の撤廃・関税自主権の完全回復 ）に成功しました。

(2) 朝鮮で起こった [　　] 戦争の鎮圧(ちんあつ)のために、日本と清が朝鮮に出兵したことから [　　] 戦争が始まりました。翌年、優勢に戦いを進めた日本が勝利し、[　　] 条約が結ばれました。この直後、ロシアなどが、この条約で日本が獲得した（ 遼東半島・台湾 ）を清に返還(へんかん)するよう勧告(かんこく)してきました。これを [　　] といいます。

(3) 1902年、日本は、清での利権を確保したいイギリスと [　　] を結んでロシアに対抗(たいこう)しました。

(4) 1901年、清との戦争の講和条約で獲得した賠償金をもとに、現在の北九州市に建設された（ 富岡(とみおか)製糸場・八幡製鉄所 ）が操業を開始しました。

(5) 明治時代には、産業が発展する一方で公害問題も発生しました。栃木県の [　　] 銅山の鉱毒事件では、衆議院議員の [　　] が銅山の操業停止を求める運動を進めました。また、世界的な科学者も現れ、（ 北里柴三郎・野口英世 ）は破傷風の血清療法を発見しました。

2 右は、日露戦争が国内外に与えた(あたえた)影響(えいきょう)について調べたものです。(A) にあてはまる人物と、(B) にあてはまる条約の名前をそれぞれ答えましょう。 [山口県]

> 日露戦争の勝利は、のちに三民(さんみん)主義を発表し、中華民国を建国した（ A ）などに影響を与えた。一方、国内では、（ B ）で賠償金を得られなかったことから国民の不満が爆発し、日比谷焼き打ち事件などの暴動が起こった。

A [　　]　B [　　]

ポイント
1 (2) ロシアなどに対抗できる力のなかった日本は、この勧告を受け入れた。
2 歌人の与謝野晶子(よさのあきこ)は、日露戦争に出兵した弟の身を案じる詩を発表した。

学習した日 ／　□もう一度　□バッチリ!

42 大正時代① #中3 第一次世界大戦で世界はどう変わった?

1914年、バルカン半島でのサラエボ事件をきっかけにヨーロッパで始まった**第一次世界大戦**は世界中を巻き込み、各国が国力のすべてをつぎ込む**総力戦**となりました。

●ロシア革命と各国の動き

●第一次世界大戦後のドイツと世界

1918年に大戦は連合国の勝利で終結し、翌年**ベルサイユ条約**が結ばれました。

基本練習

➜ 答えは別冊12ページ

1 [　　] にあてはまる語句を書き、(　　) は正しいほうを選びましょう。

(1) 20世紀初めのヨーロッパは、ロシア・イギリス・フランスによる (三国協商・三国同盟) と、ドイツ・オーストリア・イタリアによる (三国協商・三国同盟) が、軍事力を増強しながら対立していました。

(2) 第一次世界大戦によって、日本は [　　] 景気と呼ばれる好景気となり、鉄鋼や造船などの重化学工業が成長しました。

(3) ロシア革命による社会主義の拡大をおそれたイギリス・アメリカ・日本などは革命への干渉(かんしょう)戦争を起こし、[　　] 出兵を行いました。

(4) 1919年に結ばれた、連合国とドイツの講和条約を [　　] 条約といいます。

(5) 1919年、中国で (三・一独立運動・五・四運動) が起こりました。

(6) 1920年、アメリカの [　　] 大統領の提案で、世界平和と国際協調を目的とする (国際連盟・国際連合) が発足しました。

2 右のグラフは、日本の財政支出に占(し)める軍事費の割合の推移を示したものです。Xの時期の日本の財政支出に占める軍事費の割合が、他の時期と比べてどのようになっているかについて、資料からわかることに触(ふ)れながら、「国際協調」という語句を用いて書きましょう。 [埼玉県・2023]

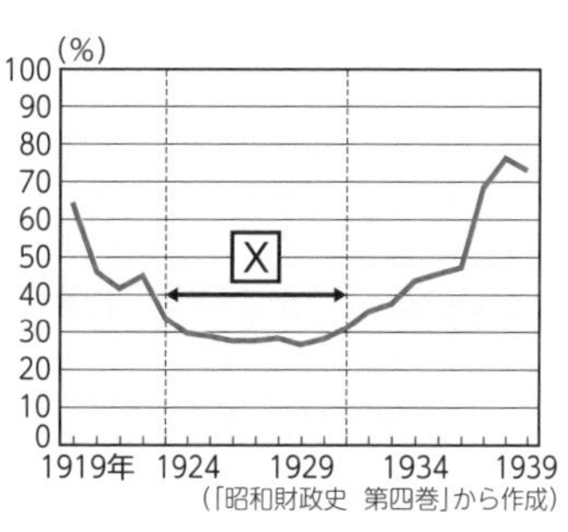

(「昭和財政史　第四巻」から作成)

〔　　　　　　　　　　〕

資料　1922年にワシントン会議で結ばれた条約の主な内容
基準の重量三万五千トンを超(こ)える主力艦(しゅりょくかん)は、いずれの締約国(ていやくこく)も取得したり、建造したりすることはできない。

ポイント
1 (1) 三国同盟に属していたイタリアは、オーストリアと対立して連合国側で参戦した。
2 ワシントン会議では海軍の主力艦の保有量が制限され、日英同盟は解消された。

学習した日 [　／　] □もう一度 □バッチリ!

43 大正時代②〜昭和時代① #中3 大正時代ってどんな時代？

1912年、日本では大正時代（〜1926年）が始まり、同年、憲法に基づく政治を守ろうとする第一次**護憲運動**が起こって藩閥の**桂太郎**内閣が退陣しました。大正時代に高まった民主主義（デモクラシー）を求める風潮を**大正デモクラシー**といいます。

●米騒動と本格的な政党内閣の成立（1918年）

普通選挙を実現して、政治に国民の意見を反映させよう！
民本主義です
吉野作造

●社会運動の広がりと普通選挙法の成立

政府は同じ年に共産主義などを取り締まる治安維持法を制定したよ。

1929年、ニューヨークの株式市場で株価が大暴落して始まったアメリカの不景気は、世界中に広がって**世界恐慌**となりました。

●世界恐慌に対する各国の動き

●大正時代の日本

【関東大震災】
（1923年9月1日）

【ラジオ放送開始】
（1925年）

基本練習

答えは別冊12ページ

1章 / 2章 歴史分野 / 3章 / 模試

1 [　　] にあてはまる語句を書き、（　　）は正しいほうを選びましょう。

(1) シベリア出兵を見こして米が買い占められて米の値段が大幅（おおはば）に上がると、米の安売りを求める [　　　] が全国に広がりました。これによって藩閥の内閣が退陣すると、立憲政友会（りっけんせいゆうかい）の（ 伊藤博文（いとうひろぶみ）・原敬 ）が内閣を組織しました。

(2) 1925年、加藤高明（かとうたかあき）内閣は、納税額による制限を廃止（はいし）して満（ 20・25 ）歳以上の男子に選挙権を与（あた）える [　　　] 法を成立させました。

(3) 青鞜社を組織して女性の解放を唱えてきた [　　　] は、1920年に新婦人協会を設立し、女性の政治参加を求める運動に取り組みました。

(4) 1925年、日本で（ ラジオ・テレビ ）放送が始まりました。

(5) 世界恐慌に対して、アメリカは（ ニューディール政策・ブロック経済 ）、イギリスやフランスは（ ニューディール政策・ブロック経済 ）を行いました。

2 次の各問いに答えましょう。

(1) 次のア～ウを年代の古い順に並べ、記号で答えましょう。　［岐阜県］

ア　普通選挙法が制定された。

イ　第一次護憲運動が起こった。

ウ　原敬が政党内閣を組織した。

〔　　→　　→　　〕

(2) 次の文中の [　　] にあてはまる国名を答えましょう。　［和歌山県］

> ニューヨークで株価が大暴落したことにより、アメリカで恐慌が起こりました。アメリカは資金を多くの国に貸していたため、その影響は世界中に広まり、世界恐慌となりました。しかし、独自の政策を採っていた [　　] は恐慌の影響を受けませんでした。

〔　　　　〕

ポイント
1 (1) 立憲政友会は伊藤博文が結成し、以来、政党の中心となっていた。
(4) 以後、人々にとって新聞とならぶ情報源となった。

学習した日 ／　□もう一度　□バッチリ！

44 日本が中国やアメリカとした戦争って？

昭和時代② #中3

中国で、日本がもつ権益を取りもどそうとする動きが強まりました。日本国内では、武力を用いてでも中国での権益を守り、さらに広げようとする主張が高まりました。

【満州事変(1931年)】
ドッカ
南満州鉄道線路爆破！
満州にいた日本軍（関東軍）が軍事行動を開始。
【満州国建国(1932年)】
実質的には日本が支配！
【国際連盟脱退(1933年)】
リットン調査団
国際連盟は満州国を認めず。
日本は国際連盟を脱退！

軍部の台頭

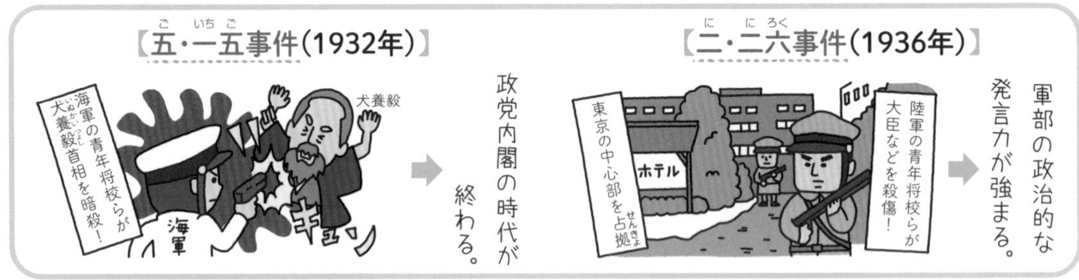

【五・一五事件(1932年)】
海軍の青年将校らが犬養毅首相を暗殺！
犬養毅
海軍
キュン
政党内閣の時代が終わる。
【二・二六事件(1936年)】
東京の中心部を占拠
ホテル
陸軍の青年将校らが大臣などを殺傷！
軍部の政治的な発言力が強まる。

日中戦争と強まる戦時体制

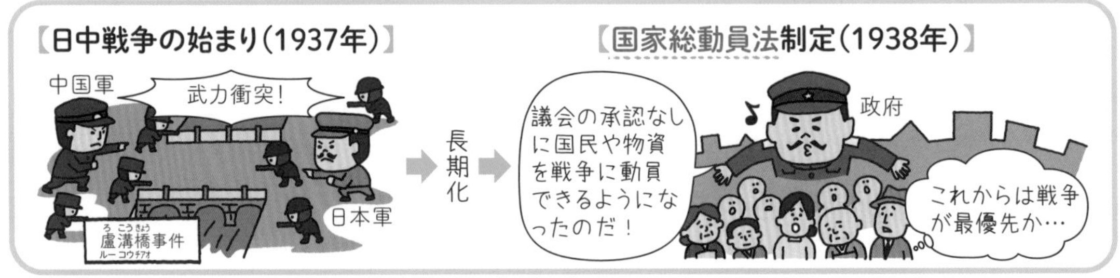

【日中戦争の始まり(1937年)】
中国軍
武力衝突！
日本軍
盧溝橋事件 ルーコウチアオ
長期化
【国家総動員法制定(1938年)】
議会の承認なしに国民や物資を戦争に動員できるようになったのだ！
政府
これからは戦争が最優先か…

1939年、ドイツがポーランドに侵攻して**第二次世界大戦**が始まり、翌年日本は**日独伊三国同盟**を結びました。1941年、日本軍によるマレー半島上陸と、ハワイの真珠湾への奇襲攻撃で、アメリカやイギリスなどとの**太平洋戦争**が始まりました。

基本練習

答えは別冊12ページ

1 [　　] にあてはまる語句を書き、(　　) は正しいほうを選びましょう。

(1) 1931年、満州にいた日本軍（関東軍）は南満州鉄道の線路を爆破して軍事行動を始めました。これを [　　] といいます。

(2) 1932年の（ 五・一五事件 ・ 二・二六事件 ）によって政党内閣の時代が終わり、1936年の（ 五・一五事件 ・ 二・二六事件 ）以降、軍部は政治的な発言力をさらに強めました。

(3) 日中戦争が開戦した翌年、政府は [　　] 法を定めました。

(4) 1940年、ドイツとイタリアは、日本と [　　] 同盟を結び、結束を強化しました。

(5) 1941年12月8日、日本軍によるアメリカの海軍基地のあるハワイの真珠湾への奇襲攻撃と、イギリス領のマレー半島への上陸で、[　　] 戦争が始まりました。

(6) 1945年8月14日、日本は [　　] 宣言を受け入れて降伏することを決め、15日に昭和天皇（しょうわ）がラジオ放送（玉音（ぎょくおん）放送）で国民に知らせました。

2 次の各問いに答えましょう。

(1) 国際連盟は、満州事変についての調査を行うため、イギリス人の [　　] を団長とする調査団を派遣しました。この調査団は、一般に [　　] 調査団と呼ばれています。[　　] にあてはまる人名を答えましょう。 [愛媛県]

〔　　　　〕

(2) 第二次世界大戦は東方への侵略（しんりゃく）を進めていたドイツが、「ある国」に侵攻したことによって始まりました。ドイツが侵攻した国として正しいものはどれですか。次の**ア**～**エ**から1つ選び、記号で答えましょう。 [長崎県]

ア スペイン　**イ** スイス
ウ オランダ　**エ** ポーランド

〔　　　　〕

ポイント **1**(3) **日中戦争が始まると、中国では国内で対立していた国民党と共産党が、戦争のために協力し合うことを決め、抗日（こうにち）民族統一戦線を結成した。**

学習した日 ／　□ もう一度　□ バッチリ!

45 昭和時代③ #中3 敗戦後、日本はどうなった？

敗戦後の日本は、アメリカ軍を主力とする連合国軍に占領されました。日本政府は、**マッカーサー**を最高司令官とする**連合国軍最高司令官総司令部（GHQ）**の指令に従って、軍国主義を排除（非軍事化）して民主化を進める**戦後改革**を行いました。

【財閥解体】

財閥
会社 会社 会社 会社 会社 会社 会社 会社 会社

【選挙法の改正】

【農地改革】

政府が地主の土地を買い上げ、小作人に安く売り渡した。
↓
多くの自作農が誕生！

【教育基本法】

民主主義教育の基本を示す。

【日本国憲法の制定】

民主化政策の最も大きな課題は、大日本帝国憲法の改正でした。日本政府はGHQが作成した草案をもとに改正案を作成し、1946年11月3日に日本国憲法を公布しました。

●冷戦下の世界

1945年10月、連合国は２度の世界大戦への反省から**国際連合**(国連)をつくりました。まもなく、アメリカを中心とする国々とソ連が率いる国々の対立が始まり、この対立は「**冷たい戦争（冷戦）**」と呼ばれました。

【朝鮮戦争（1950年開戦）】

↓
1953年休戦

【アジア・アフリカ会議（1955年）】

アジアやアフリカの国々が冷戦下での平和共存と緊張緩和を訴えた。

【ベトナム戦争（1960～75年）】

ベトナムの内戦に1965年からアメリカが本格介入して激化。
↓
世界各地で反戦運動が高まる。

朝鮮戦争によって日本は特需景気になって敗戦からの経済復興が早まったんだ！

基本練習

答えは別冊13ページ

1 ［　　］にあてはまる語句を書き、（　　）は正しいほうを選びましょう。

⑴ 敗戦後、日本政府はGHQの指令に従って非軍事化と［　　］化を進める戦後改革を行いました。経済の改革として、これまで日本の経済を支配してきた［　　］が解体されました。また、農村では農地改革が行われ、その結果、多くの（ 自作農・小作農 ）が生まれました。

⑵ 1945年には選挙法が改正され、（ 満18歳以上・満20歳以上 ）の（ 男子・男女 ）に選挙権が与(あた)えられました。

⑶ 1947年、民主主義教育の基本を示す［　　］法が制定されました。

⑷ 第二次世界大戦後まもなく、世界は（ アメリカ・ソ連 ）を中心とする資本主義の西側陣営と、（ アメリカ・ソ連 ）が率いる社会（共産）主義の東側陣営に分かれ、厳しく対立するようになりました。この対立は、実際の戦争と対比して「［　　］」と呼ばれました。

⑸ 日本の植民地支配から解放された朝鮮では、南に大韓民国(だいかんみんこく)、北に朝鮮民主主義人民共和国が成立し、1950年に［　　］戦争が始まりました。

2 次のⅠ～Ⅲの文は、東南アジアで起こったできごとについて説明しています。Ⅰ～Ⅲの文を、年代の古いものから順に並べたものを、あとのア～カから１つ選び、記号で答えましょう。　［神奈川県］

Ⅰ　日本の陸軍が、イギリス領のマレー半島に上陸し、シンガポールを占領(せんりょう)した。
Ⅱ　アジア・アフリカ会議が、インドネシアのバンドンで開かれた。
Ⅲ　沖縄の基地から出撃(しゅつげき)したアメリカ合衆国の爆撃機(ばくげきき)が、北ベトナムを爆撃した。

ア　Ⅰ→Ⅱ→Ⅲ　　イ　Ⅰ→Ⅲ→Ⅱ　　ウ　Ⅱ→Ⅰ→Ⅲ
エ　Ⅱ→Ⅲ→Ⅰ　　オ　Ⅲ→Ⅰ→Ⅱ　　カ　Ⅲ→Ⅱ→Ⅰ

〔　　〕

ポイント　**1** ⑸ この戦争に在日アメリカ軍が出兵すると、GHQの指令で日本の治安維持(いじ)のために警察予備隊がつくられた。これはしだいに強化され、1954年に自衛隊になった。

学習した日　／　□もう一度　□バッチリ！

46 昭和時代④～平成時代 #中3
日本の独立後、日本や世界の動きは？

1951年、**吉田茂**内閣はアメリカなど48か国と**サンフランシスコ平和条約**を結び、翌年日本は独立を回復しました。同時にアメリカと**日米安全保障条約（日米安保条約）**が結ばれ、日本は独立後もアメリカ軍が日本国内に基地を置くことを認めました。

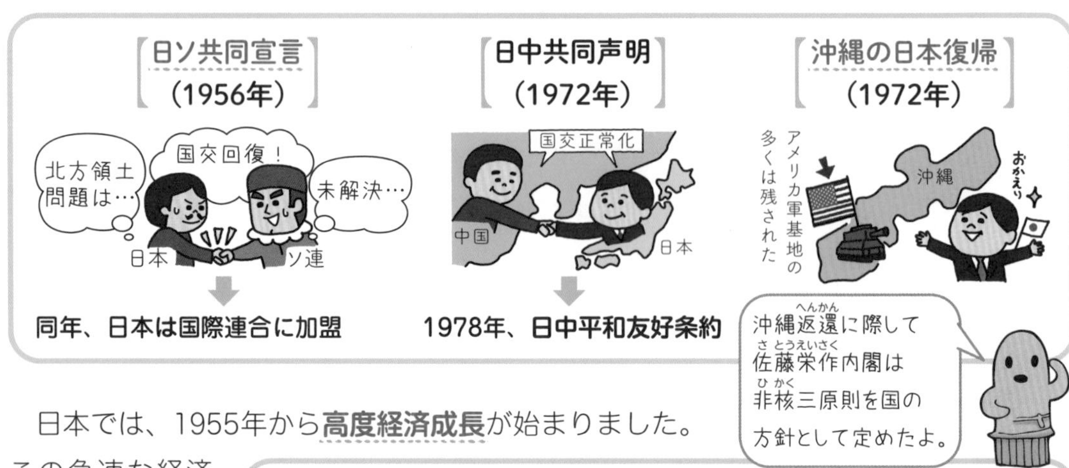

【日ソ共同宣言（1956年）】
北方領土問題は…

同年、日本は国際連合に加盟

【沖縄の日本復帰（1972年）】
アメリカ軍基地の多くは残された

沖縄返還に際して佐藤栄作内閣は非核三原則を国の方針として定めたよ。

日本では、1955年から**高度経済成長**が始まりました。この急速な経済成長は、1973年に発生した**石油危機**（オイル・ショック）によって終わりました。

【国民生活の変化】
家庭電化製品が普及
1964年
東海道新幹線開通
1964年
東京オリンピック・パラリンピック開催
1971年
公害問題が深刻化して、政府は環境庁を設置

●冷戦の終結、その後の世界と日本

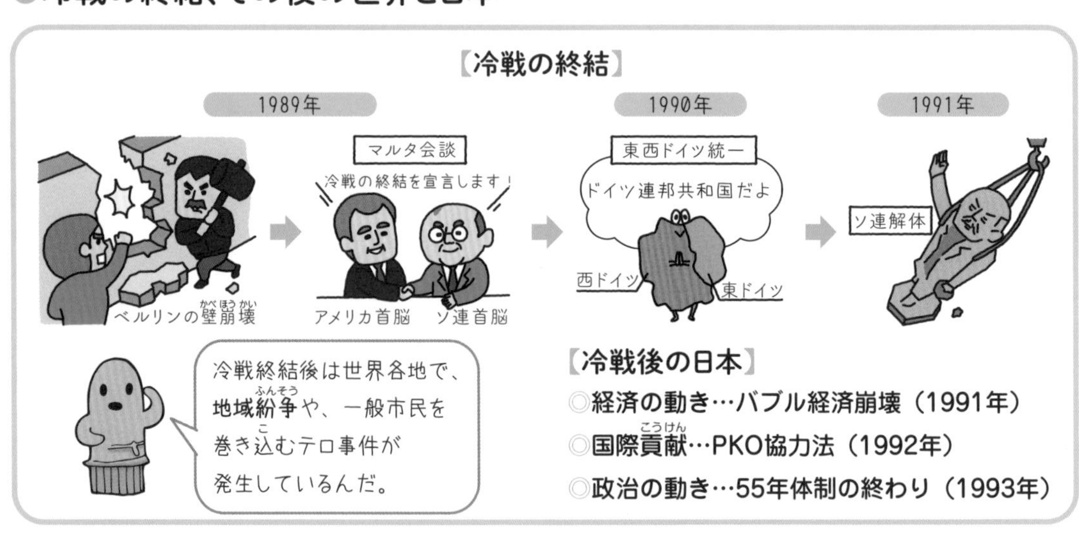

ベルリンの壁崩壊
マルタ会談

アメリカ首脳

東西ドイツ統一
ドイツ連邦共和国だよ

冷戦終結後は世界各地で、地域紛争や、一般市民を巻き込むテロ事件が発生しているんだ。

◎経済の動き…バブル経済崩壊（1991年）
◎国際貢献…PKO協力法（1992年）
◎政治の動き…55年体制の終わり（1993年）

基本練習

答えは別冊13ページ

1 [　　　] にあてはまる語句を書き、（　　）は正しいほうを選びましょう。

(1) 1951年、吉田茂内閣はアメリカなど48か国と [　　　　　　] 条約を結びました。

(2) 1956年、日本とソ連は [　　　　　　] に調印し、国交が回復しました。

(3) 1972年、日本と中国は（ 日中共同声明・日中平和友好条約 ）によって国交を正常化しました。

(4) 1955年から始まった日本の高度経済成長は、1973年に第四次中東(ちゅうとう)戦争が起こったことで [　　　　　　] が発生すると終わりました。

(5) 1989年、[　　　　] の壁が崩壊すると、同年、アメリカとソ連の首脳が地中海のマルタ島で会談し、[　　　　] の終結を宣言しました。

2 次の各問いに答えましょう。

(1) 次の**ア**～**エ**は、1951年から1997年の時期に起こったできごとを報じた新聞記事の見出しです。年代の古い順に並べかえましょう。　[埼玉県・2023改]

ア　オリンピック東京大会開く　　**イ**　「沖縄県」いま祖国に帰る

ウ　日本正式に国連加盟　　**エ**　PKO協力法成立

〔　　→　　→　　→　　〕

(2) 高度経済成長期の日本で起こったできごととして正しいものを、次の**ア**～**エ**から１つ選び、記号で答えましょう。　[山口県]

ア　日本初の女性国会議員の誕生　　**イ**　サンフランシスコ平和条約の締結(ていけつ)

ウ　環境庁の設置　　**エ**　55年体制の崩壊

〔　　〕

ポイント **1** (2) **これによってソ連の支持も受けられ、日本の国際連合加盟が実現した。いっぽう、北方領土については意見が対立したため、平和条約は結ばれなかった。**

学習した日　／　もう一度　バッチリ！

実戦テスト 4

➡答えは別冊19ページ

得点　　／100点

1 欧米と日本の近代化について、次の各問いに答えましょう。⑶②は14点、他は各8点　計46点

⑴ 世界で最初に議会政治を始めたイギリスについて、右の□にあてはまる言葉を、次のア～エから1つ選び、記号で答えなさい。［岐阜県］

イギリスでは、1688年から89年の名誉革命によって議会を尊重する国王が新たに選ばれ、□が定められた。こうして、世界初の立憲君主制と議会政治が始まった。

ア　権利章典　　イ　人権宣言
ウ　独立宣言　　エ　マグナ・カルタ

［　　　］

⑵ 日本の開国後の経済の混乱について、次の文の［ i ］、［ ii ］に入る語句の組み合わせとして適切なものを、あとのア～エから1つ選び、記号で答えなさい。［兵庫県］

大老井伊直弼が［ i ］を結び、欧米諸国との貿易が始まると物価が上昇し、外国との金銀交換比率の違いから、一時的に［ ii ］が流出して経済が混乱した。

ア　i　日米和親条約　ii　金　　イ　i　日米和親条約　ii　銀
ウ　i　日米修好通商条約　ii　金　　エ　i　日米修好通商条約　ii　銀

［　　　］

⑶ 資料は、1868年に五箇条の御誓文が定められたあとに行われた改革の詔の一部をわかりやすくしたものです。①この改革の名称を答えなさい。また、②資料の改革において中央集権国家を確立するために行われたことを、「県令」という語を用いて書きなさい。［埼玉県・2022］

資料

…私は、以前に版と籍を返させることを許可し、新たに藩の政治を行う知藩事に元の藩主を任命してそれぞれの職を勤めさせた。ところが、数百年にわたる古いしきたりのため、中には名のみでその成果のあがらない者がいる。…よって今、さらに藩を廃止して県を置く。…

①名称［　　　］

②行われたこと［　　　］

⑷ 伊藤博文について説明した次のア～エを年代の古い順に並べ、記号で答えなさい。［富山県］

ア　岩倉使節団の一員として、ドイツなどを訪れ、欧米の進んだ制度を学んだ。
イ　初代枢密院議長として、憲法草案を審議し、大日本帝国憲法の制定に力をつくした。
ウ　日露戦争後に保護国化した韓国に、初代韓国統監として赴任した。
エ　太政官制を廃止して内閣制度をつくり、初代内閣総理大臣に就任した。

［　→　→　→　］

2 昭和時代初めまでのできごとについて、次の各問いに答えましょう。

各8点　計24点

(1) 次のXとYは列強の東アジア進出について述べた文です。X・Yと日清戦争・日露戦争を年代の古いものから並べたものとして、最も適当なものをあとのア～エから1つ選び、記号で答えなさい。 [佐賀県]

X ロシアはドイツ、フランスを誘って、遼東半島の返還を日本に求めた。
Y 旅順、大連の租借権と長春以南の鉄道の利権を日本に渡す条約が結ばれた。

ア 日清戦争→ X →日露戦争→ Y　　イ X →日清戦争→ Y →日露戦争
ウ 日清戦争→ Y →日露戦争→ X　　エ Y →日清戦争→ X →日露戦争

〔　　　〕

(2) 資料は、第一次世界大戦後にパリで開かれた講和会議において結ばれた条約の内容を示したものの一部です。資料に示した条約を何といいますか。 [三重県]

資料
・ドイツにすべての植民地を放棄させる。
・国際連盟を設立する。

〔　　　〕

(3) 昭和時代初めの日本と、このころの世界のできごとについて述べた次のア～ウを年代の古い順に並べ、記号で答えなさい。 [長崎県]

ア 第二次世界大戦が起こった。　　イ 世界恐慌が始まった。
ウ 日本が国際連盟を脱退した。

〔　　→　　→　　〕

3 第二次世界大戦後の日本について、次の各問いに答えましょう。

(1)は14点、他は各8点　計30点

(1) 第二次世界大戦後、日本政府が行った農地改革の内容を、次の2つの語を用いて、簡潔に書きなさい。〔 地主　小作人 〕 [和歌山県]

〔　　　〕

(2) 右の文は、日中国交正常化について述べています。文中の □ にあてはまる語句を漢字で答えなさい。 [大分県]

日本は田中角栄内閣のときに □ を調印し、中華人民共和国が中国の唯一の合法政府であることを認めて、国交を正常化した。

〔　　　〕

(3) 沖縄の日本復帰の年代を次のア～エから1つ選び、記号で答えなさい。 [長崎県]

ア 1950年代　　イ 1960年代　　ウ 1970年代　　エ 1980年代

〔　　　〕

学習した日　／　□もう一度　□バッチリ!

合格につながるコラム③

社会の攻略法

自分なりに整理してまとめてみよう

工夫すると暗記しやすくなる

社会は、地形・気候・産業・歴史・政治・経済などの仕組みを学ぶ教科です。５教科の中でもっとも覚えることが多い教科ですが、自分がどのような仕組みの中で生きているのかを知ることは、社会に出たときに必要不可欠です。

単純な暗記が苦手だという人は、項目ごとの仕組みや流れを自分なりに整理してまとめることで、覚えやすくなるかもしれません。

例えば、平安(へいあん)時代と鎌倉(かまくら)時代であれば、政治の中心が京都から鎌倉に移ったり、貴族が中心の世から武士が台頭してきたりします。こうした変化に注目して、表にまとめたり、授業用ノートにふせんを貼ってメモしたりするとよいでしょう。

さらに、「武士が台頭して戦が増えたため、山と海に囲まれて攻められにくい鎌倉に政治の中心が移った」のように、できごとの理由もまとめておくと、より理解が深まって覚えやすくなります。

友だちとクイズを出し合おう

一人では継続できなくても、友だちとなら続けられる

学校や塾の授業で一度説明を聞いただけで、全ての内容を覚えられるという人はなかなかいません。膨大(ぼうだい)な内容を一人で覚えるのは、暗記科目に苦手意識をもつ人にとってはつらい作業だと思います。

そこでおすすめなのが、友達とクイズを出し合うことです。クイズに答える側はもちろん、出す側も問題を考えるなかで重要なポイントを意識することができます。単に用語を答える問題だけでなく、例えば、「武家諸法度(ぶけしょはっと)の特徴は何？」「大統領と首相の違いは何？」など、用語の意味を問う問題や、記述で問われそうな問題も出し合うと、実力がつくでしょう。

グループを作ってクイズ大会を行うのもおすすめです。楽しい雰囲気で続けられるし、お互いに対抗意識をもつことでやる気もアップします。

自分で質問項目と解答を作って、友だちや家族に質問してもらうのもおすすめだよ。

3章

公民分野

47 少子高齢化で何が問題になるの？

グローバル化、情報化、少子高齢化　#中3

近年、世界の国々や人々が結びつきを強める**グローバル化**が進んでいます。その要因の一つが**情報通信技術（ICT）**の発達で、情報が社会の中で果たす役割が大きくなりました（**情報化**）。また、日本では他国に比べて**少子高齢化**が急速に進んでいます。

●グローバル化による変化

各国が得意な分野に力を入れ、苦手な分野は他国に頼る**国際分業**が進んでいます。

【激しい国際競争】

A国の自動車　VS　B国の自動車

デザインがよい　　燃費がよい

国際分業の一方で、他国の商品との間で、質や価格を争う国際競争が激しくなった。

●情報化による変化

情報社会では必要な情報を選び、正しく活用する力、**情報リテラシー**が重要です。

【情報社会の進化と課題】

ひどいこと
言わないで…
アイツ
嫌い
ホント
大嫌い
www

タブレットの活用　　SNSトラブル

人間の知的な活動をコンピューターに担わせる人工知能（AI）の活用も広がっている。

●少子高齢化が進んだ理由とその課題

未婚率の上昇や晩婚化などによる**合計特殊出生率**の低下で少子化が進み、医療の発達などで平均寿命が延びて**高齢化**が進みました。今後、働く人にとって、高齢者の生活を支える社会保障制度の費用の負担がさらに重くなることが問題となっています。

日本の人口ピラミッド（2020年）

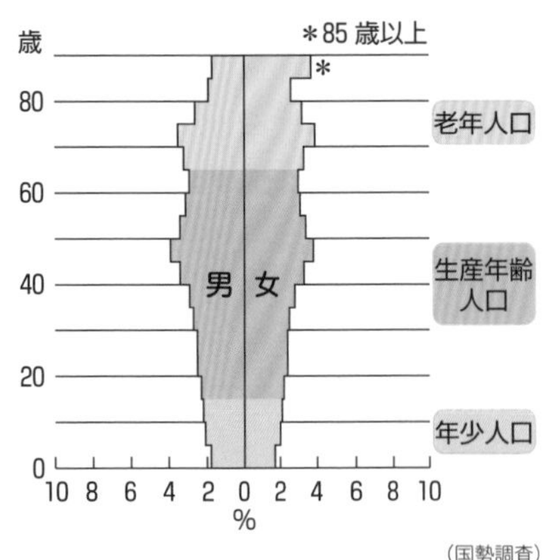

（国勢調査）

【家族の形の変化】

三世代世帯　　核家族世帯

日本では戦後に三世代世帯の割合が減り、**核家族世帯**（親と子ども、または夫婦だけからなる世帯）の割合が増えた。近年は単独世帯の割合が急増している。

基本練習

→ 答えは別冊13ページ

1 [　　] にあてはまる語句を書き、(　　) は正しいほうを選びましょう。

(1) (SNS・ICT) と呼ばれる情報通信技術の発達で情報化が進みました。

(2) 物やお金などが国境を越(こ)えて移動し、世界の国々や人々が結びつきを強めることを [　　　　] 化といいます。

(3) 情報社会では、たくさんの情報の中から必要な情報を選び、正しく活用する力、(情報モラル・情報リテラシー) が求められます。

(4) 一人の女性が一生の間に産む子どもの平均数を [　　　　] といい、日本ではこれが低下して少子化が進みました。

2 なるみさんは、日本の家族構成に関する資料を集めました。資料１・２は、その一部で、資料３は、資料１・２をもとに、なるみさんが考えたことをまとめたものです。資料３の [　　　] にあてはまる理由は何ですか。あとのア～エから最も適当なものを１つ選び、記号で答えましょう。 [三重県]

資料１

年	１世帯あたり人員(人)
1980	3.22
2000	2.67

資料２

年	全世帯に占(し)める核家族世帯の割合（%）
1980	60.3
2000	59.1

（資料１・２は、総務省Webページから作成）

資料３

> 1980年と2000年を比べて、１世帯あたり人員は減少しているのに、全世帯に占める核家族世帯の割合が増加していないのは [　　　] だと考えられる。

ア 日本の総人口が減少したから
イ 単独（一人）世帯の数が増加したから
ウ 夫婦と子どものいる世帯の数が増加したから
エ 祖父母と親と子どもで構成される世帯の数が増加したから

〔　　　　〕

ポイント **1** (1) SNSはソーシャル・ネットワーキング・サービスの略称(りゃくしょう)で、利用者同士がインターネットで交流できるよ。

学習した日 ／ □もう一度 □バッチリ!

48 効率と公正ってどんな考え方なの？

生活と文化、現代社会のとらえ方　#中3

私たちの暮らしに欠かせない衣食住などの生活様式や、**科学・芸術・宗教**などの人々が形づくってきたものを**文化**といいます。**グローバル化**が進んで異文化と触れ合う機会が増えた現代では、互いの文化の違いを認め尊重し合うこと（**多文化共生**）が重要です。

日本の伝統文化

日本の**伝統文化**には、専門家によって受け継がれてきた能や歌舞伎、茶道などのほか、一般の人々によって受け継がれてきた**年中行事**などの生活文化があります。

(ピクスタ)

能

(ピクスタ)

茶道

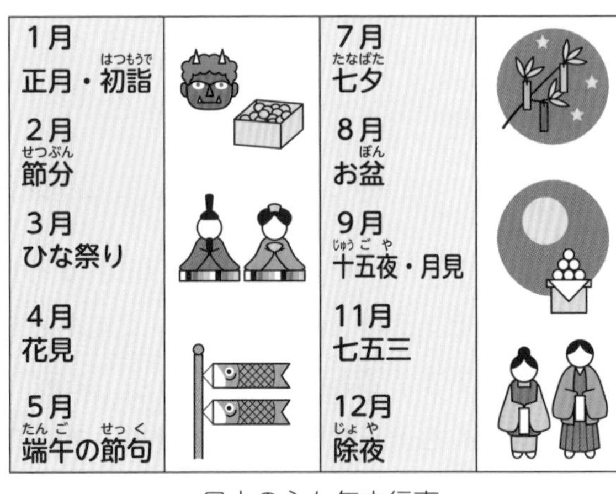

月	行事	月	行事
1月	正月・初詣	7月	七夕
2月	節分	8月	お盆
3月	ひな祭り	9月	十五夜・月見
4月	花見	11月	七五三
5月	端午の節句	12月	除夜

日本の主な年中行事

効率と公正

私たちが属する家族や学校、地域社会などの**社会集団**では、意見がぶつかり**対立**が起こることがあります。そんなときは互いが納得できる解決策を話し合い、**合意**を目指す必要があります。よりよい合意に導くために大切なのが、**効率**と**公正**の考え方です。

【さまざまな効率と公正の考え方】

テーマパークで…

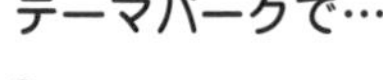

効率とは、時間や資源などの無駄を出さずに、より大きな利益を得ようとする考え方。

きょうだいでおやつを分けるとき…

公正は誰も不当に扱わないという考え方。みんなが話し合いや決定に対等に参加できる**手続きの公正さ**と、立場に関わらずその決定に納得できるかなどの**機会や結果の公正さ**がある。

基本練習

答えは別冊13ページ

1 　　　にあてはまる語句を書き、（　　）は正しいほうを選びましょう。

⑴　衣食住などの生活様式や、科学や芸術などの人々が形づくってきたものを　　　といいます。

⑵　毎年５月には（　端午の節句・ひな祭り　）が行われます。

⑶　毎年（　９・11　）月には七五三が行われます。

⑷　社会集団では、意見がぶつかって　　　が起こることがあるため、互いが納得できる解決策を話し合い、合意を目指します。

⑸　　　　とは、時間や資源などの無駄を出さずに、より大きな利益を得ようとする考え方です。

2 次の会話文は、あるクラスの生徒が、文化祭での催し（もよお）について、話し合いをしたときのものです。文中の生徒A～Cの発言の下線部の内容は、それぞれ効率と公正のどちらの考え方に基（もと）づいたものですか。生徒と考え方の組み合わせとして正しいものをあとのア～エから１つ選び、記号で答えましょう。［愛媛県］

> 生徒A：劇とモザイクアートのどちらにするか、クラス全員で、一人ひとり意見を述べ、それを反映させて決めていきましょう。
> 生徒B：何回も集まらなくても制作できるから、劇よりもモザイクアートがいいと思います。
> 生徒C：劇と比べて、体を動かさなくてもよいモザイクアートに賛成です。けがをして運動を控（ひか）えている友達が、嫌（いや）な思いをしないからです。

ア　A公正　B効率　C効率　　イ　A公正　B効率　C公正
ウ　A効率　B公正　C効率　　エ　A効率　B公正　C公正

〔　　　〕

ポイント　コンビニエンスストアで、客が一列に並（なら）び、並んだ順に空いたレジへ進む方法も、効率と公正に配慮（はいりょ）した並び方といえる。

学習した日　／　もう一度　バッチリ！

49 人権思想の歴史、日本国憲法の考え方 #中3

人権はどうやって獲得されてきたの？

すべての人がもつ**自由権**や**平等権**、**社会権**などの**人権（基本的人権）**は、市民革命など人々の長い間の努力によって保障されるようになりました。

人権獲得の歴史

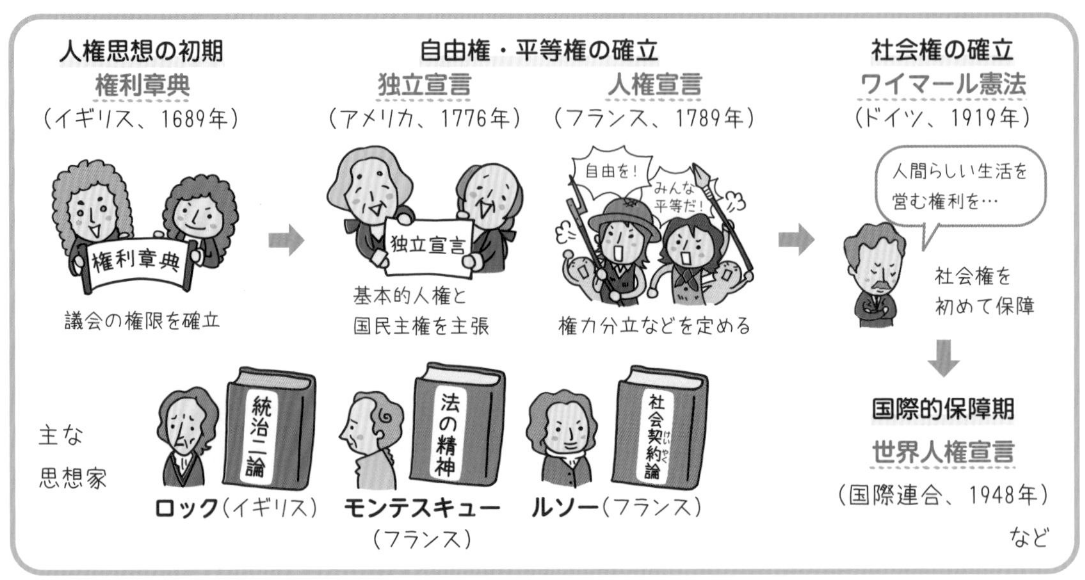

日本国憲法

日本国憲法は、**1946年11月3日に公布**され、翌**1947年5月3日に施行**されました。主権は国民にあり、大日本帝国憲法で主権をもった天皇は、日本国憲法では**日本国や日本国民統合の象徴**とされ、内閣の助言と承認に基づき**国事行為**を行うことになりました。

【日本国憲法の3つの基本原理】

国民主権	基本的人権の尊重	平和主義
国の政治のあり方を国民が決める。	人間が生まれながらに持っている権利を保障する。	戦争を放棄し、世界の恒久平和のために努力する。

日本国憲法の改正には、右のような手続きが必要です。**憲法改正の発議**とは、国会が国民に対して憲法改正の内容を示すことです。

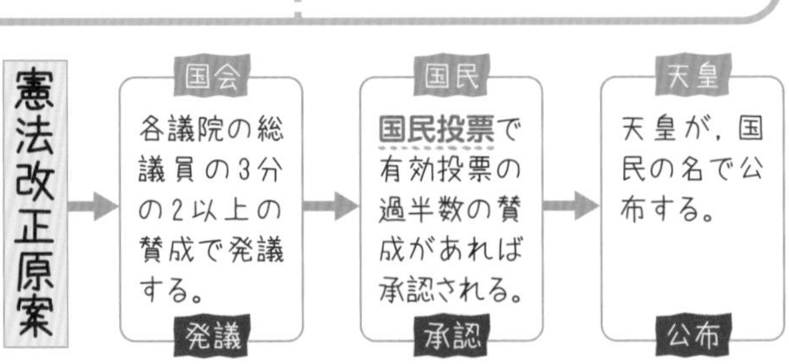

基本練習

答えは別冊14ページ

1 [　　] にあてはまる語句を書き、(　　) は正しいほうを選びましょう。

(1) 1776年にアメリカで [　　　] 宣言、1789年にフランスで人権宣言が発表され、自由権や [　　　] 権が確立されました。

(2) 日本国憲法は、1946年11月３日に (施行・公布) され、1947年５月３日に (施行・公布) されました。

(3) 日本国憲法第１条では、天皇は、日本国や日本国民統合の [　　　] と定められています。

2 次の各問いに答えましょう。

(1) 右の資料は、人類の普遍的(ふへんてき)な権利を保障するため1948年に国際連合で採択(さいたく)されたものの一部です。これを何といいますか。 [滋賀県]

〔　　　　〕

> 第１条　すべての人間は、生(うま)れながらにして自由であり、かつ、尊厳と権利とについて平等である。人間は、理性と良心とを授(さず)けられており、互(たが)いに同(どう)胞(ほう)の精神をもって行動しなくてはならない。

(2) 次の図は、憲法改正の手続きを示しています。[A]、[B] にあてはまる語の組み合わせを、あとの**ア**～**エ**から１つ選び、記号で答えましょう。

[栃木県]

各議院（衆議院と参議院）の総議員の [A] の賛成	→	改正の発議	→	[B] を行い、国民の承認を得たうえで改正案が成立	→	天皇が国民の名において公布

ア　A３分の２以上　B国民投票　　**イ**　A３分の２以上　B国民審査(しんさ)
ウ　A過半数　B国民投票　　**エ**　A過半数　B国民審査

〔　　　〕

ミス注意　**2** (2) 改正の発議に必要な賛成の母数は、「出席議員」ではなく、「総議員」の数であることも覚えておこう。

学習した日　／　□もう一度　□バッチリ！

50 平等権、自由権ってどういう権利？

基本的人権の尊重、平等権、自由権　#中3

日本国憲法は**基本的人権**を保障しています。これは**個人の尊重**の考え方に基づいており、**法の下の平等**とも深く結びついています。ただし、**公共の福祉**に反する場合に、個人の権利は制限されることがあります。また、国民には右の**義務**を定めています。

子どもに普通教育を受けさせる義務

勤労の義務

納税の義務

平等権

平等権は、誰もが平等な扱いを受ける権利です。男女平等や差別の撤廃を目指して法律が整備され、障がいのある人が生活の中で不自由がないように、**バリアフリー化**も進められています。

男女共同参画社会基本法
男女の区別なく、その能力をいかせる社会を目指す法律。ほかにも、採用や賃金などに関する男女の差別を禁じる男女雇用機会均等法が定められている。

（ピクスタ）

点字ブロック
目の不自由な人を誘導する、バリアフリー化のひとつ。

自由権

自由権は自由に考え行動することのできる権利で、次のようなものがあります。

【身体の自由】

奴隷的拘束および苦役からの自由

逮捕・拘禁などに対する保障

あやしいから逮捕する！
逮捕令状がなければ逮捕できないはずです！

【経済活動の自由】

居住・移転・職業選択の自由

財産権の保障（財産権の不可侵）

働いて貯めたお金で家を建てたよ。

【精神の自由】

思想・良心の自由

私はこう考えます。

信教の自由

集会・結社・表現の自由、通信の秘密

学問の自由

基本練習

→ 答えは別冊14ページ

1章 2章 3章 公民分野 模試

1 ［　］にあてはまる語句を書き、（　）は正しいほうを選びましょう。

(1) 日本国憲法で保障している基本的人権でも、［　　　］に反する場合は制限されることがあります。

(2) 日本国民の３つの義務として、子どもに普通(ふつう)教育を受けさせる義務、［　　　］の義務、［　　　］の義務があります。

(3) 障がいのある人が生活の中で不自由がないように、生活のさまたげとなるものを取り除く［　　　］化が進められています。

(4) 職業選択の自由は、（　精神・経済活動　）の自由の１つです。

(5) 思想・良心の自由は、（　身体・精神　）の自由の１つです。

2 次の文の［A］、［B］にあてはまる語句の組み合わせを、あとのア～エから１つ選び、記号で答えましょう。　［岐阜県・改］

> グラフのⅠ、Ⅱは、1985～1989年、2010～2014年のいずれかである。1991年に育児・介護(かいご)休業法が、1999年に［A］が制定されたことなどから、2010～2014年には、一人目の子の出産後も仕事を継続(けいぞく)した女性の割合は、約［B］%となった。

一人目の子の出産後に、仕事を継続した女性と退職した女性の割合

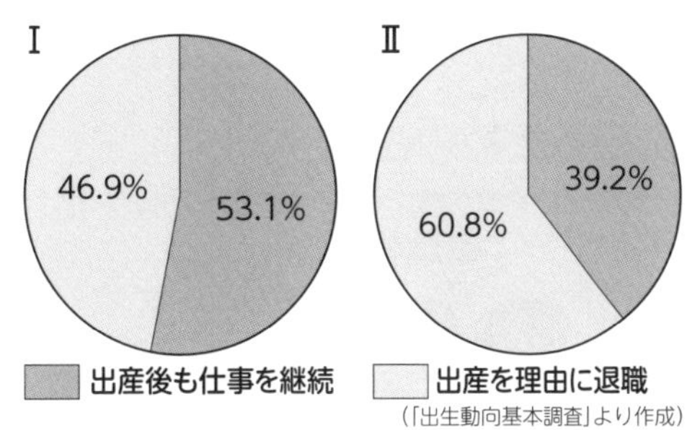

（「出生動向基本調査」より作成）

ア　A：男女雇用機会均等法　B：53
イ　A：男女雇用機会均等法　B：39
ウ　A：男女共同参画社会基本法　B：53
エ　A：男女共同参画社会基本法　B：39

〔　　　〕

ポイント　経済活動の自由は、身体の自由や精神の自由と比べると、公共の福祉によって制限されやすいこともおさえておこう。

学習した日　／　  もう一度　 バッチリ!

51 社会権ってどういう権利?

社会権、参政権と請求権、新しい人権　#中3

社会権とは、人間らしい豊かな生活を送る権利です。日本国憲法では、人権を守るための権利として、**参政権**や**請求権**も保障しています。さらに、憲法には直接明記されていないものの、社会の変化に伴い主張されるようになった**新しい人権**もあります。

社会権

社会権の基本となる権利が**生存権**で、憲法では右のように定められています。ほかにも、次のような権利が保障されています。

> 日本国憲法第25条
> ①すべて国民は、**健康で文化的な最低限度の生活を営む権利**を有する。

教育を受ける権利

能力に応じて等しく教育を受ける権利。

勤労の権利

すべての国民は勤労の権利をもち、義務を負う。

労働基本権（労働三権）

団結権
労働組合を作る権利

団体交渉権
使用者と交渉する権利

団体行動権(争議権)
ストライキなどを行う権利

労働者に認められている権利。労働者の権利を守るために労働三法（→136ページ）が定められている。

人権を守るための権利

【参政権】

選挙権　**被選挙権**　**憲法改正の国民投票権**

国民が政治に参加する権利。ほかにも、国や地方公共団体の機関に要望を述べられる**請願権**や、**最高裁判所裁判官の国民審査権**がある。

【請求権】

裁判を受ける権利

国家賠償請求権と刑事補償請求権

人権が侵害された場合に、国に対して損害の補償を要求できる権利。

新しい人権には、暮らしやすい環境を求める**環境権**、国や地方公共団体に情報の公開を求める**知る権利**、**プライバシーの権利**、自分の生き方などを自由に決める**自己決定権**などがあります。

プライバシーの侵害

基本練習

答えは別冊14ページ

1 [　　] にあてはまる語句を書き、（　　）は正しいほうを選びましょう。

(1) 人権が侵害された場合に、国に対して要求できる権利を [　　] 権といい、裁判を受ける権利などがあります。

(2) 日本国憲法第25条では、「すべて国民は、健康で文化的な [　　] の生活を営む権利を有する。」と定めています。

(3) すべての国民は、社会権の１つである（ 納税・勤労 ）の権利をもち、同時に義務を負っています。

(4) 労働者に認められている団結権、[　　]、団体行動権（争議権）をまとめて労働基本権（労働三権）といいます。

(5) [　　] 権は、国民が国会議員などの選挙に立候補する権利です。

(6) （ 知る権利・請願権 ）は、新しい人権の１つです。

2 右の図は、新しい人権について説明するために、先生が作成したものであり、次の会話文は、直子さんと先生が、図を見ながら話をしたときのものです。文中の [　　] に適当な言葉を入れて文を完成させましょう。ただし、新しい人権として主張されている具体的な権利を明らかにして書くこと。

北　住宅　マンション　南

［愛媛県］

先　生：図のマンションは、屋上が階段状になっています。なぜ、このような形になっているかわかりますか。
直子さん：はい。北側に隣接（りんせつ）する住宅の住民の、[　　] からです。

〔　　　　〕

ポイント **2** 入試では新しい人権についても問われることが多いので、それぞれの内容をしっかり理解しておこう。

学習した日 ／

もう一度

バッチリ！

52 選挙はどんなしくみで行われているの？

選挙のしくみと政党のはたらき　#中3

選挙は、国民にとって重要な政治参加の機会です。日本では、国会議員や地方公共団体の首長と議員を選挙で選びます。国民が代表者（議員）を選挙で選び、議会を通じて行われる政治を**間接民主制**（**議会制民主主義**、**代議制**）といいます。

選挙の原則と主な選挙制度

現在の選挙は、次の４つの原則のもとで行われています。選挙制度では、多くの国で**小選挙区制**と**比例代表制**がとられていますが、それぞれ短所もあります（下の図を参照）。

選挙の４つの原則

普通選挙	一定年齢以上のすべての国民が選挙権をもつ。
秘密選挙	無記名で投票する。
平等選挙	１人が１票をもつ。
直接選挙	直接、候補者に投票する。

衆議院議員と参議院議員の選挙のしくみ

衆議院議員の選挙…小選挙区制と比例代表制を組み合わせた**小選挙区比例代表並立制**。

参議院議員の選挙…都道府県（一部合区）を選挙区とする**選挙区制**と、全国を１つの単位とする**比例代表制**。

小選挙区制

1つの選挙区から1人の代表者を選ぶ。

特色　大政党に有利で安定しやすいが、死票が多くなり少数意見が反映されにくい。

比例代表制

各政党の得票数に応じて議席を配分する。

〈定数6名で、全投票数が3000だった場合〉

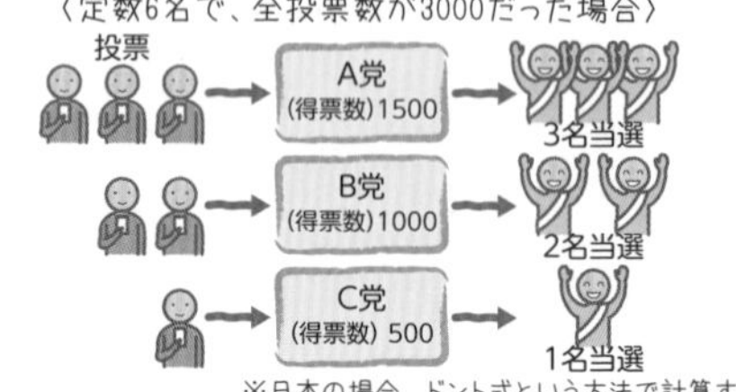

※日本の場合，ドント式という方法で計算する。

特色　小政党でも議席を得やすいが、政党が乱立し物事を決めにくくなることがある。

政治について同じ考えをもつ人たちが、その考えや政策を実現するためにつくる団体を**政党**といいます。国の政治は政党を中心に運営されています（**政党政治**）。

基本練習

答えは別冊14ページ

1 ［　　］にあてはまる語句を書き、（　　）は正しいほうを選びましょう。

⑴ 国民が代表者（議員）を選挙で選び、議会を通じて行われる政治を（ 直接民主制・間接民主制 ）といいます。

⑵ 一定年齢以上のすべての人が選挙権をもつのは［　　］選挙の原則です。

⑶ 無記名で投票するのは［　　］選挙の原則です。

⑷ 小政党でも比較的（ひかくてき）議席を得やすい選挙制度は、（ 小選挙区制・比例代表制 ）です。

⑸ 議会で第一党となった政党だけでつくる政権を［　　］政権（内閣）といいます。

⑹ 政党のうち、議会で多くの議席を占（し）め、政権を担当する政党を［　　］党、それ以外の政党を［　　］党といいます。

2 民主主義に関連して、現在、衆議院議員選挙は、小選挙区制と比例代表制の２つの制度を組み合わせ、それぞれの短所を補い合って行われています。資料を参考に、それぞれの選挙制度の短所を書きましょう。［富山県］

資料　選挙制度の説明

小選挙区制：１つの選挙区から一人の代表者を選ぶ。 比例代表制：得票に応じて各政党の議席数を決める。

小選挙区制

［　　　　］

比例代表制

［　　　　］

ポイント　選挙の課題として、若い世代の投票率が低い（棄権（きけん）が多い）ことや、議員一人あたりの有権者数に差があること（一票の格差）がある。

学習した日　／　□もう一度　□バッチリ！

53 国会はどんな仕事をしているの？

国会の地位・種類・仕事　#中3

国会は国の政治の中心機関で、**衆議院**と**参議院**からなる**二院制（両院制）**がとられています。また、国会の地位については、日本国憲法の中で「国権の最高機関であり、国の唯一の立法機関である」と定められています。

国会議事堂

主な国会の種類

常会（通常国会）	毎年１月中に召集。会期は150日間。次年度の予算を審議・議決。
臨時会（臨時国会）	内閣が必要と認めた場合や、いずれかの議院の総議員の４分の１以上の要求があった場合に召集。
特別会（特別国会）	衆議院解散後の総選挙の日から30日以内に召集。内閣総理大臣の指名を行う。

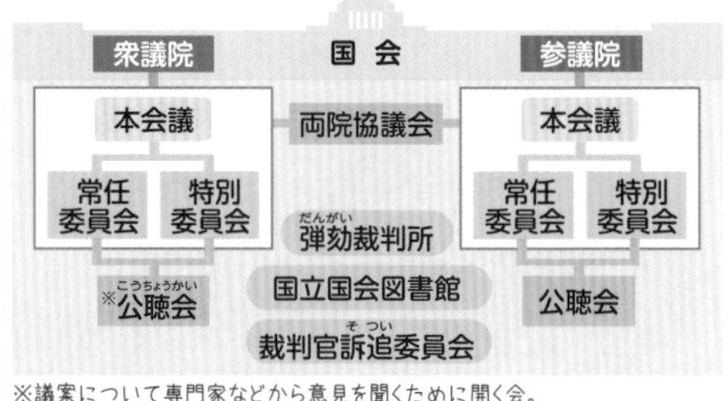

※議案について専門家などから意見を聞くために開く会。

国会運営のしくみ

国会の仕事

最も重要な仕事は**法律の制定**で、ほかにもさまざまな仕事があります。

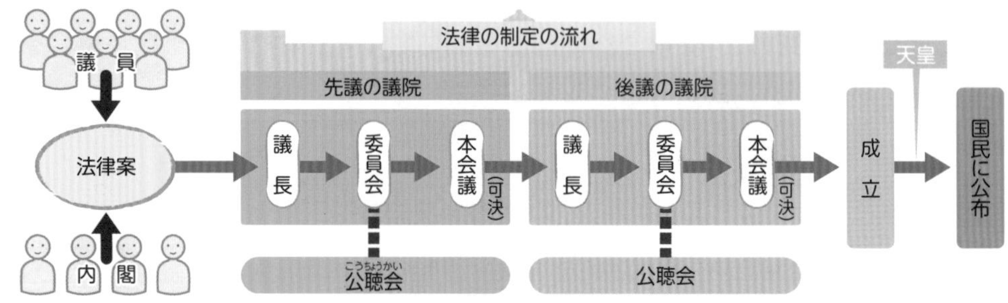

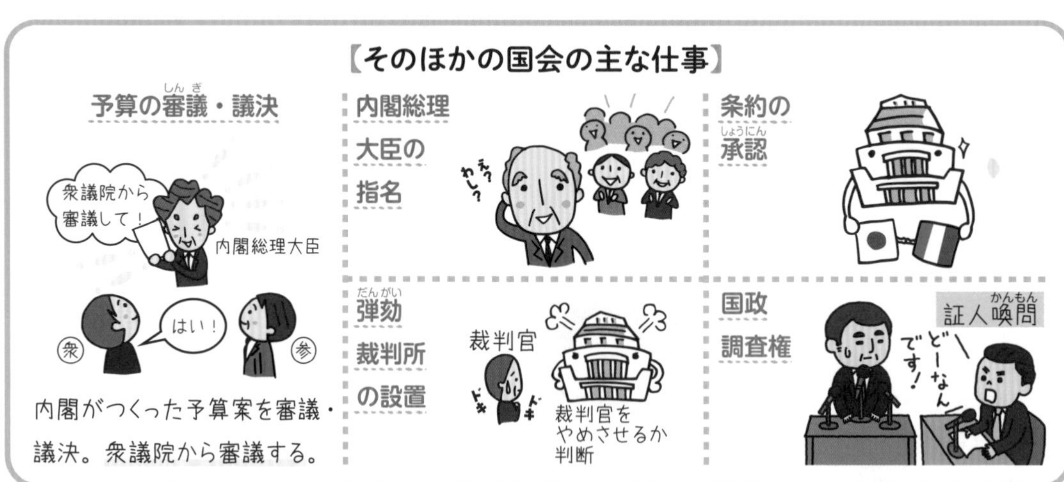

基本練習

➡ 答えは別冊15ページ

1 [　　　] **にあてはまる語句を書き、(　　　) は正しいほうを選びましょう。**

(1) 国会の地位については、日本国憲法で「国権の最高機関であり、国の唯一の [　　　] 機関である」と定められています。

(2) 国会に提出された法律案は、まず (本会議・委員会) で審議されたのち、議員全員で構成される (本会議・委員会) で審議・議決されます。

(3) 裁判官として不適格な行いをした人を辞めさせるかどうかを判断する [　　　] 裁判所の設置は、国会の仕事です。

(4) 国会の仕事のひとつに条約の (締結(ていけつ)・承認) があります。

2 **次の各問いに答えましょう。**

(1) 次の図は、ある年の国会の動きを模式的に表したものであり、図中の ▒、▒、▒ 印で示した期間は、それぞれ、種類の異なる国会の会期を表しています。▒ 印で示した期間に開かれていた国会の種類の名称(めいしょう)を書きましょう。　[愛媛県]

〔　　　　〕

(2) 国会の役割について述べたものとして正しいものを、次のア～エから１つ選び、記号で答えましょう。　[長崎県]

ア 国の予算を作成する。
イ 国政調査権を行使して証人喚問(しょうにんかんもん)を行う。
ウ 法律などが憲法に違反(いはん)していないかを判断する。
エ 天皇の国事行為(こうい)に助言と承認を行う。

〔　　　〕

ポイント **2** (1) ▒ は毎年１月中に召集される国会、▒ は衆議院の解散後の総選挙の日から30日以内に召集される国会です。

学習した日　／　□もう一度　□バッチリ！

54 衆議院と参議院の違いって何？

衆議院と参議院　#中3

衆議院と参議院は、議員の人数や任期、解散のある・なしなどに違いがあります。また、国会でのいくつかの議決については、衆議院のほうに強い権限が与えられているほか、衆議院だけに認められた権限もあります。これを**衆議院の優越**といいます。

衆議院と参議院を比べると…

	衆議院	参議院
議員定数	**465人**	**248人**
任期	4年（解散のときは任期中でも資格を失う）	6年（3年ごとに半数が改選される）
被選挙権	**満25歳以上**	**満30歳以上**
解散	**ある**	**ない**

参議院は衆議院の行きすぎを抑制する役割があるよ。

衆議院の優越

衆議院は参議院より任期が短く、解散があるため、国民の新しい意思をより的確に反映すると考えられています。衆議院の議決が重くみられるのは、次のようなものです。

法律案の議決では…

参議院が衆議院と異なった議決をした場合、

（または一定期間内に議決しない場合）

↓

衆議院が出席議員の3分の2以上の多数で再び可決すると法律になる！

予算の議決・条約の承認・内閣総理大臣の指名では…

参議院が衆議院と異なった議決をした場合、

↓

両院協議会を開いても意見が一致しないと…

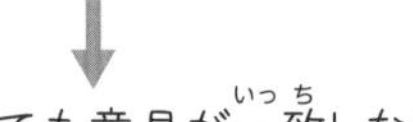

（参議院事務局）

↓

衆議院の議決が国会の議決になる！

※ほかに、参議院が一定期間内に議決しない場合も衆議院の議決が国会の議決になる。

衆議院だけに認められた権限には、**予算の先議権**と**内閣不信任の決議権**があります。

基本練習

➡ 答えは別冊15ページ

1 [　　] にあてはまる語句や数字を書き、（　　）は正しいほうを選びましょう。

⑴　衆議院の議員定数は（　248・465　）人、参議院の議員定数は（　248・465　）人です。

⑵　衆議院で法律案が可決され、参議院では否決された場合、衆議院で出席議員の [　　] 分の [　　] 以上の賛成で再び可決すれば法律となります。

⑶　予算案は、必ず（　衆議院・参議院　）から先に審議(しんぎ)されます。

⑷　[　　] 不信任の決議は、衆議院だけに認められている権限です。

2 次の文を読んで、あとの各問いに答えましょう。　［富山県・改］

> 国会では、予算や内閣総理大臣の指名などで a 衆議院と参議院が異なる議決をした場合、[あ] が開かれ、意見の調整が行われる。それでも一致しない場合、b 衆議院の優越が認められ、衆議院の議決が国会の議決となる。

⑴　下線部 a について、右の表の（い）、（う）に入る適切な数字を答えましょう。

い〔　　　〕　う〔　　　〕

表　衆議院と参議院の比較(ひかく)　（2024年6月現在）

	衆議院	参議院
議員定数	465人	248人
任期	4年	6年（3年ごとに半数を改選）
選挙権	18歳以上	
被選挙権	（ い ）歳以上	（ う ）歳以上
解散	ある	ない

⑵　文中の [あ] にあてはまる語句を次のア～エから1つ選び、記号で答えなさい。また下線部 b が認められている理由を、表の語句を使って書きましょう。

ア　臨時国会　　イ　両院議員総会

ウ　公聴会(こうちょうかい)　　エ　両院協議会

記号〔　　　〕

理由〔　　　　　　　　　　〕

ミス注意　**2** ⑴ 被選挙権は、選挙に立候補できる年齢(ねんれい)である。衆議院議員と参議院議員で異なるので気をつけよう。

学習した日　／　もう一度　バッチリ!

55 内閣と国会はどういう関係なの？

内閣のしくみと議院内閣制、三権分立　#中3

法律や予算に基づいて政治を行うことを**行政**といい、その最高機関が**内閣**です。また、内閣は国会の信任の上に成り立ち、国会に対して連帯して責任を負います（**議院内閣制**）。

●内閣の仕事としくみ

内閣は、**内閣総理大臣**と**国務大臣**で構成され、**閣議**を開いて仕事の方針を決めます。内閣の主な仕事には、法律の執行や予算の作成・提出、条約の締結、政令の制定、最高裁判所長官の指名などがあります。

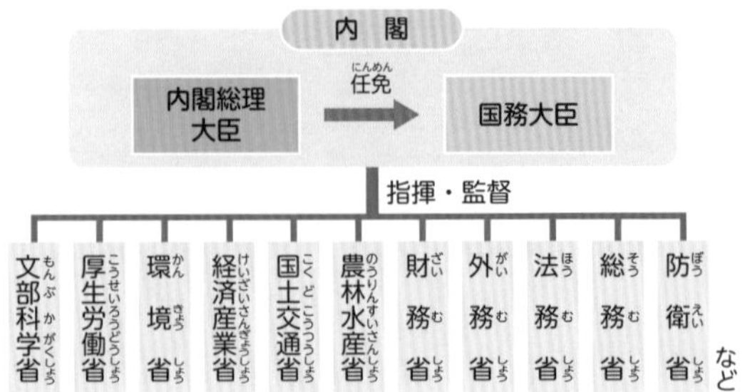

●互いの権力を抑制し合う内閣と国会

内閣総理大臣は、国会で国会議員の中から指名され、国務大臣の過半数は国会議員である必要があります。一方で、内閣の仕事が信頼できない場合、衆議院は**内閣不信任の決議**を行うことができます。可決されると内閣は総辞職するか、衆議院を解散するかを選択しなければなりません。

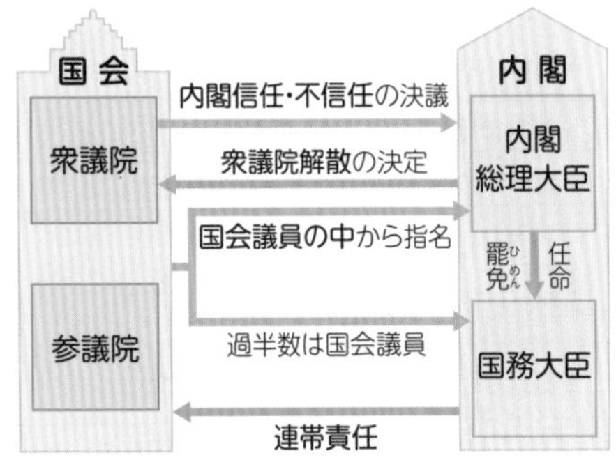

日本の議院内閣制のしくみ

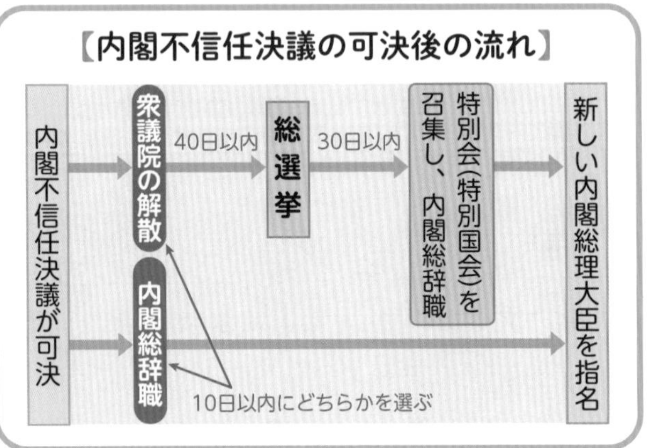

国家権力を**立法権**・**行政権**・**司法権**の3つの権力に分けることで、権力の集中を防ぎ、国民の人権を守るしくみが**三権分立**（権力分立）です。

違憲審査（違憲審査制）

法律や、命令・規則などが憲法に違反していないかを審査すること。裁判所がこの権限をもつ。

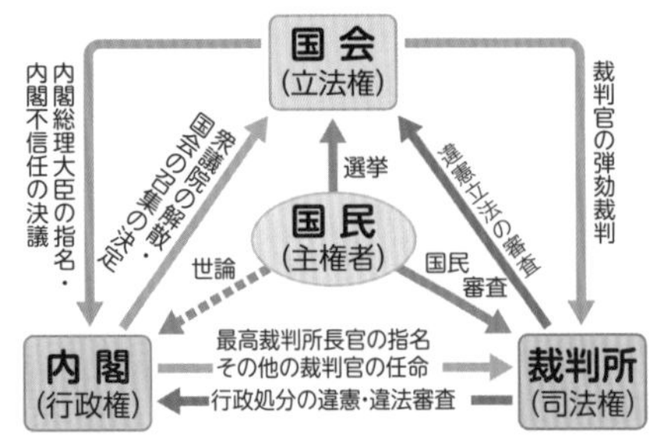

日本の三権分立のしくみ

基本練習

答えは別冊15ページ

1 [　　] にあてはまる語句や数字を書き、(　　) は正しいほうを選びましょう。

(1) 国会の決めた法律や予算に基づいて政治を行うことを (行政・立法) といい、これを担(にな)う最高機関が (国会・内閣) です。

(2) 内閣は、内閣の会議である [　　] を開いて仕事の方針を決めます。

(3) 内閣総理大臣は、国会で [　　] の中から指名されます。

(4) [　　] 院は、内閣不信任の決議を行うことができます。

(5) 内閣不信任の決議が可決された場合は、[　　] は総辞職をするか、[　　] 日以内に衆議院を解散しなければなりません。

2 国会、内閣、裁判所の関係を表した右の図を見て、次の各問いに答えましょう。

［和歌山県］

(1) 図のように、権力を立法権、行政権、司法権の３つに分け、それぞれを独立した機関が担当することで、権力の行きすぎを抑制し合う考え方を何といいますか。

〔　　　　〕

国会（立法権）
内閣（行政権）
裁判所（司法権）
衆議院の解散
内閣総理大臣の指名
A
B
裁判官の任命
行政裁判の実施

(2) 図中の [A]、[B] にあてはまる語句の組み合わせを、次のア〜エから１つ選び、記号で答えましょう。

ア　A違憲審査の実施(じっし)　　B最高裁判所長官の指名
イ　A国民審査の実施　　B最高裁判所長官の指名
ウ　A違憲審査の実施　　B弾劾(だんがい)裁判所の設置
エ　A国民審査の実施　　B弾劾裁判所の設置

〔　　　　〕

ミス注意　**2** (2) Aは国会の行きすぎを抑制する裁判所のはたらき、Bは裁判所の行きすぎを抑制する国会のはたらきである。

学習した日　／　もう一度　バッチリ！

56 裁判の種類としくみ #中3
裁判はどんなしくみになっているの？

国家が法に基づき争いごとなどを解決することを**裁判（司法）**といいます。公正な裁判のためには、裁判所や裁判官が圧力や干渉を受けないことが必要です（**司法権の独立**）。

裁判所の種類

裁判所は司法権をもち、最高裁判所と下級裁判所に分かれます。

最高裁判所		三審制で最終的な判断を下す	1か所
下級裁判所	高等裁判所	最上位の下級裁判所 主に第二審を扱う	8か所
	地方裁判所	主に第一審を扱う	50か所
	家庭裁判所	家事事件や少年事件を扱う	
	簡易裁判所	軽い事件をすみやかに処理	438か所

（（株）Gakken写真資料）

最高裁判所大法廷

公正・慎重な裁判のために

裁判を公正・慎重に行い、あやまりを防いで人権を守るために、1つの内容につき3回まで裁判を受けられます。これが**三審制**です。第一審の裁判所の判決に不服がある場合、次の上位の裁判所に訴え（**控訴**）、第二審の裁判所の判決に不服がある場合、さらに上位の裁判所に訴えます（**上告**）。

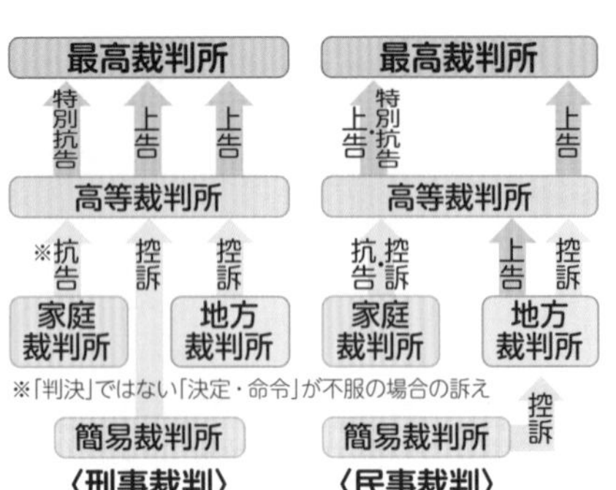

民事裁判と刑事裁判

盗みなどの法律で犯罪とされている事件に関する裁判を**刑事裁判**、個人や企業間の争いに関する裁判を**民事裁判**といいます。刑事裁判では**裁判員制度**が導入されています。

被疑者を、**検察官**が裁判所に**起訴**して始まる。

訴えた人を**原告**、訴えられた人を**被告**という。

基本練習

答えは別冊15ページ

1 □にあてはまる語句を書き、( )は正しいほうを選びましょう。

(1) 司法権をもつ裁判所は、最終的な判断を下す□裁判所と下級裁判所に分かれます。

(2) 最上位の下級裁判所で、主に第二審を扱うのが(地方・高等)裁判所で、軽い事件をすみやかに処理するのが(家庭・簡易)裁判所です。

(3) 第一審の裁判所の判決に不服がある場合に、次の上位の裁判所に訴えることを□といい、第二審の裁判所の判決に不服がある場合に、さらに上位の裁判所に訴えることを□といいます。

(4) 国民が裁判員として裁判官とともに審理に参加する裁判員制度は、(刑事・民事)裁判の第一審で導入されています。

2 次の文は、裁判の事例について述べたものであり、この裁判は、民事裁判、刑事裁判のいずれかにあたります。また、図１、図２は、わが国で裁判が行われるときの、法廷における座席などの配置を模式的に表したものであり、図１、図２は、それぞれ民事裁判、刑事裁判のいずれかのものにあたります。事例の裁判の種類と、この裁判が法廷で行われる場合の、法廷における座席などの配置を表した図の組み合わせとして正しいものをあとのア～エから１つ選び、記号で答えましょう。 ［愛媛県］

> Ｏさんは、貸したお金を返してくれないＰさんを訴えた。裁判所は、Ｏさんの訴えを認め、Ｐさんに返済と賠償金(ばいしょうきん)の支払(しはら)いを命じた。

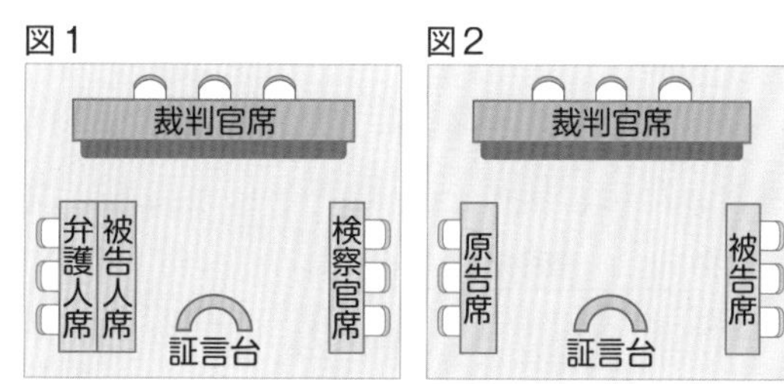

ア　民事裁判と図１　　イ　民事裁判と図２
ウ　刑事裁判と図１　　エ　刑事裁判と図２

ポイント **2** 図１では、被告人席や検察官席があることに、図２では、原告席と被告席があることに注目しよう。

学習した日　／　□もう一度　□バッチリ！

57 地方自治と地方財政 #中3
地方自治はどんなしくみなの？

地域の住民が、その地域の実情に合わせて自らの意思と責任で政治を行うことを**地方自治**といい、都道府県や市（区）町村などの**地方公共団体**を単位として行われます。

●地方自治のしくみ

国の政治では、議院内閣制がとられていますが、地方自治では、住民が首長と地方議員の２種類の代表を直接選ぶ**二元代表制**がとられています。また、首長と地方議会は、右のように互いに抑制し合い、均衡を保つしくみになっています。

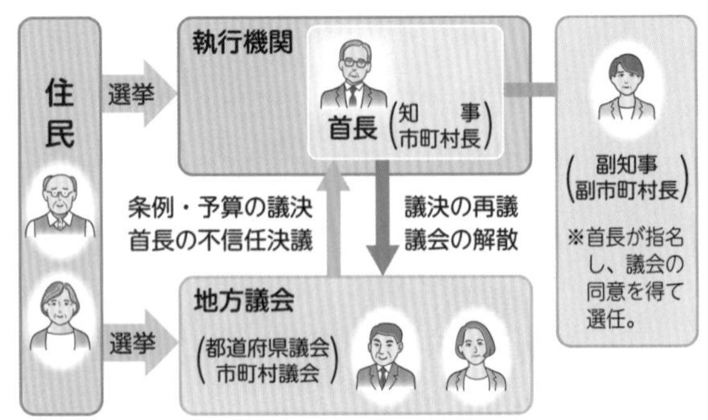

●直接請求権

地方自治では、住民が直接政治に参加してその意思を表明できるように、**直接民主制**のしくみが取り入れられています。その１つが**直接請求権**で、住民が一定数以上の署名を集めて行います。

請求の種類		必要な署名数	請求先
条例の制定・改廃の請求		有権者の50分の1以上	首長
監査請求			監査委員
解職請求	首長・議員	※有権者の3分の1以上	選挙管理委員会
	その他の役職員		首長
議会の解散請求			選挙管理委員会

首長、議員の解職請求や議会の解散請求では、請求後に住民投票が実施され、有効投票の過半数の同意で解職・解散となる。
※有権者数が40万人を超える場合は規定が異なる。

●地方財政

地方財政の収入の基本は、住民や企業が納める**地方税**です。しかし、それだけではまかなえないため、国から補助をもらったり、**地方債**を発行して借金をしたりしています。

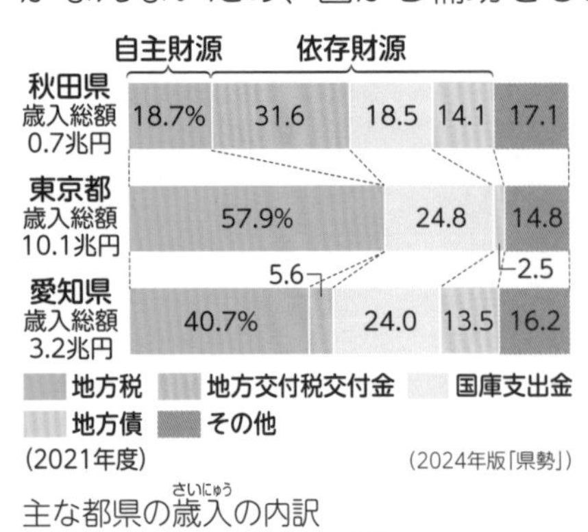

主な都県の歳入の内訳
地方は自主財源の割合が低く依存財源の割合が高い。

【国からの2つの補助】

地方交付税交付金

地方の財政格差を抑えるために国が配分。使い道は自由。

国庫支出金

国が使い道を限定して支出（公共事業など）。

基本練習

答えは別冊16ページ

1 ［　　］にあてはまる語句を書き、（　　）は正しいほうを選びましょう。

(1) 地方自治では、住民が首長と地方議員の２種類の代表を直接選ぶ［　　　　］制がとられています。

(2) ［　　　　］権は、住民が署名を集めて行う請求のことです。

(3) 首長の解職請求の請求先は、（ 選挙管理委員会・地方議会 ）です。

(4) 地方財政の収入のうち、自主財源にあたるのは（ 地方税・地方債 ）で、依存財源にあたるのは（ 地方税・地方交付税交付金 ）などです。

2 次の各問いに答えましょう。

(1) 次の表１は、2021年度における東京都と栃木県の歳入の内訳（%）を示しています。表１の**X**と**Y**は東京都と栃木県のいずれかであり、表１の**ア**、**イ**、**ウ**は国庫支出金、地方交付税交付金、地方税のいずれかです。栃木県と国庫支出金はそれぞれどれですか。［栃木県］

表１

	ア	イ	ウ	地方債	その他
X	29.2	14.7	19.1	11.3	25.7
Y	57.9	−	24.8	2.5	14.8

（2024年版「県勢」）

栃木県〔　　　〕

国庫支出金〔　　　〕

(2) 次の表２は、有権者が240000人のM市についてのものです。表２の（**a**）、（**b**）にあてはまる数字と語句の組み合わせを右の**ア**～**エ**から１つ選び、記号で答えましょう。［岐阜県］

表２　M市における条例の制定・改廃（かいはい）の請求に必要な有権者の署名数

必要な有権者の署名数	請求先
（a）以上	M市の（b）

ア　a＝4800　b＝首長
イ　a＝4800　b＝議会
ウ　a＝80000　b＝首長
エ　a＝80000　b＝議会

〔　　　〕

ポイント　**2** (1) **地方税はその地方公共団体の住民や企業などが納める税金で、住民の数や企業の規模などによって収入が変わる。**

学習した日　／　もう一度　バッチリ!

58 株式会社はどんなしくみなの？

消費生活、生産のしくみと労働　#中3

私たちは収入を得て、**財**（形のある商品）や**サービス**（形のない商品）を購入します。このような生活を営む家庭の経済活動を**家計**といいます。消費者の権利を守るために、**消費者基本法**や**製造物責任法（PL法）**などの法律や制度が整備されています。

家計のさまざまな収入

家計における支出の割合

2022年 320,627円
食料費 25.1%
交通・通信費 15.8
光熱・水道費 7.6
教養娯楽費 9.3
住居費 6.3
教育費 5.7
その他

（2023/24 年版「日本国勢図会」）

食料費や交通・通信費を**消費支出**、税金や社会保険料を**非消費支出**という。収入からそれらを引いた残りが**貯蓄**。

消費者を守る法律や制度

製造物責任法（PL法）

欠陥商品で被害を受けたときに、企業の過失を証明できなくても企業に被害の救済を求められる。

クーリング・オフ制度

訪問販売などで商品を購入したあと、一定期間内であれば無条件で契約を解除できる。

企業は公共の目的のために活動する**公企業**と、利潤を目的とする**私企業**に分けられます。代表的な私企業が**株式会社**で、**株式**を発行して資金を集めています。

株式会社のしくみ

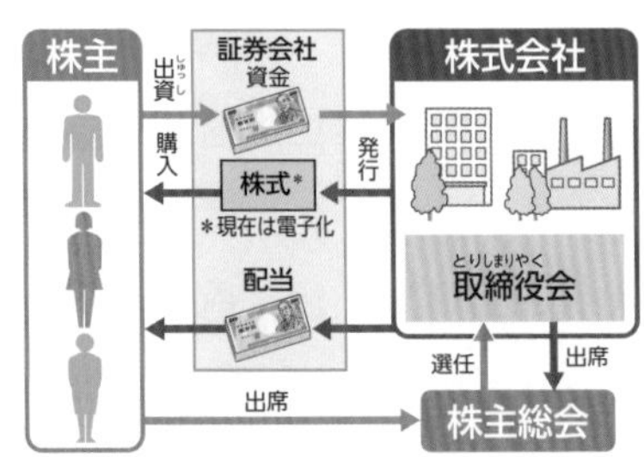

株式を購入した**株主**は、会社が利潤をあげたときにその一部を**配当**として受け取る。**株主総会**に出席する権利もある。

大企業と中小企業の割合

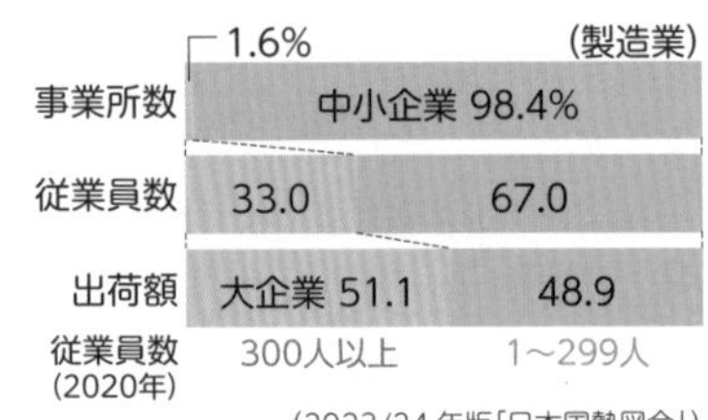

（2023/24 年版「日本国勢図会」）

中小企業は大企業の下請けが多いが、中には世界的に優れた技術をもつ企業もある。

労働者の権利を守るための法律（労働三法）

労働基準法	労働条件の最低基準を定める
労働組合法	労働組合の結成などを保障する
労働関係調整法	労働争議の解決法などを定める

基本練習

答えは別冊16ページ

1 [　　] にあてはまる語句を書き、（　　）は正しいほうを選びましょう。

⑴ 家計の収入のうち、農業や商店を営んで得られる収入を [　　] 収入（所得）といいます。

⑵ 食料費や交通・通信費などを（ 消費・非消費 ）支出、税金や社会保険料などを（ 消費・非消費 ）支出といいます。

⑶ [　　] 法は、消費者が欠陥商品で被害を受けたときに、企業の過失を証明できなくても、製造者の企業に被害の救済を義務づけている法律です。

⑷ 企業は公共の目的のために活動する（ 私・公 ）企業と、利潤を目的とする（ 私・公 ）企業に分けられます。

⑸ [　　] 法は、賃金や労働時間など労働条件の最低基準を定めている法律です。

2 次の各問いに答えましょう。

⑴ 資金調達の観点から、株式会社を設立する利点について、「株式」という語を用いて簡潔（かんけつ）に説明しましょう。 ［富山県・改］

［　　　　　　　　　　　　　　　　］

⑵ 政府が消費者を保護するために整備した、クーリング・オフとはどのような制度ですか。「契約」という語を用いて簡潔に説明しましょう。［和歌山県］

［　　　　　　　　　　　　　　　　］

ポイント **近年は終身雇用制（こようせい）が見直されたり、年功序列賃金をやめて能力給が導入されたり、非正規労働者が増加したりと、働く人の労働環境（かんきょう）が変化している。**

学習した日 ／

59 商品の価格はどのように変化するの？

価格のはたらき、金融のはたらき　#中3

市場経済における商品の価格（**市場価格**）は、一般に**需要量**と**供給量**の関係で決まり、需要量と供給量が一致したときの価格を**均衡価格**といいます。国は企業間の自由な競争をうながすために**独占禁止法**を制定し、**公正取引委員会**がその運用にあたっています。

価格の決まり方（需要量・供給量・価格の関係）

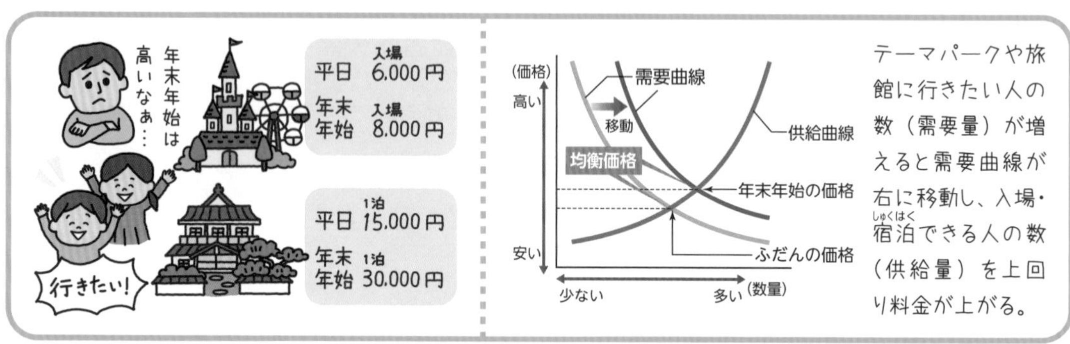

主な公共料金

国民の生活に影響が大きい公共料金は、国や地方公共団体が決定や認可をする。

独占価格と寡占価格

1つの企業が一方的に決める独占価格や、少数の企業が決める寡占価格は消費者が不利益を受ける可能性が高い。

資金に余裕がある人と不足している人との間で資金を融通することを**金融**といい、その仲立ちをするのが銀行など**金融機関**です。銀行の中でも、日本の**中央銀行**である**日本銀行**は一般の銀行と異なり、政府（国）や一般の金融機関とだけ取り引きをしています。

直接金融と間接金融

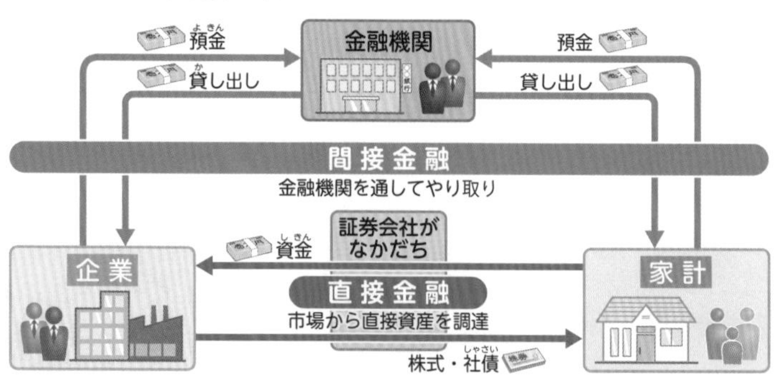

日本銀行の3つの役割

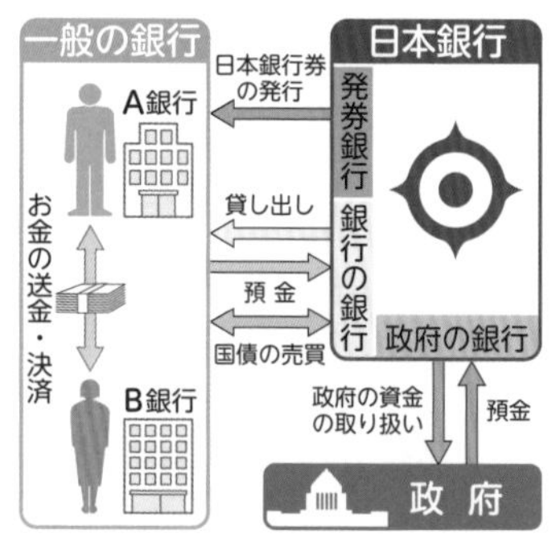

基本練習

➡ 答えは別冊16ページ

1 [　　　] にあてはまる語句を書き、(　　) は正しいほうを選びましょう。

(1) 需要量が変わらずに供給量が増えると価格は (　上がり・下がり　) ます。

(2) 国は [　　　　] 法を制定して企業間の自由な競争をうながし、公正取引委員会がその運用にあたっています。

(3) 日本の中央銀行は、[　　　　] です。

(4) 銀行などの金融機関を通して、借り手と貸し手が資金のやり取りをするしくみを (　直接金融・間接金融　) といいます。

2 右の資料は、ある班が、市場経済において、ある商品の価格と需要量および価格と供給量の関係が、状況(じょうきょう)により変化することを説明するために作成したものです。資料の曲線X、曲線Yは、需要曲線、供給曲線のいずれかであり、２つの曲線が交わる点の価格は、この商品の均衡価格を示しています。資料の曲線Xについて、曲線Xが、aの位置からbの位置に移動したときの状況について正しく述べたものを次のア～エから１つ選び、記号で答えましょう。　〔三重県〕

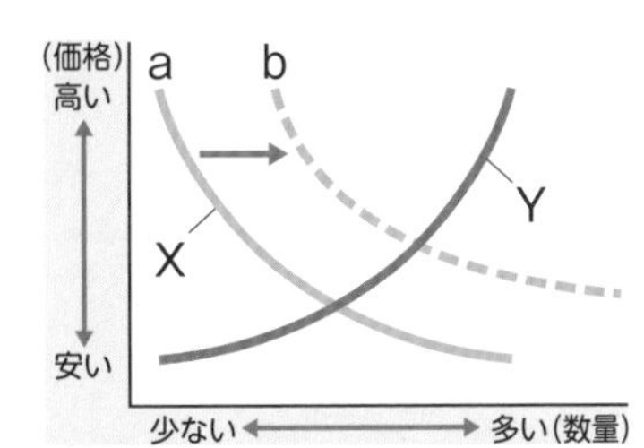

ア　この商品より品質のよい別の商品が販売(はんばい)されたため、需要量が減り、価格が下がった。

イ　この商品がテレビで紹介(しょうかい)されて人気が出たため、需要量が増え、価格が上がった。

ウ　この商品の原材料の調達が難しくなったため、供給量が減り、価格が上がった。

エ　この商品の製造工場を拡張(かくちょう)したため、供給量が増え、価格が下がった。

〔　　　　〕

ポイント **2** 曲線Xが移動したあとの新たな均衡価格は、前と比べて上がっているだろうか、下がっているだろうか。

60 財政と国民の福祉、公害防止と環境保全 #中3
税金にはどんな種類があるの？

国や地方公共団体の収入の中心は**税金（租税）**です。税金は、納め方によって直接税と間接税に分かれ、納め先によって国に納める**国税**と、地方公共団体に納める**地方税**にも分けられます。財政支出（歳出）では社会保障関係費の割合が高くなっています。

直接税と間接税の違い

国税の内訳

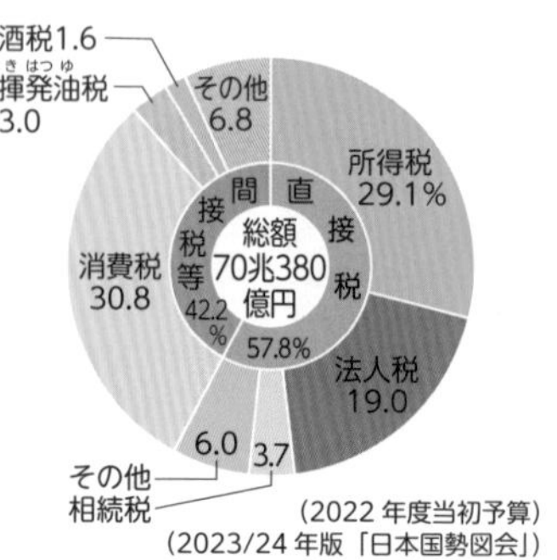

（2022年度当初予算）
（2023/24年版「日本国勢図会」）

国の歳出の割合の変化

年度	社会保障関係費	国債費	地方交付税交付金	公共事業関係費	文教および科学振興費	防衛関係費	その他
1990年度	16.6%	20.7	23.0	10.0	7.8	6.1	
2000年度	19.7%	24.0	16.7	13.3	7.7	5.5	
2023年度	32.3%	22.1	14.1	5.3	4.7	8.9	

（2023/24年版「日本国勢図会」ほか）

少子高齢化が急速に進む日本では、社会保障関係費がどんどん増加している。

日本の社会保障制度の4つの柱

社会保険	加入者や国などが保険料を積み立てておき、必要となったときに保険金の給付を受ける。医療保険、年金保険、雇用保険、介護保険など
公的扶助（生活保護）	生活保護法に基づき、収入が少なく、生活が苦しい人に生活費などを給付する。
社会福祉	高齢者、障がいのある人、児童、一人親の家庭などに保護や必要な援助を行う。
公衆衛生	感染症の予防、環境の整備などを行う。

公害防止と環境問題

日本では1960年代に**公害**が深刻化し、**公害対策基本法**や**環境基本法**が整備され、対策が進められてきました。循環型社会を実現するため、３Ｒの取り組みなどが重要です。

リデュース

ごみを減らす

リユース

繰り返し使う

リサイクル

資源として再利用

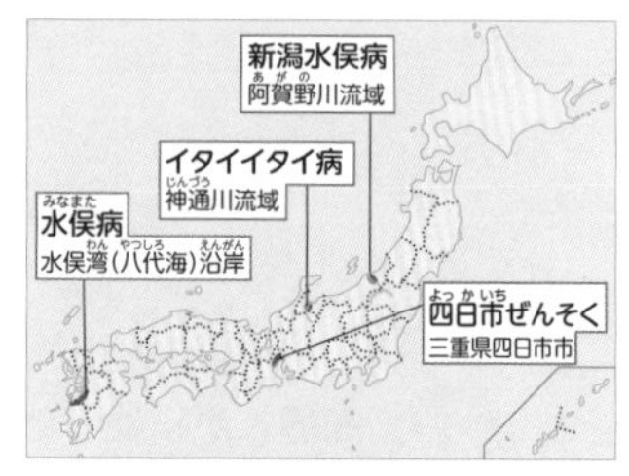

四大公害病の発生地

基本練習

➡ 答えは別冊16ページ

1 □にあてはまる語句を書き、（　）は正しいほうを選びましょう。

⑴ 消費税は、（ 直接税・間接税 ）の１つです。

⑵ 納める人と負担する人が同じ税金を□税といいます。

⑶ 熊本県や鹿児島県の八代海沿岸で、水質汚濁により発生した四大公害病の１つが□病です。

⑷ ごみを減らすことを（ リユース・リデュース ）といい、ごみを資源として再生利用することを（ リデュース・リサイクル ）といいます。

2 次のグラフは、1990年度と2019年度における、わが国の歳入と歳出の項目別の割合を表したものであり、あとの会話文は、直子さんと先生が、グラフを見ながら話をしたときのものです。文中の□に適当な言葉を書き入れて文を完成させましょう。ただし、□には、歳出のグラフ中から適当な項目を１つ選び、その言葉と、「少子高齢化」の言葉の、合わせて２つの言葉を含めること。［愛媛県］

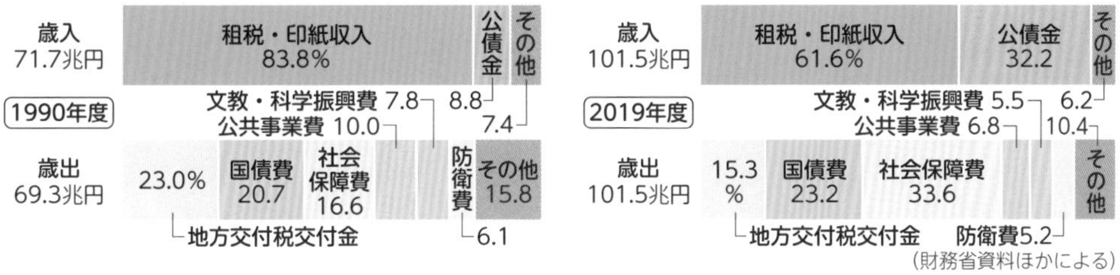

1990年度
歳入 71.7兆円：租税・印紙収入 83.8%、公債金 8.8、その他 7.4
歳出 69.3兆円：地方交付税交付金 23.0%、国債費 20.7、社会保障費 16.6、公共事業費 10.0、文教・科学振興費 7.8、防衛費 6.1、その他 15.8

2019年度
歳入 101.5兆円：租税・印紙収入 61.6%、公債金 32.2、その他 6.2
歳出 101.5兆円：地方交付税交付金 15.3%、国債費 23.2、社会保障費 33.6、公共事業費 6.8、文教・科学振興費 5.5、防衛費 5.2、その他 10.4

（財務省資料ほかによる）

先　　生：1990年度と2019年度の歳入を比べると、公債金の金額が増えていますが、その原因として、どのようなことが挙げられますか。
直子さん：はい。原因の１つとして、年金や医療保険などの□ことが挙げられます。
先　　生：そのとおりです。

〔　　　　〕

ポイント **2** 公債金とは国の借金のこと。歳出のうちの国債費は、借金の元金・利子を支払うための費用である。

学習した日　／　□もう一度　□バッチリ！

61 円高や円安でどんな影響があるの？

景気変動と財政・金融政策、為替相場 #中3

経済は、右のように経済活動が活発になる**好景気(好況)**と、経済活動が停滞する**不景気(不況)**を交互に繰り返します。これを**景気変動(景気循環)**といいます。

景気の安定化をはかるために、国(政府)は**財政政策**を行い、日本銀行は**金融政策**を行います。

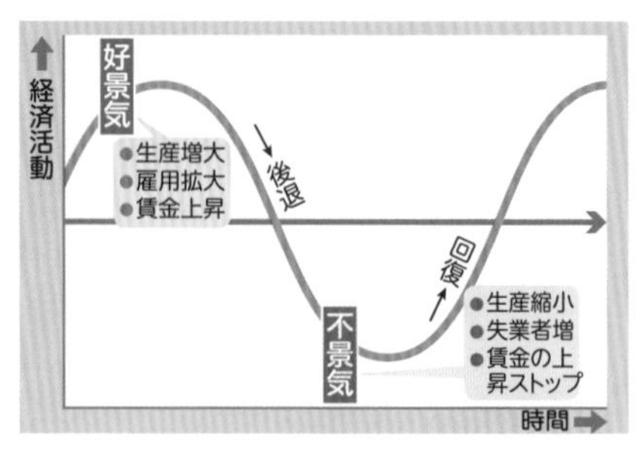

●政府の財政政策

日本銀行の金融政策

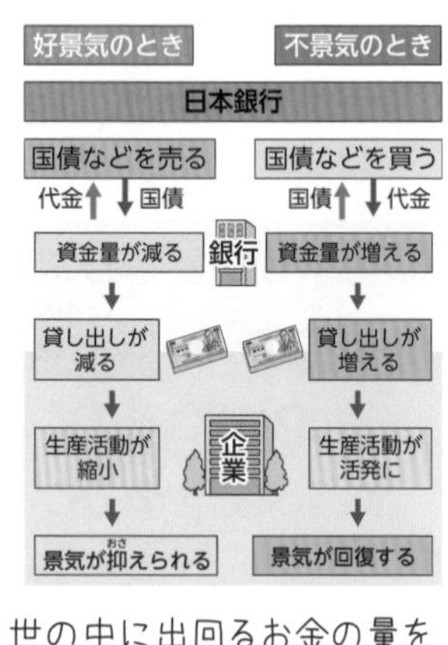

世の中に出回るお金の量を調整する(公開市場操作)。

●為替相場(為替レート)

通貨と通貨を交換するときの比率のことを**為替相場(為替レート)**といいます。外国通貨に対して円の価値が高くなることを**円高**、円の価値が低くなることを**円安**といいます。

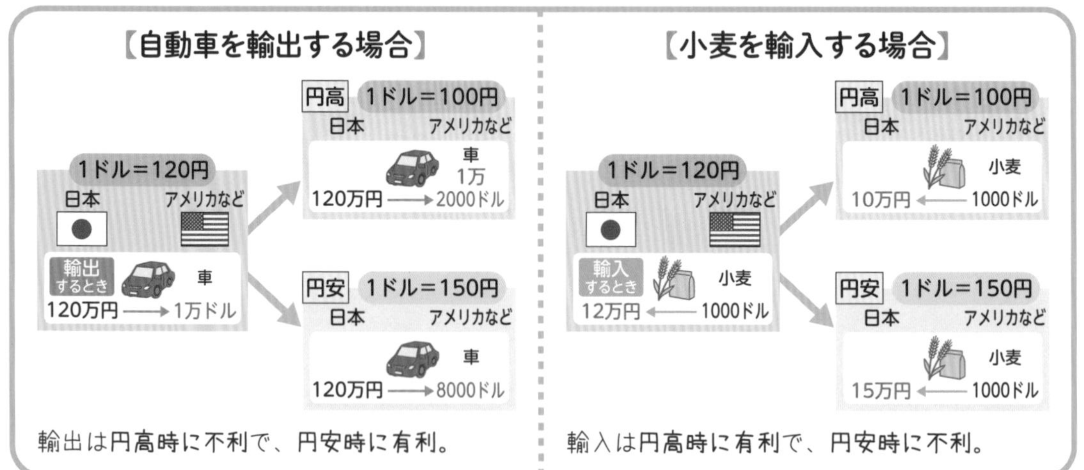

輸出は円高時に不利で、円安時に有利。

輸入は円高時に有利で、円安時に不利。

基本練習

答えは別冊17ページ

1 ［　　］にあてはまる語句を書き、（　　）は正しいほうを選びましょう。

(1) ［　　　　］とは、経済活動が活発になる好景気（好況）と、経済活動が停滞する不景気（不況）を交互に繰り返すことです。

(2) 日本の円とアメリカのドルなど通貨と通貨を交換するときの比率を［　　　　］といいます。

(3) 1ドル＝120円が1ドル＝150円になると（ 円高・円安 ）です。

(4) 輸出に有利なのは（ 円高・円安 ）のときで、輸入に有利なのは（ 円高・円安 ）のときです。

2 次の文を読んで、あとの各問いに答えましょう。　［長崎県］

> 政府や日本銀行は、景気の安定化という重要な役割を担(にな)っている。好況で景気が行きすぎるのを防ぐためには、企業(きぎょう)や家計に出回ったお金を減らそうとする。不況から景気を回復させるためには、企業や家計に出回るお金の量を増やそうとする。この場合、日本銀行は国債(こくさい)を［ X ］ことで、一般(いっぱん)の銀行は資金量を増やすことができる。このように日本銀行が行う政策を［ Y ］という。

(1) 下線部を目的に、政府が行うことについて、税と公共事業にふれながら簡潔(かんけつ)に書きましょう。

〔　　　　　　　　〕

(2) ［ X ］、［ Y ］にあてはまる語句の組み合わせを次のア～エから1つ選び、記号で答えましょう。

ア　X＝一般の銀行から買う　Y＝金融政策

イ　X＝一般の銀行から買う　Y＝財政政策

ウ　X＝一般の銀行へ売る　Y＝金融政策

エ　X＝一般の銀行へ売る　Y＝財政政策

〔　　〕

ポイント **2**(2) 資金量が増えた銀行は貸し出し金利を下げるため、企業への貸し出しが増えて、企業の生産活動が活発になる。

学習した日　／　□もう一度　□バッチリ!

62 国際連合にはどんな機関があるの？

国家は**主権**、**領域**、**国民（住民）**の３つの要素で構成され、主権をもつ国家を**主権国家**といいます。主権国家には、その国のシンボルとなる**国旗**と**国歌**があり、日本の国旗は**日章旗**、国歌は「**君が代**」です。

国家の主権がおよぶ範囲が**領域**で、領域は右の図の**領土**、**領海**、**領空**からなります。

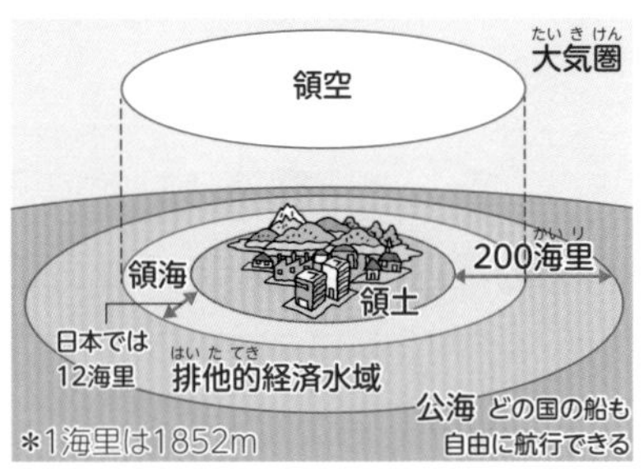

国連のしくみ

190を超える国が加盟する国際機関が**国際連合（国連）**です。国連は、**国際連合憲章**に基づいて、1945年に発足しました。本部はアメリカの**ニューヨーク**にあります。

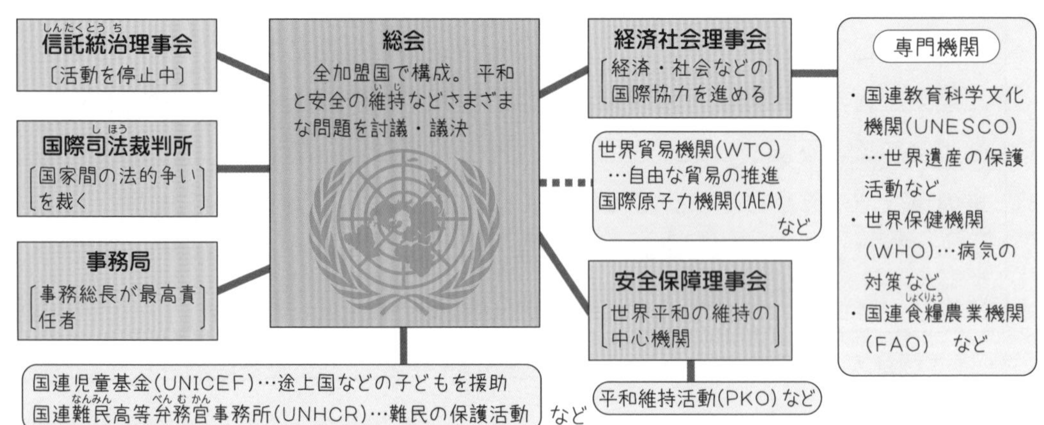

安全保障理事会（安保理）のはたらき

安保理は、世界の平和と安全の維持について中心的な役割を果たす機関です。５つの**常任理事国**と、10の**非常任理事国**（任期２年で毎年半数改選）からなります。安保理を中心に行っているのが**平和維持活動（PKO）**で、紛争地域での停戦の監視などを行っています。

常任理事国
拒否権をもち
1か国でも
反対すると
決定できない

（陸上自衛隊HP）

PKO活動をする自衛隊

日本も国際平和協力法(PKO協力法)を制定して、カンボジアや南スーダンなどに自衛隊を派遣してきたよ！

基本練習

答えは別冊17ページ

1 ［　　］にあてはまる語句を書き、（　　）は正しいほうを選びましょう。

⑴　国家は［　　］、領域、国民の３つの要素で構成されます。

⑵　国の主権がおよぶ範囲を［　　］といいます。

⑶　病気の対策、衛生の向上を目指す世界保健機関の略称(りゃくしょう)は（　WTO・WHO　）です。

⑷　世界遺産の保護活動などを行う国連教育科学文化機関の略称は（　UNESCO(ユネスコ)・UNICEF(ユニセフ)　）です。

2 国際連合について、次の各問いに答えましょう。　［長崎県］

⑴　紛争や迫害(はくがい)により故郷(こきょう)を追われた難民を国際的に保護し、難民問題の解決に向けた活動を行っている、1950年に設立された国際連合の機関を次の**ア**～**エ**から１つ選び、記号で答えましょう。

ア　NGO　　**イ**　PKO
ウ　UNHCR　　**エ**　WHO
［　　］

⑵　次の表は、国際連合の安全保障理事会における、1997年のある重要な議題に関する決議案の投票結果です。この決議案は可決されましたか、否決されましたか。またそのように判断した理由について書きましょう。

	国名
賛成した国（14か国）	イギリス、エジプト、韓国(かんこく)、ギニアビサウ、ケニア、コスタリカ、スウェーデン、中国、チリ、日本、フランス、ポルトガル、ポーランド、ロシア
反対した国（1か国）	アメリカ

（国際連合資料などから作成）

決議案［　　］

理由［　　］

ポイント　国連の常任理事国は「アフロ注意（アメリカ　フランス　ロシア　中国　イギリス）」と覚えよう。

学習した日　／　もう一度　バッチリ！

63 地球温暖化でどんな影響が出るの？

地球環境問題、南北問題、持続可能な社会 #中3

温室効果ガスが増加し、地球の気温が上昇する**地球温暖化**が問題となっています。温室効果ガスの削減をめぐり、先進国と途上国で意見が対立してきましたが、2015年採択の**パリ協定**で、途上国を含む全参加国が削減目標を立てて取り組むことになりました。

（先進工業国）（発展途上国）

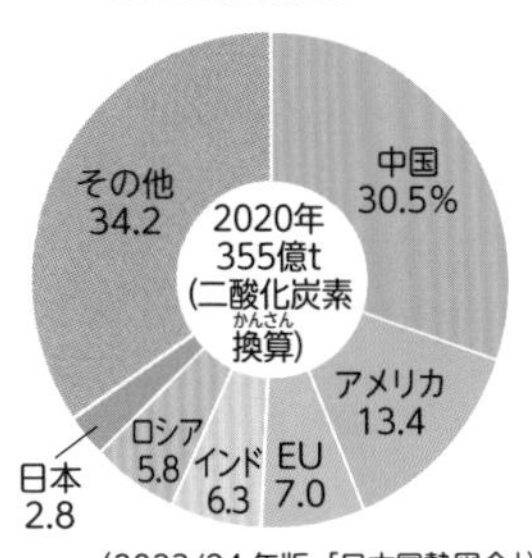

（2023/24年版「日本国勢図会」）

温室効果ガスの排出量の割合

二酸化炭素は温室効果ガスの1つである。

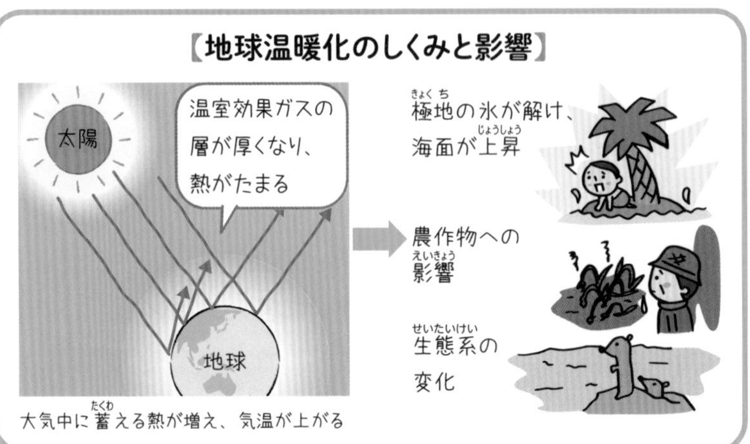

世界の国の経済格差

地球の北側に多い先進国と、南側に多い途上国との経済格差から生まれる問題を**南北問題**といいます。**南南問題**とは、急速に成長する**新興国**が現れたことで、発展途上国の間でも格差が広がっている問題です。途上国では**貧困**や**飢餓**の問題が深刻です。

他の途上国

NIES（新興工業経済地域）…ホンコン（香港）、韓国、台湾、シンガポールなど。
BRICS…ブラジル、ロシア、インド、中国、南アフリカ共和国。

日本の年間の食品ロスは約643万トン。一方、世界の食糧援助は約390万トンといわれているよ。

持続可能な社会に向けて

世界が抱えるさまざまな課題を解決しようと、国際連合は2015年に**持続可能な開発目標（SDGs）**を採択しました。具体的な17の目標を達成するために国際機関や各国政府、**NGO（非政府組織）**などが協力して取り組むことが求められています。

SUSTAINABLE DEVELOPMENT GOALS

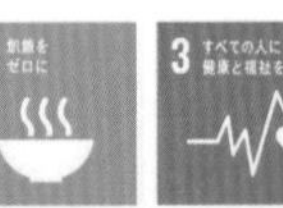

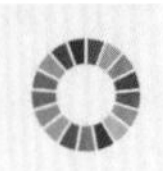

基本練習

➜ 答えは別冊17ページ

1 [　　] にあてはまる語句を書き、（　　）は正しいほうを選びましょう。

⑴　2015年に採択された [　　　] 協定では、途上国を含む全参加国が温室効果ガスの削減目標を立てて取り組むことになりました。

⑵　先進国と途上国との経済格差から生まれる問題を（　南北・南南　）問題といいます。

⑶　世界が抱えるさまざまな課題を解決しようと、国際連合は2015年に持続可能な開発目標（[　　　]）を採択しました。

⑷　非政府組織の略称（りゃくしょう）は（　ODA・NGO　）です。

2 健太さんは、「環境（かんきょう）」の視点から、主要国の二酸化炭素排出量を調べ、資料１、資料２を作成しました。あとの各問いに答えましょう。　［滋賀県］

資料１　二酸化炭素排出量上位６か国

国名		中国	アメリカ	インド	ロシア	日本	ドイツ
世界の二酸化炭素総排出量に占める各国の排出量の割合(%)(2018年)		28.4	14.7	6.9	4.7	3.2	2.1
二酸化炭素排出量(百万t)	2008年	6551	5596	1428	1594	1151	804
	2018年	9528	4921	2308	1587	1081	696
2008年から2018年までの二酸化炭素排出量の増減率(%)		45	−12	62	0	−6	−13

（「世界国勢図会2011/12」「世界国勢図会2021/22」より作成）

資料２　国内総生産（GDP）の推移

国名		中国	アメリカ	インド	ロシア	日本	ドイツ
国内総生産(GDP)(億ドル)	2008年	44161	143694	12813	16676	48870	36345
	2018年	138949	206119	27737	16685	49548	39638
2008年から2018年までの国内総生産の増減率(%)		215	43	116	0	1	9

（「世界国勢図会2011/12」「世界国勢図会2021/22」より作成）

⑴　資料１に関連して、二酸化炭素やメタンなど、地球温暖化の原因とされる気体を何といいますか。

［　　　　　］

⑵　健太さんは、石油や石炭の消費量を減らすなど環境保全に熱心に取り組んでいるドイツに注目しました。資料１、資料２からわかるドイツの特徴（とくちょう）について、書きましょう。

［　　　　　　　　　　　　　　　　］

ポイント　**2** ⑵ドイツはヨーロッパの国々の中でも、再生可能エネルギーの導入がとくに進んでいる国の１つである。

学習した日　／　□もう一度　□バッチリ！

実戦テスト 5

➡答えは別冊20ページ

得点 ／100点

1 資料は、クラスで「私たちと政治」について調べ学習を行ったときのテーマと内容を示したものである。これを見て、あとの問いに答えましょう。

⑷は15点　他は各10点　計45点　［長崎県・改］

資料

班	テーマ・内容	班	テーマ・内容
1班	テーマ「自由・権利と責任・義務」 内容：①国民の権利と義務	3班	テーマ「人権の尊重と裁判」 内容：③司法のしくみ
2班	テーマ「行政の役割としくみ」 内容：②内閣の仕事	4班	テーマ「身近な地域の政治」 内容：地方自治のしくみ

⑴　下線部①について、次の日本国憲法条文の［X］にあてはまる語句を書きなさい。

> 第13条　すべて国民は、個人として尊重される。生命、自由及(およ)び幸福追求に対する国民の権利については、［X］に反しない限り、立法その他の国政の上で、最大の尊重を必要とする。

［　　　　　］

⑵　下線部②について述べた次のA、Bの文の正誤の組み合わせをあとのア～エから1つ選び、記号で答えなさい。

A　内閣は、条約を結ぶことができる。

B　内閣は、憲法改正の発議をすることができる。

ア　A＝正、B＝正　　イ　A＝正、B＝誤

ウ　A＝誤、B＝正　　エ　A＝誤、B＝誤　　［　　　］

⑶　下線部③について、現在のわが国の司法制度について正しく述べたものを次のア～エから1つ選び、記号で答えなさい。

ア　個人どうしの争いごとに関する裁判のことを行政裁判という。

イ　刑事(けいじ)裁判において、原告と被告(ひこく)が話し合いにより解決することを和解という。

ウ　裁判の第一審(だいいっしん)はすべて地方裁判所で行われることを司法権の独立という。

エ　裁判の第二審の判決に不服な場合、上級の裁判所に訴(うった)えることを上告という。

［　　　］

⑷「私たちと政治」の学習についてまとめた次の文の［Y］にあてはまる内容を簡潔に書きなさい。

> わが国において国の権力は立法、行政、司法の3つに分けられ、それぞれ国会、内閣、裁判所という独立した機関が担当している。このような三権分立を採用している理由は、三権がお互(たが)いを抑制(よくせい)し、均衡(きんこう)を保ち［Y］を防ぐことで国民の自由と権利を守っているからである。

［　　　　　　　　　　　　　　　　］

2 次の会話文を読んで、あとの問いに答えましょう。

(2)は15点　他は各10点　計55点　[富山県・改]

先　生：グローバル化について、どのようなことを知っていますか。
生徒A：グローバル化とは、交通や情報技術の発展などにより、人、モノ、お金、情報などが国境を越えて移動し、世界の一体化が進むことと授業で習いました。
生徒B：a 企業が商品を販売する際には、世界全体が市場となります。日本のb 景気も、外国からの影響を受けるだろうと思います。
生徒C：日本のアニメも、外国に輸出されています。日本に興味をもったc 外国からの旅行客や日本で暮らす外国人が増えているとニュースで知りました。
先　生：グローバル化が進む社会では、国籍や民族などの異なる人々が、互いの文化的な違いを認め、対等な関係を築きながら、d ともに生きていくことがますます大切になりますね。

(1)　a 企業について、次の文中の［P］、［Q］に入る語句を漢字で書きなさい。

企業は主に私企業と公企業に分けられる。私企業の主要な目的は［P］の追求である。私企業のうち、株式会社では、株主は［P］の一部を［Q］として受け取る権利をもつ。

P［　　　　］Q［　　　　］

(2)　b 景気について、不況時に財政政策として公共事業を増やすことや減税を行うことは、景気にどのような影響を与えるか。「消費」「景気」の語句を用いて説明しなさい。

［　　　　　　　　　　　　　　　　］

(3)　c 外国からの旅行客に関連して、右図は、為替相場の変動による、アメリカ合衆国から日本への旅行者が宿泊するために必要となるドルの金額について示したものである。図中の［W］、［X］、［Y］、［Z］にあてはまる語句と金額の組み合わせを次のア～エから1つ選び、記号で答えなさい。

［日本で1泊12000円の宿に宿泊］

W		X
1ドル=80円 ←	1ドル=100円	→ 1ドル=120円
↓	↓	↓
Y	120ドル	Z

ア　W：円安　X：円高　Y：100ドル　Z：150ドル
イ　W：円安　X：円高　Y：150ドル　Z：100ドル
ウ　W：円高　X：円安　Y：100ドル　Z：150ドル
エ　W：円高　X：円安　Y：150ドル　Z：100ドル

［　　　　］

(4)　d ともに生きていくことに関連して、私たちの生活する社会の中で起こるさまざまな対立を解消し、よりよい合意を導いていくために、「効率」や「公正」の考え方が用いられている。「効率」の考え方を次のア～エから1つ選び、記号で答えなさい。

ア　みんなが参加して発言の機会が与えられるなど、決め方が納得できるものになっているか。
イ　立場が変わっても、その決定を受け入れられるか。
ウ　得られる効果が、時間や労力、費用に見合ったものになっているか。
エ　他の人の権利や利益を不当に侵害していないか。

［　　　　］

学習した日　／　□もう一度　□バッチリ!

合格につながるコラム④

正しい暗記の仕方

暗記はコツコツと積み重ねが大切

意味をもたせて暗記することが大切

受験直前になって慌てないようにするために、暗記は少しずつしていく必要があります。

暗記をするときは、単語だけを覚えてもあまり意味がありません。意味をもたせて覚える「有意味暗記」をするようにしましょう。例えば、「大化の改新　中大兄皇子　中臣鎌足」のように単語だけを覚えると、実際の試験問題を解くのが難しくなってしまいます。そこで、「中大兄皇子と中臣鎌足が、大化の改新を行った」と、連結させ意味をもたせて覚えることが大切です。

また、中大兄皇子と中臣鎌足が二人そろって「日本を変えるぞ、大化の改新だ！」と言っている絵を自分で描いてそえると、より記憶が定着するかもしれません。歴史では、時代の流れや因果関係を関連づけることが大切なので、ストーリーとして読める学習まんがを読むのもおすすめです。

社会の暗記項目はとても多いので、自分に合った方法を模索しつつ、こまめに覚えていくことが大切です。

自分に合った暗記法を見つけよう

覚えやすい方法は人それぞれ

暗記法にはいろいろありますが、誰かのおすすめが自分にも合うとは限りません。自分に合った暗記法を早めに見つけるとよいでしょう。

例えば、覚えたいことを書いた紙を、よく目にするところに貼る方法があります。自分の部屋の机やトイレの壁など、毎日必ず見る場所がおすすめです。

また、覚えたいことを何度も書いたり、問題を何度も解いたりして暗記する方法もあります。問題を解いてわからなかったところを覚え直し、再度解いてみることで、記憶に定着させることができます。

暗記したい内容を図、表などにまとめるのも有効な方法です。絵が得意な人なら、イラストを描いて楽しく覚えることができるかもしれません。

- 覚えたいことを書いた紙を、目につきやすい場所に貼る
- 覚えたいことを何度も書く
- 問題を何度も解く
- 絵や図、表などで表してみる

どの方法が自分に合うかな。
これ以外にも試してみよう。

模擬試験

実際の試験を受けているつもりで取り組みましょう。
制限時間は各回45分です。

制限時間がきたらすぐにやめ、
筆記用具を置きましょう。

模擬試験①

時間45分　100点満点　　　点

➜ 解答・解説は別冊21・22ページ

1 次の３つの地図を見て、あとの各問いに答えましょう。　［⑷①は２点　ほかは各３点　合計35点］

地図Ⅰ

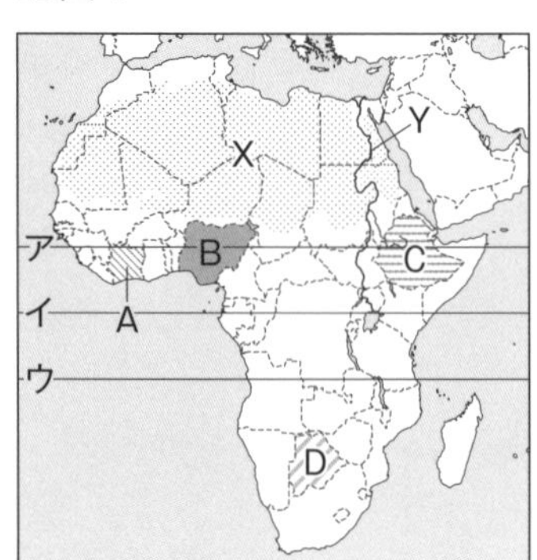

地図Ⅱ

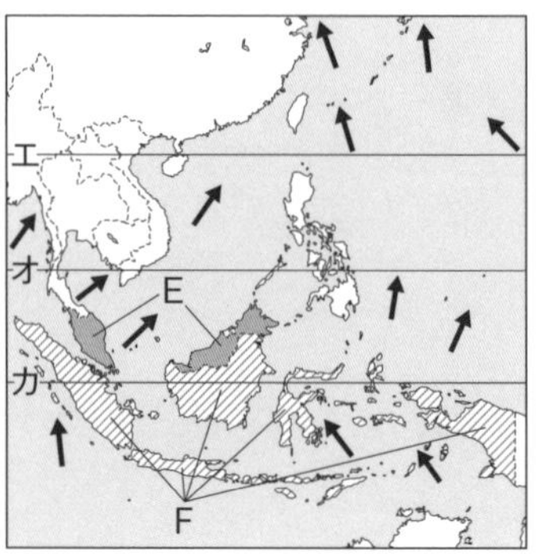

地図Ⅲ

⑴ 赤道にあたるものを地図Ⅰ中の**ア〜ウ**、地図Ⅱ中の**エ〜カ**からそれぞれ１つずつ選び、記号で答えましょう。

地図Ⅰ〔　　　〕　地図Ⅱ〔　　　〕

⑵ 地図Ⅰについて、次の各問いに答えましょう。

① **X**の砂漠(さばく)と**Y**の河川の名前をそれぞれ答えましょう。

X〔　　　　砂漠〕　**Y**〔　　　　川〕

② 地図Ⅰ中の国々では、民族紛争(ふんそう)が多く起こっています。その原因の１つに、これらの国々を植民地支配していたヨーロッパ諸国が決めた境界線の問題があります。どのようなことが問題なのか、簡潔(かんけつ)に説明しましょう。

〔　　　　　　　　　　　　　　　　〕

③ 右の資料Ⅰは、地図Ⅰ中の**A〜D**国の主な輸出品の内訳を示したものです。**A**国にあたるものを、資料Ⅰ中の**ア〜エ**から１つ選び、記号で答えましょう。　〔　　　〕

資料Ⅰ

ア	コーヒー豆39%、野菜・果実22%
イ	ダイヤモンド90%、機械類2%
ウ	カカオ豆29%、金12%、野菜・果実9%
エ	原油76%、液化天然ガス10%

ウは2020年、ほかは2021年（2023/24年版「世界国勢図会」）

⑶ 地図Ⅱについて、次の各問いに答えましょう。

① 地図Ⅱ中の➡は、１月と７月、どちらの季節風(モンスーン)の向きを示したものですか。　〔　　　月〕

② 地図Ⅱ中の**E**国や**F**国では、右の資料Ⅱの農作物の生産がさかんです。パーム油の原料となる資料Ⅱの農作物を何といいますか。　〔　　　　　〕

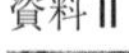

資料Ⅱ

(Cynet Photo)

(4) 地図Ⅲについて、次の各問いに答えましょう。

① 日本と同緯度の範囲にある国を、地図Ⅲ中の**キ〜ケ**から1つ選び、記号で答えましょう。〔　　〕

② 地図Ⅲ中のG国に旅行中の友だちに日本から電話をかけるとき、G国の時間で12月25日午後6時に電話をかけるには、日本時間で何月何日の何時に電話をかけるといいですか(G国は東経15度の経線を標準時子午線としている)。〔　　　　〕

資料Ⅲ

(ピクスタ)

③ 資料Ⅲは、地図Ⅲ中の地中海沿岸でみられる住居です。窓が小さく、白い壁で厚い石づくりになっている理由を、この地域の気候の特色にふれて、簡潔に書きましょう。

〔　　　　〕

資料Ⅳ

	J	H	I	中国	アメリカ	その他
2668万t	19.5%	16.5	15.3	7.5	7.1	34.1

(2020年)(2023/24年版「世界国勢図会」)

④ 資料Ⅳは、地図Ⅲ中のH〜J国で生産がさかんな果樹を原料とする飲料の生産量を示しています。飲料名を答えましょう。〔　　〕

2

17世紀までの日本と外国との主な関わりについての次の表を見て、あとの各問いに答えましょう。

[(1)各1点　ほかは各2点　合計12点]

世紀	主な関わり
1〜3	A 倭(日本)の王たちが中国に使者を送り、金印などを授けられた。
5	B 大和政権は、朝鮮半島から日本列島に移り住んだ人々をさかんに採用した。
7	C 中国に送られた使者には多くの留学生や僧が同行し、帰国後に活躍した。
	↕X
17	D スペイン船、次いでポルトガル船の来航が禁止され、中国とオランダだけが長崎での貿易を許されることになった。

(1) Aの下線部にあてはまる王を次の**ア〜エ**から2人選び、記号で答えましょう。

ア 始皇帝　**イ** 奴国の王　**ウ** 卑弥呼　**エ** 武　〔　・　〕

(2) Bについて、次の各問いに答えましょう。

① このころ大和政権の王は何と呼ばれていましたか。〔　　〕

② 下線部の人々を何といいますか。〔　　〕

(3) Cについて、帰国した留学生や僧は、中大兄皇子らが始めた政治改革に協力しました。この政治改革を何といいますか。〔　　〕

(4) Dについて、中国と、ヨーロッパの国ではオランダだけが貿易を許されることになったのはなぜか、簡潔に書きましょう。

〔　　　　〕

(5) 次の**ア**～**オ**から **X** の期間のできごとを４つ選び、年代の古い順に並べ記号で答えましょう。

ア 倭寇(わこう)と区別するため、正式な貿易船に証明書を持たせて中国と貿易を行った。

イ 瀬戸内海(せとないかい)の航路や兵庫の港を整備し、中国との貿易を行った。

ウ 渡航(とこう)を許可する文書を持った船が東南アジアに行き、貿易を行った。

エ 朝鮮(ちょうせん)で農民が起こした戦争をきっかけに、中国との戦争が始まった。

オ 元軍が２度にわたって九州北部に襲来(しゅうらい)した。

〔　　→　　→　　→　　〕

3 次の **A**～**D** は、それぞれある人物について述べています。**A**～**D** の４人の人物について、あとの各問いに答えましょう。

[(3)は１点　ほかは各２点　合計 23 点]

A 尾張(おわり)（愛知県）の大名。現在の滋賀県に城を築いて全国統一の拠点とした。

B 尾張の農家の出身で全国統一を果たした。関白(かんぱく)を辞めたあとは太閤(たいこう)と呼ばれた。

C 長州藩(ちょうしゅうはん)（山口県）の下級武士の出身。日本で最初に内閣総理大臣となった。

D 江戸幕府(えどばくふ)の第３代将軍。「生まれながらの将軍」として全国支配を固めた。

(1) **A**～**D** にあてはまる人物の名前を答え、それぞれの人物に関係のある史料を下の **E**～**H** から１つずつ選び、記号で答えましょう。

A 人物〔　　　　〕　史料〔　　〕

B 人物〔　　　　〕　史料〔　　〕

C 人物〔　　　　〕　史料〔　　〕

D 人物〔　　　　〕　史料〔　　〕

(2) 史料 **E** について、［ e ］にあてはまる語句を、漢字２字で答えましょう。

〔　　　　〕

(3) 史料 **G** が出される 100 年前の 1789 年に、ヨーロッパで起こった市民革命で出されたものを、次の**ア**～**エ**から１つ選び、記号で答えましょう。

ア 権利章典　　**イ** 人権宣言

ウ 独立宣言　　**エ** ナポレオン法典〔　　〕

(4) 史料 **H** について、①下線部の<u>悪い教え</u>は、ある宗教を示しています。この宗教を答えましょう。②この法令は不徹底(ふてってい)でした。その理由を「南蛮(なんばん)貿易」という語句を用いて、簡潔に書きましょう。

①〔　　　　〕

②〔　　　　〕

史料（すべて部分要約）

E

一　諸国の大名は、領地と江戸に交替(こうたい)で住むように定める。毎年４月中に江戸へ［ e ］すること。

F

一　この安土(あづち)の町は楽市としたので、いろいろな座は廃止(はいし)し、さまざまな税は免除(めんじょ)する。

G

第１条　大日本帝国(ていこく)ハ万世一系(ばんせいいっけい)ノ天皇之ヲ統治ス

第３条　天皇ハ神聖ニシテ侵(おか)スベカラズ

H

一　日本は神国であるため、キリシタンの国から<u>悪い教え</u>を伝え広められるのは、非常によくない。

一　宣教師は…今日から 20 日以内に用意を整えて帰国しなさい。

4 基本的人権や三権分立について、次の各問いに答えなさい。

[(1)③は4点 (2)④は5点 ほかは各3点 合計30点]

(1) 基本的人権の構成を示した右の図を見て、次の各問いに答えなさい。

① 図中の自由権について、次の文の正誤の組み合わせをあとの**ア**～**エ**から1つ選び、記号で答えなさい。

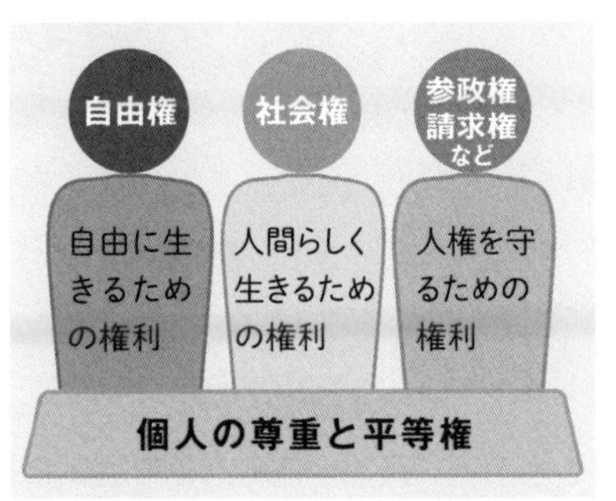

A 居住・移転の自由は、身体の自由の1つである。

B 信教の自由は、精神の自由の1つである。

ア A＝正、B＝正 **イ** A＝正、B＝誤

ウ A＝誤、B＝正 **エ** A＝誤、B＝誤

〔　　〕

② 図中の社会権について、社会権にあてはまらないものを次の**ア**～**エ**から1つ選び、記号で答えなさい。

ア 労働基本権 **イ** 生存権 **ウ** 被選挙権 **エ** 勤労の権利 〔　　〕

③ 日本国憲法には明記されていないものの、社会の変化に伴い主張されるようになった新しい人権があります。右のカードは、新しい人権の1つの自己決定権を尊重したものです。自己決定権とはどのような権利か、簡潔に説明しなさい。

(公社 日本臓器移植ネットワーク)

〔　　　　　　　　　　　　　　〕

(2) 三権分立のしくみを示した右の図を見て、次の各問いに答えなさい。

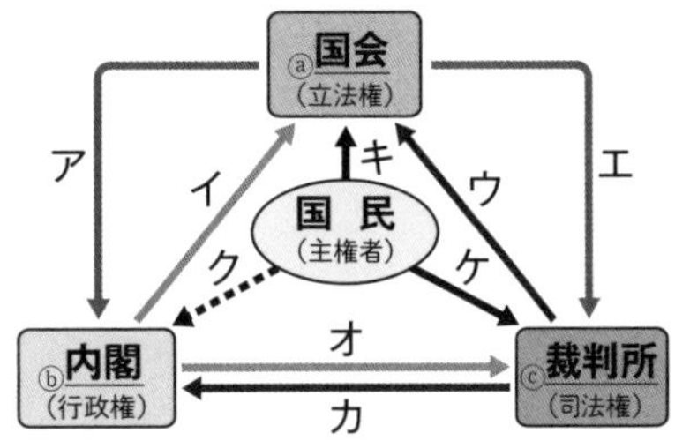

① 次のA～Cのはたらきにあてはまる矢印を、図中の**ア**～**ケ**から1つずつ選び、記号で答えなさい。

A 最高裁判所長官の指名 〔　　〕

B 弾劾裁判の実施 〔　　〕

C 国民審査 〔　　〕

② 図中のⓐ国会について、国会は衆議院と参議院で構成されますが、衆議院だけに認められている権限があります。その権限を次の**ア**～**エ**から2つ選び、記号で答えなさい。

ア 国政調査権 **イ** 予算の先議権

ウ 内閣不信任の決議権 **エ** 違憲審査権 〔　　・　　〕

③ 図中のⓑ内閣について、内閣の仕事にあてはまらないものを次の**ア**～**エ**から1つ選び、記号で答えなさい。

ア 予算を作成して国会に提出する。 **イ** 法律を執行する。

ウ 天皇の国事行為に助言と承認を与える。 **エ** 条約を承認する。 〔　　〕

④ 図中のⓒ裁判所について、裁判では1つの事件につき3回まで裁判を受けられる三審制がとられています。三審制をとっている目的を簡潔に書きなさい。

〔　　　　　　　　　　　　　　〕

模擬試験②

時間45分　100点満点　　点

➡ 解答・解説は別冊23・24ページ

1 日本の地域的特色や日本の諸地域について、次の各問いに答えましょう。

［(2)③は各３点　(2)⑤は５点　ほかは各２点　合計35点］

(1) 日本の人口と資源・エネルギーについて、次の各問いに答えましょう。

① 右の資料Ⅰは、都道府県別のどんなデータを示したものですか。次の**ア**～**ウ**から１つ選び、記号で答えましょう。

ア 都道府県別の昼夜間人口比率（昼夜間人口比率は、昼間の人口÷夜間の人口× 100）

イ 都道府県別の65歳以上の高齢者の割合

ウ 都道府県別の人口密度

〔　　　〕

資料Ⅰ

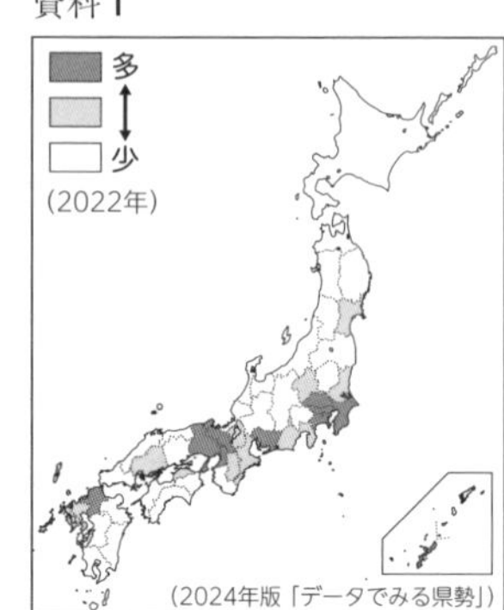

(2024年版「データでみる県勢」)

② 右の資料Ⅱは、日本の石炭と鉄鉱石の輸入相手国を示しています。**A**～**C**にあてはまる国名を次の**ア**～**エ**からそれぞれ選び、記号で答えましょう。

ア サウジアラビア

イ オーストラリア

ウ ブラジル

エ インドネシア

A〔　　　〕

B〔　　　〕

C〔　　　〕

資料Ⅱ

石炭 計1.8億t：A 66.4%、B 14.1、ロシア 6.3、その他 13.2

鉄鉱石 計1.1億t：A 58.8%、C 26.6、カナダ 6.3、その他 8.3

(石炭は2022年、鉄鉱石は2021年) (2023/24年版「日本国勢図会」)

(2) 日本の諸地域について、右の地図を見て、次の各問いに答えましょう。

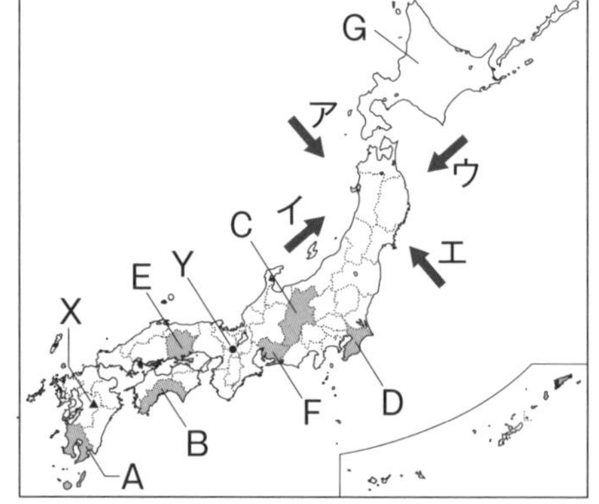

① 地図中の**X**の火山には世界最大級のカルデラがみられます。**X**の火山の名前を答えましょう。〔　　　　　〕

② 夏に東北地方に吹くやませの向きを、地図中の**ア**～**エ**から１つ選び、記号で答えましょう。〔　　　〕

③ 地図中の**A**～**D**県の農業の特色を次の**ア**～**エ**からそれぞれ選び、記号で答えましょう。

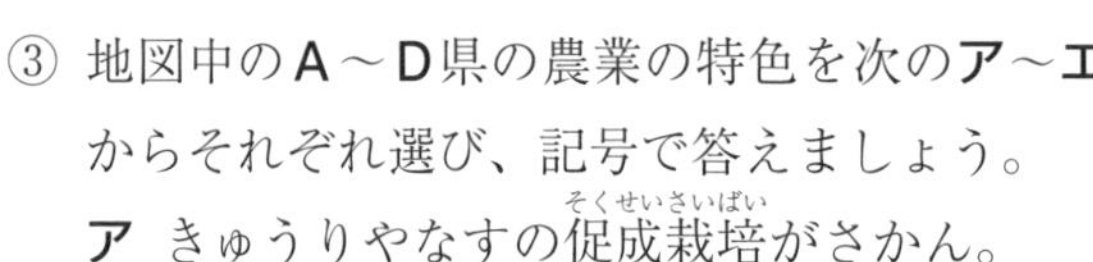

ア きゅうりやなすの促成栽培がさかん。

イ 果樹栽培がさかんなほか、高原野菜の抑制栽培も行われている。

ウ 大都市に近く、大消費地向けに野菜や花を栽培する近郊農業がさかん。

エ シラス台地が広がり、肉牛や豚、肉用にわとりの飼育がさかん。

A県〔　　　〕　B県〔　　　〕　C県〔　　　〕　D県〔　　　〕

④ 地図中のＥ県とＦ県の製造品出荷額等割合にあたるものを、次のア～エからそれぞれ選び、記号で答えましょう。

ア

輸送用機械 15.7%	印刷 10.3	食料品 10.1	電気機械 9.0	情報通信機械 6.6	その他 48.3

イ

石油・石炭製品 20.5%	化学 15.2	鉄鋼 13.8	輸送用機械 9.1	食料品 6.7	その他 34.7

ウ

食料品 37.0%	石油・石炭製品 11.5	鉄鋼 7.8	輸送用機械 6.5	飲料・飼料 5.1	その他 32.1

エ

輸送用機械 52.7%	電気機械 8.2	鉄鋼 5.5	生産用機械 5.0	食料品 3.7	その他 24.9

（2021年）（2024年版「データでみる県勢」）

Ｅ県〔　　　〕　Ｆ県〔　　　〕

⑤ 右の資料Ⅲは、地図中のＹの都市でみられるコンビニエンスストアの外観です。写真のような外観にしている理由を簡潔に答えましょう。

〔　　　　　　　　　　　　　　　　　　　〕

資料Ⅲ

(Cynet Photo)

⑥ 地図中のＧに古くから暮らす先住民族を何といいますか。

〔　　　　　　〕

2 次の文を読んで、あとの各問いに答えましょう。

［(2)②は３点　ほかは各２点　合計15点］

土地と人々を国が直接支配した奈良時代、a 朝廷は人々に土地を与える制度を定めました。b 奈良時代の半ばになると貴族や寺院が私有地を広げ始め、この私有地はやがて［ X ］と呼ばれるようになりました。平安時代の後半には、地方の武士などが［ X ］の開発を進め、公家や寺社などを領主としました。そのころ院政を行っていた上皇のもとには多くの［ X ］が集まり、その後、c 武士として初めて太政大臣になった［ ⓒ ］の一族も多くの［ X ］を支配しました。鎌倉時代になると、d［ ⓓ ］に任命された武士が［ X ］の管理を行うようになり、領主との間でしばしば争いが起こりました。

(1) 下線部ａについて、戸籍に登録された６歳以上の人々に土地を与えたこの土地制度を何といいますか。　〔　　　　　　〕

(2) 下線部ｂについて、①このきっかけとなった開墾をすすめる法令を何といいますか。②朝廷が人々に開墾をすすめた理由を、この時代の土地制度で人々に与えられた土地の名称（漢字３字）に触れて、簡潔に説明しましょう。

①〔　　　　　　　　　　〕

②〔　　　　　　　　　　　　　　　　　　　〕

(3) 下線部ｃについて、①ⓒにあてはまる人物を答えましょう。②この人物について述べている右の文の〔　　　〕に入る適切な表現を「娘を」に続けて答えましょう。

〔　　　　　　　　〕、朝廷との関係を深めて権力を強め、政治の実権を握った。

①〔　　　　　〕

②〔娘を　　　　　　　　　　　〕

(4) 下線部ｄについて、ⓓに当てはまる職を次のア～エから１つ選び、記号で答えましょう。
ア 守護　**イ** 地頭　**ウ** 執権　**エ** 管領

〔　　〕

(5) 文中のＸに共通してあてはまる語句を、漢字２字で答えましょう。〔　　〕

3 文化に関する右の年表を見て、次の各問いに答えましょう。

[(3)は５点　ほかは各２点　合計23点]

時代	文化の様子
飛鳥	A(　　)
奈良	B 仏教と唐の文化の影響を受けた国際色豊かな文化
平安	C 摂関政治が行われていたころ、国風文化が栄えた
鎌倉	D(　　)
室町	貴族の文化と武士の文化が混ざり合った文化
安土桃山	E(　　)
江戸	F 都市を中心に栄えた、町人を担い手とする文化
明治	G 都市を中心に文明開化が進んだ

(1) A・D・Eにあてはまるものを次のア～ウから１つずつ選び、記号で答えましょう。

A〔　　〕　D〔　　〕
E〔　　〕

ア 権力や富を誇った大名や商人の気風を反映した、豪華で力強い文化。

イ 新たに支配者となった武士の好みを反映した、写実的で力強い文化。

ウ 朝廷があった地域を中心に栄えた、日本で最初の仏教文化。

(2) Bの文化を何といいますか。〔　　文化〕

(3) Cについて、国風文化とはどのような文化ですか。簡潔に答えましょう。

〔　　〕

(4) Fについて、次の文は江戸時代の文化について述べています。①～④にあてはまる語句を、すべて漢字２字で答えましょう。

> 17世紀末から18世紀初めにかけて、京都や大阪などの［①］を中心に、経済力をつけた町人を担い手とする文化が栄えた。これを［②］文化という。19世紀初めになると文化の中心が［③］に移り、庶民を担い手とする文化が栄えた。これを、［④］文化という。

①〔　　〕　②〔　　〕
③〔　　〕　④〔　　〕

(5) Gについて、文明開化は、近代国家になるための政策が進められた明治時代初めに、その土台となる［　　］の文化がさかんに取り入れられたことで進みました。［　　］にあてはまる語句を次のア～エから１つ選び、記号で答えましょう。〔　　〕

ア 中国　**イ** 欧米　**ウ** 朝鮮　**エ** ロシア

4 あおいさんの班は、公民の調べ学習で調査テーマを決めるために、複数の新聞から気になる記事の見出しを集めて次の表にまとめました。これを見て、あとの各問いに答えなさい。

[(3)②は6点　ほかは各3点　合計27点]

	見出し		見出し
A新聞	長引く ⓐ物価高 消費者の暮らしを直撃！	B新聞	20年ぶりとなる ⓑ新紙幣が発行へ 気になる顔ぶれは？
C新聞	○○年の ⓒ税収が過去最高額を記録！ いっぽうで国の借金もふくらむ	D新聞	ⓓ円安がさらに進む！ 私たちの暮らしへの影響は？
E新聞	△△国がミサイルを発射 ××国の ⓔ排他的経済水域内に落下する	F新聞	国連の ⓕ安全保障理事会が開催 制裁案は否決される

(1) 表中のⓐ物価について、右の図は需要量・供給量と価格の関係を示したものです。天候不良でキャベツの生産量が減った場合、**A**、**B**どちらの曲線が左右どちらに移動するか答えなさい。また、価格は上がりますか、それとも下がりますか。　曲線の移動〔　　　　の曲線が　　　　に移動する〕

価格〔　　　　　　〕

(2) 表中のⓑ新紙幣について、千円札や五千円札などの紙幣を発行するのはどこですか。

〔　　　　　　〕

(3) 表中のⓒ税収について、次の各問いに答えなさい。

① 私たちがふだん買い物をするときに支払う消費税のように、納める人と負担する人が異なる税金を何といいますか。　〔　　　　　　〕

② 税金の中でも、所得が多い人ほど税率が高くなる累進課税の所得税や相続税と違い、消費税は所得が少ない人ほど所得に対する税負担の割合が高くなる。その理由を簡潔に答えなさい。

〔　　　　　　　　　　　　　　　　　　　　　　　　〕

(4) 表中のⓓ円安について、次の**ア**～**エ**のうち、有利になったり得をしたりするものを2つ選び、記号で答えなさい。

ア 外国に住む人が日本へ旅行に来るとき　　**イ** 日本人が海外旅行に行くとき

ウ 日本国内でつくった自動車を輸出するとき　　**エ** 外国の食料品を輸入するとき

〔　　・　　〕

(5) 表中のⓔ排他的経済水域について、排他的経済水域にあたる範囲を、右の図中の**ア**～**エ**から1つ選び、記号で答えなさい。　〔　　　〕

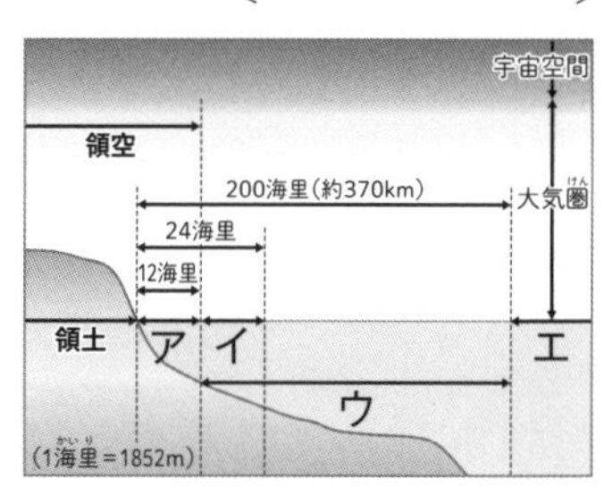

(6) 表中のⓕ安全保障理事会について、安全保障理事会の常任理事国にあてはまらないものを、次の**ア**～**カ**から1つ選び、記号で答えなさい。

ア 中国　　**イ** ロシア　　**ウ** イギリス

エ フランス　　**オ** ドイツ　　**カ** アメリカ合衆国　　〔　　　〕

高校入試 社会をひとつひとつわかりやすく。

編集協力
野口光伸、八木佳子

カバーイラスト
坂木浩子

キャラクターイラスト
松村有希子

本文イラスト・図版
かたぎりあおい
青橙舎（高品吹夕子）
さとうはまち
ゼム・スタジオ
㈱アート工房
木村図芸社

写真提供
写真そばに記載

ブックデザイン
山口秀昭（Studio Flavor）

DTP
㈱四国写研、㈱明昌堂（ミニブック）

高校入試

社会を ひとつひとつわかりやすく。

解答と解説

スマホでも解答・解説が見られる！

URL
https://gbc-library.gakken.jp/

書籍識別ID
cdag5

ダウンロード用パスワード
muem6xdw

「コンテンツ追加」から「書籍識別ID」と「ダウンロード用パスワード」をご入力ください。

※コンテンツの閲覧には Gakken ID への登録が必要です。書籍識別 ID とダウンロード用パスワードの無断転載・複製を禁じます。サイトアクセス・ダウンロード時の通信料はお客様のご負担になります。サービスは予告なく終了する場合があります。

軽くのりづけされているので、外して使いましょう。

Gakken

01 世界はどんな姿をしているの？

本文11ページ

1 □にあてはまる語句を書き、（　）は正しいほうを選びましょう。

(1) 六大陸のうち、最大の大陸は（ 南極大陸・(ユーラシア大陸) ）です。三大洋のうち、最大の海洋は（ 大西洋・(太平洋) ）です。

(2) 世界の国や地域を６つの州に分けたとき、オーストラリア大陸と太平洋の島々は［オセアニア］州に属します。

(3) 国境線には自然地形を利用したもののほか、［緯線（経線）］・［経線（緯線）］を利用して直線的に引いた国境線もあります。

(4) （(緯度)・経度）は赤道を０度として南北90度ずつ、（ 緯度・(経度) ）は本初子午線を０度として東西180度ずつに分けたものです。

(5) 地球をそのまま小さくした模型を［地球儀］といい、陸の形や位置が正しく表されています。

2 下の地図中の①～⑳の国について述べた文として正しいものを次のア～エから１つ選び、記号で答えましょう。［山口県］

ア　北半球に位置する国より、南半球に位置する国のほうが多い。
イ　世界を６つの州に分けた場合、アフリカ州に属する国が最も多い。
ウ　世界で最も人口が多い国と世界で最も面積が大きい国が含まれている。
エ　領土内を、本初子午線が通っている国は含まれていない。

〔 ウ 〕

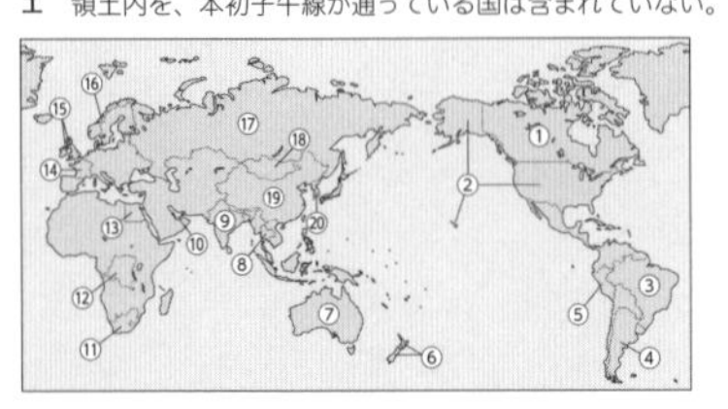

解説 **2** 2023年に⑨のインドの人口が⑲の中国を上回り、世界一となった。面積が最大の国は⑰のロシア。

02 日本ってどんな姿をしているの？

本文13ページ

1 □にあてはまる語句を書き、（　）は正しいほうを選びましょう。

(1) 日本は北緯約（(20)・30）～46度、東経約（(122)・132）～154度の間にあります。

(2) 東京と東経30度で標準時を定めるエジプトのカイロとの時差は［7］時間で、東京が１月１日午前５時のとき、カイロの日時は［12］月［31］日［午後10（22）］時です。

(3) 日本の南端は（(沖ノ鳥)・南鳥）島です。

(4) 北海道の北東に位置し、択捉島、国後島、色丹島、歯舞群島からなる［北方領土］は、現在ロシアが不法に占拠しています。

(5) ７地方区分で、福井県は（(中部)・近畿）地方に属します。

2 次の地図を見て、パリ、東京、リオデジャネイロの各都市を、日付が変わるのが早い順に並べましょう。［富山県］

〔 東京 → パリ → リオデジャネイロ 〕

地図　緯線と経線が直角に交わる地図（•は過去の夏季オリンピック開催都市）

解説 **2** ほぼ180度の経線に沿って引かれている日付変更線のすぐ西にある場所から１日が始まる。

03 熱帯・乾燥帯ってどんな暮らし？

本文15ページ

1 □にあてはまる語句を書き、（　）は正しいほうを選びましょう。

(1) 熱帯は一年中高温で、降水量が（(多い)・少ない）気候です。

(2) 乾燥帯は降水量が少なく、砂漠のほかに、［ステップ］と呼ばれる丈の短い草原がみられます。

(3) インドネシアやマレーシアでは、背の高い樹木がうっそうと茂る［熱帯林（熱帯雨林）］がみられます。

(4) サハラ砂漠の南縁に広がるサヘルやアラビア半島では、（(土)・木）からつくった日干しれんがの住居がみられます。

(5) (4)の地域では、らくだや（ 豚・(羊) ）を飼いながら、水や草を求めて移動する遊牧が行われています。

(6) アラビア半島の水が得られる［オアシス］の周りでは、水路を引いて農地をうるおすかんがいで、小麦やなつめやしを栽培しています。

2 次の説明文は地図中のＡ国の伝統的な家屋について述べたものです。□にあてはまる内容を資料１、資料２を参考にして書きましょう。［佐賀県］

〔［例］高温多湿（高温多雨、熱帯）〕

説明文

Ａ国の伝統的な家屋が、資料１のようになっているのは、この地域が□のために風通しをよくするためである。

資料１

（ピクスタ）

資料２　Ａ国の首都の雨温図

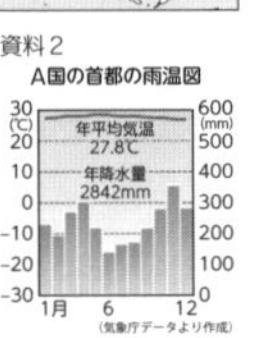

解説 **2** Ａ国は熱帯に属する東南アジアのマレーシア。資料１から、家屋が高床になっていることがわかる。

04 温帯・亜寒帯・寒帯ってどんな暮らし？

本文17ページ

1 □にあてはまる語句を書き、（　）は正しいほうを選びましょう。

(1) イタリアやスペインは温帯の地中海性気候に属し、（(冬)・夏）に雨がやや多く、（ 冬・(夏) ）に乾燥する気候です。

(2) イタリアやスペインでは、ぶどうを原料とする［ワイン］の生産がさかんです。

(3) ロシアのシベリアは［亜寒（冷）］帯に属し、冬の寒さが厳しい気候で、タイガ（針葉樹林）が広がっています。

(4) カナダ北部には先住民の（ マオリ・(イヌイット) ）が暮らしています。

(5) アンデス山脈の高地では、リャマや［アルパカ］を放牧しています。

2 地図１、２中の・印は、それぞれ、地図１、２中のア～エの国の首都の位置を示しています。また、次のＡ～Ｄは、それぞれ、ア～エのいずれかの国の首都の雨温図です。Ｂにあたる首都がある国をア～エから１つ選び、記号で答えましょう。［愛媛県・改］

〔 ア 〕

地図１

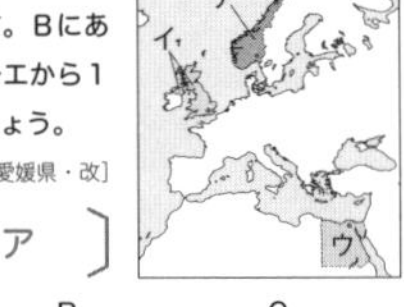

地図２

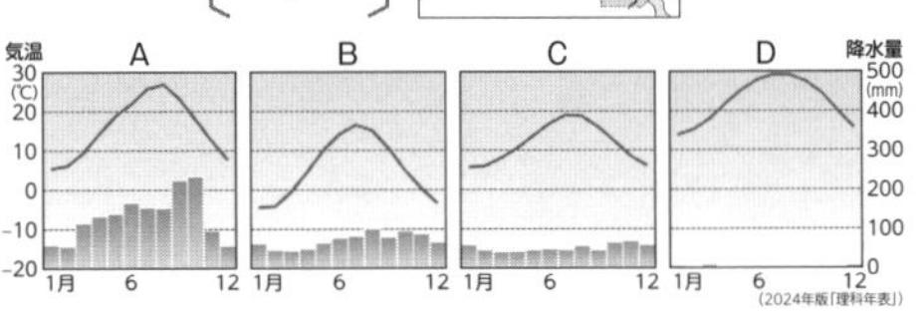

解説 **2** Ｂは冬の寒さが厳しいことから、最も高緯度にあるアのノルウェーの首都オスロがあてはまる。

05 宗教にはどんな慣習があるの？

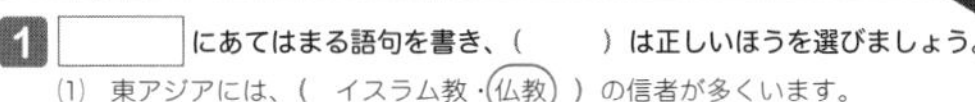

1 [　　] にあてはまる語句を書き、（　　）は正しいほうを選びましょう。

(1) 東アジアには、（ イスラム教・**仏教** ）の信者が多くいます。

(2) クリスマスやイースターは、 **キリスト** 教の行事です。

(3) **イスラム** 教徒の女性は、人前で肌を見せないようにします。

(4) インドの国民の約８割は **ヒンドゥー** 教を信仰しています。

2 次の各問いに答えましょう。

(1) 次の表中のA～Cには、韓国、タイ、ドイツのいずれかがあてはまります。A～Cにあてはまる国の組み合わせをあとのア～エから１つ選び、記号で答えましょう。 ［栃木県］

	主な宗教の人口割合(％)	
A	キリスト教 56.2	イスラム教 5.1
B	仏教 94.6	イスラム教 4.3
C	キリスト教 27.6	仏教 15.5

注）韓国、タイは2015年、ドイツは2018年

（「The World Fact Book」により作成）

ア A－韓国 B－タイ C－ドイツ
イ A－韓国 B－ドイツ C－タイ
ウ A－ドイツ B－韓国 C－タイ
エ A－ドイツ B－タイ C－韓国

〔 エ 〕

(2) 北アフリカや西アジアでは、ワインやビールの１人あたりの消費量がほかの地域に比べて少なくなっています。このことに最も関連のある宗教を次のア～エから１つ選び、記号で答えましょう。［栃木県］

ア イスラム教　イ キリスト教
ウ ヒンドゥー教　エ 仏教

〔 ア 〕

解説 **2** (2) 北アフリカや西アジアにはイスラム教徒が多い。イスラム教では飲酒が禁じられている。

06 アジア州ってどんなところ？

1 [　　] にあてはまる語句を書き、（　　）は正しいほうを選びましょう。

(1) アジア州の人口は世界の約（ ４割・**６割** ）を占め、（ 偏西風・**季節風〔モンスーン〕** ）の影響で地域によって降水量に違いが生じます。

(2) 中国の南部では、（ とうもろこし・**米** ）の栽培がさかんです。

(3) 中国は、外国企業を優遇する **経済特区** の設置をきっかけに工業が発展し、「世界の工場」と呼ばれるようになりました。

(4) 東南アジアの国々が結成している組織の略称を **ASEAN** と言います。

(5) インドのデカン高原では、（ **綿花**・小麦 ）の栽培がさかんです。

(6) 南アジアのインドでは、ベンガルール（バンガロール）を中心に情報通信技術（ **ICT** ）産業が発達しています。

(7) 西アジアの国々が加盟している石油輸出国機構の略称を **OPEC** といいます。

2 次のア～エは、1970年と2015年における、日本と中国の人口ピラミッドです。2015年の中国の人口ピラミッドにあたるものを選びましょう。 ［栃木県］

〔 イ 〕

ア　イ　ウ　エ
(歳) 100以上 90～99 80～89 70～79 60～69 50～59 40～49 30～39 20～29 10～19 0～9
男　女
20 0 20(%)
（「United Nations ウェブページ」により作成）

解説 **2** 中国では、1979年から2015年まで実施された一人っ子政策の影響で少子高齢化が進んだ。

07 ヨーロッパ州ってどんなところ？

1 [　　] にあてはまる語句を書き、（　　）は正しいほうを選びましょう。

(1) ヨーロッパ州の大部分は、暖流の（ 北太平洋・**北大西洋** ）海流と、その上を吹く（ 季節・**偏西** ）風の影響で、高緯度のわりに温暖な気候です。

(2) ヨーロッパ州で最も多いのは（ **キリスト教**・イスラム教 ）の信者です。

(3) ヨーロッパ州の北西部でゲルマン系言語、南部で（ スラブ・**ラテン** ）系言語、東部で（ **スラブ**・ラテン ）系言語が主に使われています。

(4) 乾燥する夏にぶどうやオリーブ、やや雨が多くなる冬に小麦を栽培する農業を（ 混合・**地中海式** ）農業といいます。

(5) ヨーロッパ州の国々では、医薬品や航空機など、生産するのに高度な知識や技術が求められる **先端技術（ハイテク）** 産業がさかんです。

(6) ヨーロッパ州の国々では、風力や太陽光などの繰り返し利用できる、 **再生可能** エネルギーの導入が進んでいます。

(7) EUの共通通貨である **ユーロ** を導入している国の間では、両替が不要です。また、輸入品にかかる **関税（税金）** を撤廃しているため、農作物などの貿易がさかんです。

2 右の地図で示されたヨーロッパ連合（EU）加盟国において、EUの成立は人々の生活に大きな変化をもたらしました。多くのEU加盟国で起こった変化の１つを、「パスポート」という語句を用いて、簡潔に書きましょう。 ［和歌山県］

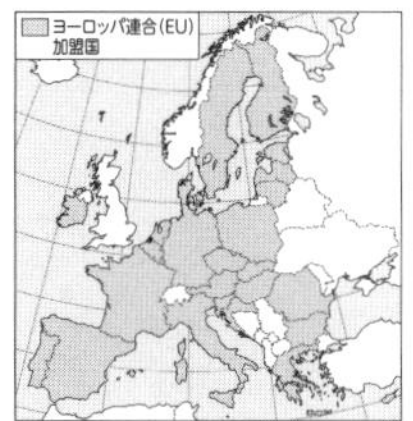

〔［例］パスポートなしでも国境を自由に通過できるようになった。〕

解説 **1** (4) 混合農業とは、食用作物や飼料作物の栽培と、豚などの家畜の飼育を組み合わせた農業である。

08 アフリカ州ってどんなところ？

1 [　　] にあてはまる語句を書き、（　　）は正しいほうを選びましょう。

(1) アフリカ大陸の東部には、世界最長の（ アマゾン川・**ナイル川** ）が北に向かって流れています。

(2) アフリカ大陸の北部には、世界最大の **サハラ** 砂漠が広がります。また、熱帯林が広がる地域の周辺には、 **サバナ** と呼ばれる、樹木がまばらに生えた、丈の長い草原がみられます。

(3) ギニア湾沿岸の国々では、（ **カカオ**・ぶどう ）の栽培がさかんです。

(4) （ エジプト・**ボツワナ** ）ではダイヤモンドが豊富にとれます。

(5) **モノカルチャー** 経済とは、特定の農作物や鉱産資源の輸出に頼る経済のことで、アフリカ州の多くの国々にみられます。

(6) 現代のアフリカでは農村から都市への人口移動が進み、都市へ過度に人口が集中して、生活環境の悪い **スラム** が形成され問題となっています。

2 アフリカ州では、民族によって異なるさまざまな言語が使われています。右のグラフは、2009年における、右下の地図中のA国の民族構成を示しています。A国では、英語とスワヒリ語が公用語に定められており、国会などでは英語が使われ、小学校ではスワヒリ語の授業があります。A国において公用語が定められている理由を、グラフから読み取れることに関連づけて、簡潔に書きましょう。 ［静岡県］

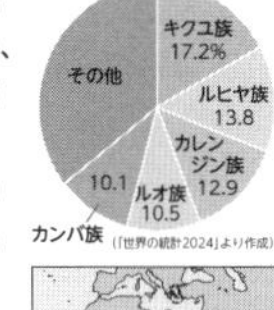

（「世界の統計2024」より作成）

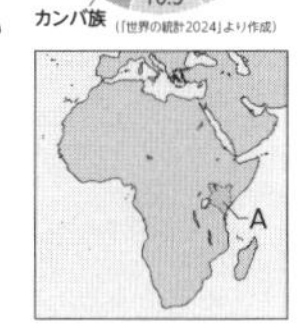

〔［例］多くの民族が１つの国に暮らしていて、共通の言語が必要だから。〕

解説 **2** A国はケニアで、かつてイギリスの植民地だった。このことから英語が公用語となっている。

09 北アメリカ州ってどんなところ？

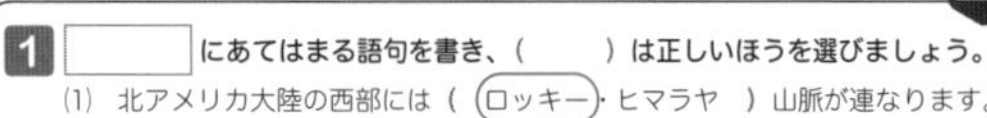

1 □にあてはまる語句を書き、（　）は正しいほうを選びましょう。

(1) 北アメリカ大陸の西部には（ **ロッキー** ・ヒマラヤ ）山脈が連なります。

(2) (1)の山脈の東には［グレートプレーンズ］と呼ばれる高原状の大平原があり、ミシシッピ川の西には［プレーリー］と呼ばれる、丈の長い草が生える草原があります。

(3) 近年、アメリカ合衆国では［ヒスパニック］と呼ばれる、メキシコや中央アメリカなどからの移民が増加しています。

(4) アメリカ合衆国では、北緯37度以南の［サンベルト］と呼ばれる地域が工業の中心となっています。

(5) サンフランシスコの南にある、［シリコンバレー］と呼ばれる地域には、情報通信技術（ICT）関連企業が集中しています。

2 ほのかさんは、右の地図のⒶ～Ⓒの地域を旅行で順に訪れました。また、下のア～ウは、それぞれほのかさんが訪れたⒶ～Ⓒのいずれかの地域においてさかんに行われている農業の様子を絵にしたものです。ア～ウをほのかさんが絵にした順に並べて、記号で答えましょう。　［佐賀県］

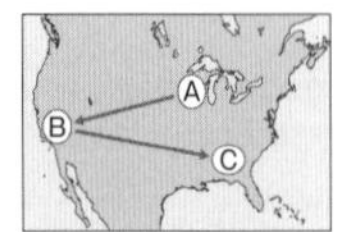

ア 綿花の収穫　イ 乳牛の飼育　ウ ぶどうの栽培

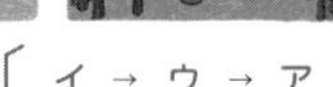

〔 イ → ウ → ア 〕

解説 **2** 南東部で綿花の栽培、太平洋沿岸のカリフォルニア州で地中海式農業、五大湖周辺で酪農がさかん。

10 南アメリカ州ってどんなところ？

本文 29 ページ

1 □にあてはまる語句を書き、（　）は正しいほうを選びましょう。

(1) アマゾン川流域に世界最大の［熱帯（熱帯雨）］林が広がります。

(2) （ **パンパ** ・セルバ ）では小麦の栽培や肉牛の放牧がさかんです。

(3) ブラジルのカラジャスでは［鉄鉱石］が産出し、日本にも大量に輸出されています。

(4) ブラジルでは、バイオ燃料（バイオエタノール）の主な原料として、（ **さとうきび** ・とうもろこし ）が利用されています。

2 下の２つの資料から読み取れることとして、誤っているものを次のア～エから１つ選び、記号で答えましょう。　［三重県］

ア ブラジルでは、2021年は2000年と比べると、大豆の生産量も生産量の国別割合も増加した。

イ ブラジルでは、2021年は2000年と比べると、大豆の生産量に占める輸出量の割合は増加した。

ウ アルゼンチンでは、2021年は2000年と比べると、大豆の生産量も輸出量も２倍以上になった。

エ アルゼンチンでは、2021年は2000年と比べると、大豆の輸出量の国別割合は減少したが、輸出量は増加した。

〔 ウ 〕

資料１

大豆の生産量　（単位：百万トン）

国名	2000年	2021年
ブラジル	32.7	134.9
アルゼンチン	20.2	46.2

大豆の輸出量　（単位：百万トン）

国名	2000年	2021年
ブラジル	11.5	86.1
アルゼンチン	4.1	4.3

資料２

大豆の生産量の国別割合

	アメリカ合衆国	ブラジル	アルゼンチン	その他
2000年 161百万トン	46.6%	20.3	12.5	20.6
2021年 372百万トン	32.5%	36.3	12.4	18.8

大豆の輸出量の国別割合

	アメリカ合衆国	ブラジル	アルゼンチン	その他
2000年 47百万トン	57.4%	24.3	8.7	9.6
2021年 161百万トン	37.9%	53.4	2.7	6.0

（資料１、２は、「世界国勢図会 2023/24」ほかから作成）

解説 **2** アルゼンチンの大豆の生産量は２倍以上になっているが、輸出量は２倍以上になっていない。

11 オセアニア州ってどんなところ？

1 □にあてはまる語句を書き、（　）は正しいほうを選びましょう。

(1) オーストラリアやニュージーランドは、かつて［イギリス］の植民地でした。

(2) オーストラリアの先住民は（ マオリ・ **アボリジニ** ）、ニュージーランドの先住民は（ **マオリ** ・アボリジニ ）です。

(3) オーストラリアでは、乾燥に強い［羊］がたくさん飼育されています。

(4) オーストラリアの東部では（ 鉄鉱石・ **石炭** ）、北西部では（ **鉄鉱石** ・石炭 ）が豊富に産出します。

(5) オーストラリアの貿易相手国は、近年は距離が近い中国や日本、韓国などの［アジア（州）］の国々が中心となっています。

2 オーストラリアについて、次のグラフは1966年と2021年のオーストラリアに暮らす移民の出身州の傾向を示したものです。グラフから読み取れることを、「白豪主義」という語句を用いて説明しましょう。　［山口県］

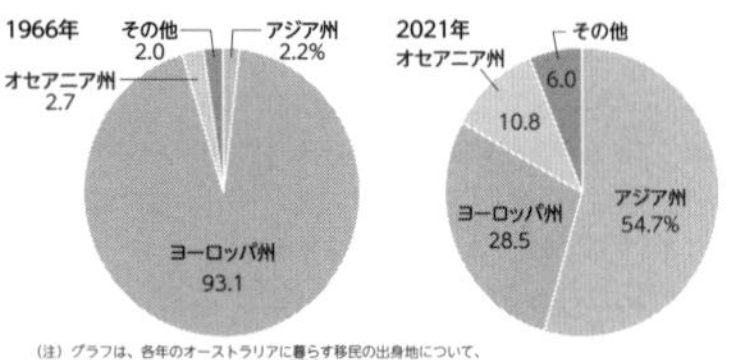

（注）グラフは、各年のオーストラリアに暮らす移民の出身地について、多いほうから順に20の国と地域を抽出して作成している。　（オーストラリア政府統計により作成）

〔［例］白豪主義の政策がとられていた1966年は、ヨーロッパ州からの移民がほとんどを占めているが、政策が撤廃されたあとの2021年は、アジア州やオセアニア州からの移民の割合が大きくなっている。〕

解説 **1** (1) オーストラリアやニュージーランドの国旗には、イギリスの国旗が描かれている。

12 地形図から何がわかるの？

本文 35 ページ

1 □にあてはまる語句を書き、（　）は正しいほうを選びましょう。

(1) 等高線の間隔が広いところは、傾斜が（ 急・ **緩やか** ）になっています。

(2) Qの地図記号は［広葉樹林］を表しています。

(3) 日本アルプスの３つの山脈は、北から順に［飛騨］山脈、木曽山脈、［赤石］山脈です。

(4) 川が山地から平地に出るところには（ 三角州・ **扇状地** ）が、川が海や湖に流れ込むところには（ **三角州** ・扇状地 ）が形成されます。

2 次の図は、静岡県牧之原市の地形図（２万５千分の１）の一部です。図の範囲から読み取れることとして最も適切なものをあとのア～エから１つ選び、記号で答えましょう。　［山口県］

ア 「勝間田城跡」から見下ろすと、「布引原」付近の茶畑がよく見える。

イ 「勝間田城跡」周辺の森林は、針葉樹林よりも広葉樹林が多くみられる。

ウ ２つの三角点の地図上の直線距離は約4 cmなので、実際の距離は約2 kmである。

エ 「桃原」の西側には、谷に位置する果樹園がみられる。

〔 エ 〕

解説 **2** 標高131 mの「勝間田城跡」と「布引原」の間には標高150 mの等高線があることから、アは誤り。

13 日本の中でも気候が違うの？

本文37ページ

1 [ ]にあてはまる語句を書き、（　）は正しいほうを選びましょう。

(1) 日本の大部分は［温］帯の気候で、北海道は［亜寒（冷）］帯の気候です。

(2) 日本列島には、夏は（ 北西・**南東** ）から、冬は（ **北西**・南東 ）から季節風が吹いてきます。

(3) 自然災害による被害を防ぐことを（ **防災**・減災 ）、被害をできるだけ抑えることを（ 防災・**減災** ）といいます。

(4) 自然災害が起こったときに、自分や家族を守る行動を［自］助、国や都道府県などが行う支援を［公］助といいます。

2 下の雨温図のA～Cは、松本市、姫路市、松江市のいずれかにあてはまります。3つの都市の正しい組み合わせを、次のア～カから1つ選び、記号で答えましょう。［滋賀県・改］

ア　A＝松本市　B＝姫路市　C＝松江市
イ　A＝松本市　B＝松江市　C＝姫路市
ウ　A＝姫路市　B＝松江市　C＝松本市
エ　A＝姫路市　B＝松本市　C＝松江市
オ　A＝松江市　B＝姫路市　C＝松本市
カ　A＝松江市　B＝松本市　C＝姫路市

〔 イ 〕

気温（℃）　A　B　C　降水量（mm）
A：年平均気温 12.2℃　年降水量 1045.1mm
B：15.2℃　1791.9mm
C：15.6℃　1254.7mm
（1991年から2020年までの平均）（気象庁ホームページより作成）

解説 **2** 松本市は内陸（中央高地）の気候、姫路市は瀬戸内の気候、松江市は日本海側の気候に属する。

14 再生可能エネルギーって何？

本文39ページ

1 [ ]にあてはまる語句を書き、（　）は正しいほうを選びましょう。

(1) 日本の三大都市圏は人口が集中して（ **過密**・過疎 ）の状態にあります。

(2) 日本は石油を（ 南アジア・**西アジア** ）の国々から多く輸入しています。石炭と鉄鉱石の最大の輸入相手国は（ **オーストラリア**・中国 ）です。

(3) ウランを燃料に発電するのは、［原子力］発電です。

(4) ［バイオマス］発電は、植物など、生物を由来とした資源を燃やしたときの熱や、発生させたガスを利用して発電します。

2 次の各問いに答えましょう。

(1) 右のア～エのグラフは、それぞれ1930年、1970年、2010年、2050年のいずれかの年における、わが国の年齢別人口の割合を表したものです。2010年のグラフにあたるものをア～エから1つ選び、記号で答えましょう。［愛媛県］

	0～14歳	15～64歳	65歳以上
ア	10.6%	51.7	37.7
イ	13.2%	63.8	23.0
ウ	24.0%	68.9	7.1
エ	36.6%	58.6	4.8

（注）2050年のグラフは、2017年における推計により作成したものである。
（2023/24年版「日本国勢図会」ほかによる）

〔 イ 〕

(2) 右のグラフは、日本の発電電力量の発電方法による内訳の推移を表したものです。グラフ中のA～Cにあてはまる発電方法を次のア～ウからそれぞれ選び、記号で答えましょう。

	A	B	C	太陽光・風力など
1980年	69.6%	14.3	15.9	
2000年	61.3%	29.5	8.9	
2021年	80.0%	7.0	9.0	

（%）（「日本国勢図会2023/24」から作成）

ア　水力　　イ　火力　　ウ　原子力　［和歌山県］

A〔 イ 〕　B〔 ウ 〕　C〔 ア 〕

解説 **2** (2) Bの原子力発電は、2011年の東日本大震災での事故の影響で、割合が低下した。

15 日本の産業にはどんな特色があるの？

本文41ページ

1 [ ]にあてはまる語句を書き、（　）は正しいほうを選びましょう。

(1) 商業・サービス業は、（ 第二次・**第三次** ）産業に分けられます。

(2) ビニールハウスなどの施設を使って、野菜の生長を早めて出荷する栽培方法を（ **促成**・抑制 ）栽培といいます。

(3) 千葉県の東京湾岸には［京葉］工業地域が形成され、大阪府から兵庫県にかけては［阪神］工業地帯が形成されています。

(4) 日本の2021年の輸出額1位の品目は機械類、2位は［自動車］で、輸入額1位の品目は機械類、2位は［石油］です。

2 次の表は、2021年にわが国で貿易が行われた主な港または空港（あ～え）において、輸出額上位3品目とそれぞれが輸出総額に占める割合を示したものです。表のA、Bは、輸出に利用する交通機関である船舶または航空機のいずれかがあてはまります。航空機があてはまるのは表のA、Bのどちらですか。また、そのように判断した理由を、輸出額上位3品目の主な特徴にふれながら簡潔に書きましょう。［長崎県・改］

港または空港	輸出額上位3品目			交通機関
あ	半導体等製造装置	科学光学機器	金	A
	9.1%	5.8%	5.6%	
い	集積回路	電気回路等の機器	科学光学機器	
	20.4%	6.4%	6.2%	
う	自動車	自動車部品	原動機（内燃機関など）	B
	23.1%	16.8%	4.1%	
え	自動車	自動車部品	プラスチック	
	16.8%	5.2%	4.5%	

（2023/24年版「日本国勢図会」から作成）

航空機〔 A 〕

理由〔 [例] 電気回路など高価なわりに、かさばらない品目を運んでいるから。 〕

解説 **2** 航空機は輸送費が高いが、かさばらず高価な電子部品などの輸送であればもとがとれる。

16 九州地方って、どんなところ？

本文43ページ

1 [ ]にあてはまる語句を書き、（　）は正しいほうを選びましょう。

(1) 九州南部には、火山の噴出物が厚く積もった（ **シラス**・ローム ）台地が広がります。

(2) 火山の噴火によってできた大きなくぼ地を［カルデラ］といい、阿蘇山のものは世界最大級です。

(3) 冬でも温暖な宮崎平野では、ビニールハウスを利用して、野菜の生長を（ **早めて**・遅らせて ）出荷時期をずらす促成栽培が行われています。

(4) 明治時代、現在の北九州市に八幡製鉄所が建てられて［鉄鋼］業が発展し、北九州工業地帯が形成されました。

(5) 沖縄県は、さんご礁などの美しい自然や、［琉球］王国時代の史跡をいかした観光業がさかんです。

2 みやこさんは、九州各県の特産品の多さに気づき、それぞれの農産物や農地の様子について調べました。資料1中のA～Dは佐賀、長崎、熊本、鹿児島のいずれかの県の農産物の収穫量を示したものです。鹿児島県にあてはまるものを資料1中のA～Dから1つ選び、記号で答えましょう。［佐賀県・改］

資料1

	米 (t)（2022年）	大麦 (t)（2022年）	ばれいしょ (t)（2022年）	みかん (t)（2022年）	茶（生葉） (t)（2022年）
A	86000	704	97600	9700	130400
B	156800	9410	14800	75000	6230
C	117200	46200	3200	38900	−
D	48900	3900	83900	40400	−

（2024年版「データでみる県勢」などより作成）

〔 A 〕

解説 **2** 茶の生産量が多いことからAが鹿児島県と判断する。Bは熊本県、Cは佐賀県、Dは長崎県である。

17 中国・四国地方って、どんなところ？

本文45ページ

1 □にあてはまる語句を書き、（　）は正しいほうを選びましょう。

(1) 高知平野では、野菜の生長を早めて出荷する［促成］栽培がさかんです。

(2) 山口県の周南市には（ 製鉄所 ・〇石油化学コンビナート ）が集まっています。

(3) 本州四国連絡橋の開通により、四国側から大阪など本州側の大都市に人が吸い寄せられる（ ドーナツ化 ・〇ストロー ）現象がみられます。

(4) 岡山県倉敷市と香川県坂出市の間に、［瀬戸大］橋がかかっています。

2 中学生のひろきさんは、資料1と資料2を用いて、島根県、愛媛県、高知県の気候と農業について考察しました。地図のAは3県のいずれか一つを示したものです。資料1のア〜ウは、それぞれ島根県浜田市、愛媛県松山市、高知県高知市のいずれかの降水量です。地図のAが示す県に位置する都市に該当するものを資料1から1つ選び、記号で答えましょう。また、資料2のa〜cは、それぞれ3県のいずれかの農業産出額の内訳(2021年)です。地図のAが示す県に該当するものを資料2から1つ選び、記号で答えましょう。［佐賀県・改］

資料1

	1月降水量 (mm)	7月降水量 (mm)	年間降水量 (mm)
ア	59.1	357.3	2666.4
イ	97.8	239.7	1654.6
ウ	50.9	223.5	1404.6

（気象庁Webページから作成）

地図

資料1［ ウ ］

資料2［ c ］

資料2

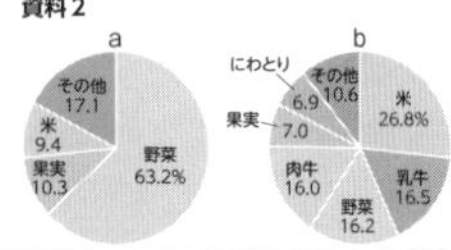

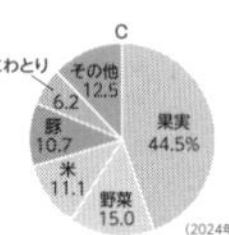

（2024年版「データでみる県勢」）

解説 **2** Aは愛媛県で、降水量が少なく日照時間が長い気候をいかし、みかんなどかんきつ類の栽培がさかん。

18 近畿地方って、どんなところ？

本文47ページ

1 □にあてはまる語句を書き、（　）は正しいほうを選びましょう。

(1) 志摩半島や若狭湾沿岸には、複雑に入り組んだ［リアス］海岸がみられます。

(2) 和歌山県は、（ ぶどう ・〇みかん ）のほかにも、かきやうめの生産量が日本一です。

(3) ［紀伊］山地は昔から林業がさかんで、吉野すぎや尾鷲ひのきなどの良質な木材が生産されています。

(4) 阪神工業地帯は明治時代にせんいなどの（〇軽 ・ 重化学 ）工業から発展し、戦後は臨海部で鉄鋼業などの（ 軽 ・〇重化学 ）工業が発達しました。

2 琵琶湖では、水質保全の取り組みがさかんに行われています。このような取り組みが行われているのはなぜですか。その理由を、次の資料1と資料2からわかることにふれて、簡単に書きましょう。［岩手県］

資料1 大阪府・京都府・滋賀県の市区町村別人口密度（2015年）

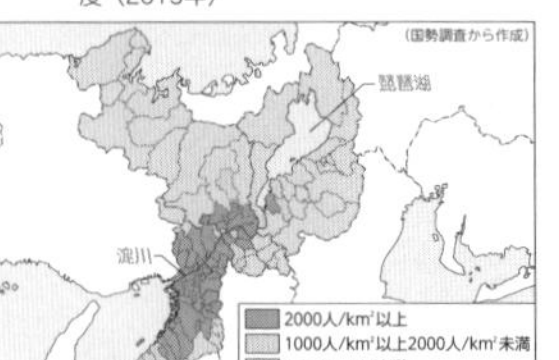

資料2 府県別人口に占める琵琶湖の水の利用者数の割合（2019年）

府県名	割合（%）
大阪府	99.6
京都府	70.6
滋賀県	84.8

（滋賀県資料などから作成）

［[例] 琵琶湖から流れ出す水は、人口密度がとくに高い地域を流れていて、流域の府県でたくさんの人々に利用されているから。］

解説 **2** 琵琶湖がある滋賀県では、工場廃水を規制したり、りんを含む合成洗剤の使用を禁止したりした。

19 中部地方って、どんなところ？

本文49ページ

1 □にあてはまる語句を書き、（　）は正しいほうを選びましょう。

(1) 電照菊の栽培のように、野菜や花の生長を（ 早めて ・〇遅らせて ）出荷時期をずらす栽培方法を抑制栽培といいます。

(2) （〇中京 ・ 東海 ）工業地帯は日本一の工業生産額を誇ります。

(3) 山梨県の［甲府］盆地は、全国有数のぶどう・ももの産地です。

(4) 愛知県の［豊田］市には世界有数の自動車会社の本社があり、周辺には関連工場が集まっていて、自動車の生産がさかんです。

2 長野県と茨城県について、資料1、資料2、資料3は、まもるさんが、レタスの生産と出荷に関して集めた資料の一部です。資料1の▒で示した時期における、長野県産のレタスの東京都中央卸売市場への月別出荷量には、どのような特徴がありますか。資料1、資料2、資料3から読み取り、長野県の気候にふれて書きましょう。［三重県］

資料1 長野県産のレタスと茨城県産のレタスの東京都中央卸売市場への月別出荷量

（t）7000 6000 5000 4000 3000 2000 1000 0
長野県 茨城県
1 2 3 4 5 6 7 8 9 10 11 12月

［注：長野県と茨城県は、東京都中央卸売市場への出荷量が多い上位1位と2位の県。数値は2023年のもの。］
（東京都中央卸売市場Webページから作成）

資料2 レタスの生育についてまとめたものの一部

レタスの生育に適した気温は、15〜20℃である。

資料3 レタスの生産がさかんな長野県の南牧村（野辺山原）と茨城県の古河市の月別平均気温

	1月	2月	3月	4月	5月	6月
長野県南牧村	−5.3	−4.5	−0.3	5.8	11.0	14.8
茨城県古河市	3.6	4.6	8.2	13.5	18.4	21.8
	7月	**8月**	**9月**	**10月**	**11月**	**12月**
長野県南牧村	18.9	19.5	15.5	9.3	3.8	−1.9
茨城県古河市	25.6	26.8	23.0	17.2	11.0	5.8

（注：単位は℃）（気象庁Webページから作成）

［[例] 6月から9月に、レタスの生育に適した気温となってたくさん出荷している（夏でも涼しい気候をいかして、茨城県産のレタスの出荷量が少ない時期にたくさん出荷している）。］

解説 **2** 野辺山原は八ケ岳のふもとにあり、夏でも涼しい気候でレタスなど高原野菜の栽培がさかんである。

20 関東地方って、どんなところ？

本文51ページ

1 □にあてはまる語句を書き、（　）は正しいほうを選びましょう。

(1) 関東平野には、流域面積が日本一の（〇利根 ・ 信濃 ）川が流れています。

(2) 関東地方の内陸部では、冬に冷たく（ 湿った ・〇乾いた ）季節風のからっ風が北西から吹きます。

(3) 神奈川県・東京都・埼玉県には［京浜］工業地帯、群馬県・栃木県・茨城県には［北関東］工業地域が発達しています。

(4) 国の政治や行政の中心である千代田区など東京の中心地区を［都心］、その機能を分担する新宿や渋谷などは［副都心］と呼ばれています。

2 関東地方に関し、次の図は、関東1都6県について、それぞれの昼夜間人口比率*を表したものです。図中のA〜Cにあてはまる都県名を、あとのア〜ウからそれぞれ1つ選び、記号で答えましょう。［和歌山県］

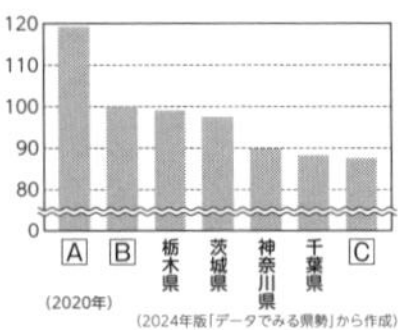

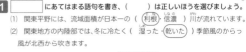

(2020年)　（2024年版「データでみる県勢」から作成）

*昼夜間人口比率とは、夜間の人口100人あたりの昼間の人口の割合のことである。
（昼夜間人口比率＝昼間の人口÷夜間の人口×100）

ア 群馬県　イ 埼玉県　ウ 東京都

A［ ウ ］ B［ ア ］ C［ イ ］

解説 **2** 埼玉県は東京都へ通勤・通学する人が多く住むため、夜間人口が昼間人口よりも多くなっている。

21 東北地方って、どんなところ？

本文53ページ

1 ［　　］にあてはまる語句を書き、（　　）は正しいほうを選びましょう。

(1) 庄内平野には ［最上］ 川が流れています。

(2) 東北地方の太平洋側では、冷たく湿った北東風の ［やませ］ が吹くと、日照不足や低温で稲が十分に育たない ［冷害］ の被害が出ることがあります。

(3) （ **わかめ**・かき ）類の養殖量では、宮城県が日本一で、岩手県が２位となっています。

(4) 岩手県では、（ 天童将棋駒・**南部鉄器** ）や秀衡塗などの伝統的工芸品が生産されています。

2 東北地方の水産業に関して、次の各問いに答えましょう。［静岡県］

(1) 地図の気仙沼港は三陸海岸の漁港です。三陸海岸の沖合いは、海底の栄養分がまき上げられてプランクトンが集まり、さまざまな魚がとれる豊かな漁場になっているため、沿岸部には水あげ量の多い漁港が点在しています。三陸海岸の沖合いが、このような豊かな漁場になっている理由を、海流に着目して、簡単に書きましょう。

［［例］暖流と寒流がぶつかる潮目（潮境）があるから。］

(2) 近年、遠洋漁業のような「とる漁業」に加えて、栽培漁業のような「育てる漁業」にも力が入れられるようになっています。「育てる漁業」のうち、三陸海岸でもさかんな、いけすやいかだなどで、魚介類を大きく育ててのち出荷する漁業は何と呼ばれますか。その名称を書きましょう。

［養殖業（養殖漁業）］

解説 **2** (2) 卵からかえして育てた稚魚や稚貝を海などに放流し、成長してからとる栽培漁業と区別する。

22 北海道地方って、どんなところ？

本文55ページ

1 ［　　］にあてはまる語句を書き、（　　）は正しいほうを選びましょう。

(1) 北海道は、冬の寒さが厳しい（ **亜寒**・寒 ）帯の気候に属します。

(2) 泥炭地が広がっていた ［石狩］ 平野は、ほかの土地から性質のよい土を運び入れる ［客土］ によって稲作に適した土地になりました。

(3) 十勝平野では、同じ耕地で複数の種類の農作物を順番に栽培する（ 連作・**輪作** ）が取り入れられています。

(4) 根釧台地では、乳牛を飼育してバターやチーズなどの乳製品をつくる ［酪農］ がさかんです。

2 太郎さんは、地図で示した知床半島の斜里町を訪れた際に観光政策に興味をもち、図１、図２を作成しました。1980年代から1990年代にかけて知床半島においてどのような問題が生じたと考えられますか。また、知床半島の人々はその解決に向けてどのような取り組みをしてきたのか、図１、図２を踏まえ、「両立」の語句を用いてそれぞれ簡潔に書きましょう。［栃木県］

図１　観光客数（斜里町）

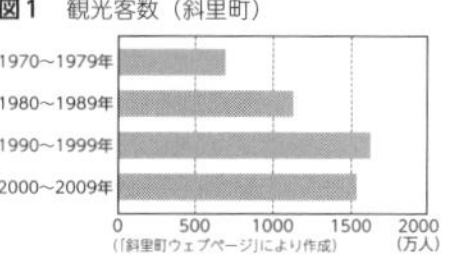

図２

1980年	知床横断道路開通
1999年	自動車の乗り入れ規制開始
2005年	世界自然遺産登録
2007年	知床エコツーリズムガイドライン策定

（知床データセンターウェブページ）

［［例］道路の開通により観光客が増え、自然環境が破壊されたため、自然環境の保護と観光の両立を目指す取り組みを進めてきた。］

解説 **1** (3) 連作とは、同じ耕地で同じ作物を続けてつくることで、連作を行うと土地の地力が落ちてしまう。

23 古代文明はどこでおこった？

本文61ページ

1 ［　　］にあてはまる語句を書き、（　　）は正しいほうを選びましょう。

(1) チグリス川とユーフラテス川の流域におこった文明を ［メソポタミア］ 文明といいます。

(2) 紀元前16世紀ごろ、中国の黄河流域に（ **殷**・漢 ）という国がおこりました。この国で使われ、現在の漢字のもとになった文字を（ 神聖文字・**甲骨文字** ）といいます。

(3) 紀元前８世紀ごろからギリシャ人が地中海各地につくった、アテネやスパルタのような都市国家を、［ポリス］ といいます。

(4) アレクサンドロス大王の遠征によって、ギリシャの文化が東方に伝えられて生まれた文化を ［ヘレニズム］ 文化といいます。

(5) 中国で、紀元前６世紀ごろに現れた、孔子が説いた教えを ［儒学（儒教）］ といいます。

(6) 秦の王である ［始皇帝］ は、紀元前３世紀に中国を統一しました。

(7) 三大宗教の１つで、７世紀初めにアラビア半島でムハンマドが開いた宗教は、［イスラム］ 教です。

2 エジプトについて、次の文のａ・ｂの（　　）の中から、適当なものをそれぞれ１つずつ選び、記号で答えましょう。［熊本県］

古代のエジプトでは、１年を365日とする

ａ（ ア　太陰暦　イ　太陽暦 ）がつくり出され、

ｂ（ ア　くさび形文字　イ　甲骨文字　ウ　象形文字 ）も発明された。

ａ［イ］　ｂ［ウ］

解説 **1** (4) アレクサンドロス大王は、マケドニアの王。紀元前４世紀にギリシャを征服した。

24 縄文時代と弥生時代の違いは？

本文63ページ

1 ［　　］にあてはまる語句を書きましょう。

(1) 縄文時代の人々は、ほり下げた地面に柱を立てて屋根をかけた ［たて穴］ 住居をつくって住むようになりました。

(2) 弥生時代、ねずみや湿気を防ぐ ［高床倉庫］ をつくって、収穫した稲を蓄えました。

(3) ３世紀前半、［邪馬台国］ の女王卑弥呼は、魏に朝貢しました。

(4) 右の写真のような形の古墳を ［前方後円墳］ といいます。

(5) １世紀半ば、倭の奴国の王は漢に使いを送り、皇帝から ［金印］ を授けられました。

（㈱Gakken写真資料）

2 右の資料中のＡが使われ始めたと考えられる時代の様子について説明したものとして最も適するものを、資料を参考にしながら、次のア～エから１つ選び、記号で答えましょう。［神奈川県］

資料（模様の一部を拡大して示してある。）

Ａ

ア　ユーラシア大陸から移り住んだ人々が、打製石器を使って大型動物をとらえていた。

イ　稲作が東日本にまで広がり、人々は収穫した米を蓄えるようになった。

ウ　海面が上昇し海岸に多くの入り江ができたため、人々は魚や貝を獲得できるようになった。

エ　朝鮮半島から移り住んだ渡来人によって、須恵器をつくる技術や漢字などの文物が伝えられた。

［イ］

解説 **2** アは日本の旧石器時代の様子。このころ日本列島は、たびたびユーラシア大陸と陸続きになった。

25 飛鳥時代の政治って？

本文65ページ

1 □にあてはまる語句を書き、（ ）は正しいほうを選びましょう。

(1) 聖徳太子が建て、現存する世界最古の木造建築である 法隆寺 は、飛鳥 文化を代表する寺院です。

(2) 645年、中大兄皇子と中臣鎌足らが蘇我氏をたおして始めた政治改革を 大化の改新 といいます。

(3) 663年、中大兄皇子らは、百済の復興を助けようと大軍を送りましたが、白村江 の戦いで、唐と新羅の連合軍に大敗しました。

(4) 壬申の乱に勝利して即位した（ 天智・(天武) ）天皇は、天皇を中心とする強い国づくりを進めました。

(5) 701年、唐の律令にならった 大宝 律令が完成しました。地方は国や郡に分けられ、それぞれの国には都から 国司 が派遣されて、地方の豪族が任命される郡司たちを指揮して人々を治めました。

2 次の各問いに答えましょう。

(1) 右の資料は聖徳太子（厩戸皇子）が仏教や儒教の考え方を取り入れ、役人としての心構えを説いたものの一部です。これを何といいますか。［長崎県］

〔 十七条の憲法 〕

資料
一に曰く、和をもって貴しとなし、…
二に曰く、あつく三宝を敬え。…
三に曰く、詔をうけたまわりては、必ずつつしめ。…
（以下省略）

(2) 小野妹子が派遣された中国の王朝の名称を次のア～エから１つ選び、記号で答えましょう。［静岡県］

ア 漢　イ 隋　ウ 唐　エ 宋

〔 イ 〕

解説 **1** (2) 聖徳太子の死後、朝廷では蘇我氏が権力を独占するようになり、不満が高まっていた。

26 聖武天皇はなぜ大仏をつくった？

本文67ページ

1 □にあてはまる語句を書き、（ ）は正しいほうを選びましょう。

(1) 710年、律令国家の新しい都として 平城京 がつくられました。これ以後、京都に都が移されるまでを 奈良 時代といいます。

(2) 戸籍に基づいて６歳以上の人々に 口分田 という農地を与え、死ぬと国に返させる土地制度を 班田収授法 といいます。

(3) 743年、朝廷は、人々に開墾を奨励するため、新しく開墾した土地であれば永久に私有地としてよいとする 墾田永年私財 法を出しました。

(4) 聖武 天皇と光明皇后は、（ 天皇・(仏教) ）の力で国家を守ろうと考え、都に 東大 寺を建て、国ごとに国分寺と国分尼寺を建てました。

(5) 日本からの求めに応じて唐から来日し、日本に正式な仏教の教えを伝えた僧は（ (鑑真)・行基 ）です。

(6) ８世紀後半に大伴家持らがまとめたとされる和歌集は 万葉集 です。

2 次の各問いに答えましょう。

(1) 資料は、都に塩を税として運んだときの荷札です。次のア～エのうち、各地の特産物を都に運んで納める税として正しいものはどれですか。１つ選び、記号で答えましょう。［岩手県］

ア 租　イ 調　ウ 奉公　エ 雑徭

〔 イ 〕

資料 (Colbase)

(2) 天平文化が栄えたころにつくられた、地方の国ごとに、自然、産物、伝承などをまとめて記したものは何と呼ばれますか。その名称を答えましょう。［静岡県］

〔 風土記 〕

解説 **1** (4) 東大寺の宝庫である正倉院には、聖武天皇が使った品々も納められていた。

27 藤原氏が行った政治とは？

本文69ページ

1 □にあてはまる語句を書き、（ ）は正しいほうを選びましょう。

(1) 794年に、平安京に都を移したのは、桓武 天皇です。

(2) 平安時代の初め、唐にわたって仏教を学び、天台宗を伝えた僧は、（ (最澄)・空海 ）、真言宗を伝えた僧は、（ 最澄・(空海) ）です。

(3) 藤原氏が行った政治を、摂関 政治といい、この政治は11世紀前半の 藤原道長 とその子頼通のころに最も安定しました。このころ栄えた、貴族が生み出した文化を 国風 文化といいます。

(4) 10世紀半ば、念仏を唱えて阿弥陀如来にすがり極楽浄土への生まれ変わりを願う 浄土 信仰が、都でおこりました。藤原頼通が宇治（京都府）につくらせた 平等院 鳳凰堂は、代表的な阿弥陀堂です。

(5) 宮中に仕えていた（ 清少納言・(紫式部) ）は、『源氏物語』を著しました。

2 次の各問いに答えましょう。

(1) 資料は、遣唐使に任命された人物が、天皇に提案をした書状の一部です。この書状を出した人物名を答えましょう。［埼玉県・2023］

〔 菅原道真 〕

資料
私が送らせた記録をみましたところ、唐の国力の衰退している様子が詳しく書かれていました。これから遣唐使にどのような危険が生じるかしれません。どうか遣唐使の派遣の可否を審議し決定するようお願いします。

(2) 平安時代、女性たちによって多くの文学作品が生み出された背景の１つには、日本語の書き表し方の変化があります。平安時代に漢字をもとにして新しく生み出されたものは何ですか。［熊本県］

〔 仮名文字（かな文字） 〕

解説 **1** (3) 藤原氏が就いた、摂政は幼い天皇の代わりに政治を行う職、関白は成長した天皇を補佐する職。

28 武士の政治はどのように始まった？

本文71ページ

1 □にあてはまる語句を書き、（ ）は正しいほうを選びましょう。

(1) 平安時代の10世紀ごろ、都の武官や地方の豪族たちが弓矢や騎馬などの戦いの技術を身につけ、武士 と呼ばれるようになりました。

(2) 地方にいた(1)は、一族や家来を従えて、武士団 をつくるほどに成長していきました。とくに、天皇の子孫である 源氏（平氏） と 平氏（源氏） が有力でした。

(3) 東北地方で、平泉（岩手県）を拠点として勢力を広げ、３代にわたって栄えた 奥州藤原 氏は、阿弥陀堂の（ 平等院鳳凰堂・(中尊寺金色堂) ）を建てました。

(4) 1086年、白河天皇は、位を譲って 上皇 となり、摂政や関白の力をおさえて政治を行いました。この政治を 院政 といいます。

(5) 12世紀半ば、朝廷内での対立から２つの内乱が起こりました。1156年の 保元 の乱と1159年の 平治 の乱です。

(6) (5)の２つの内乱で勝利し、のちに武士として初めて太政大臣となった人物は、兵庫の港（大輪田泊）を整備して（ 唐・(宋) ）との貿易を進め、経済的な基盤としました。

2 平安時代の末期には、武士が政治のうえで力をもつようになりました。武士として初めて、政治の実権を握り、太政大臣となった人物は誰ですか。その人物名を答えましょう。［静岡県］

〔 平清盛 〕

解説 **1** (4) 上皇や上皇の住まいを「院」と呼んだことから、上皇による政治を院政という。

29 鎌倉幕府はどんな政治を行った？ 本文73ページ

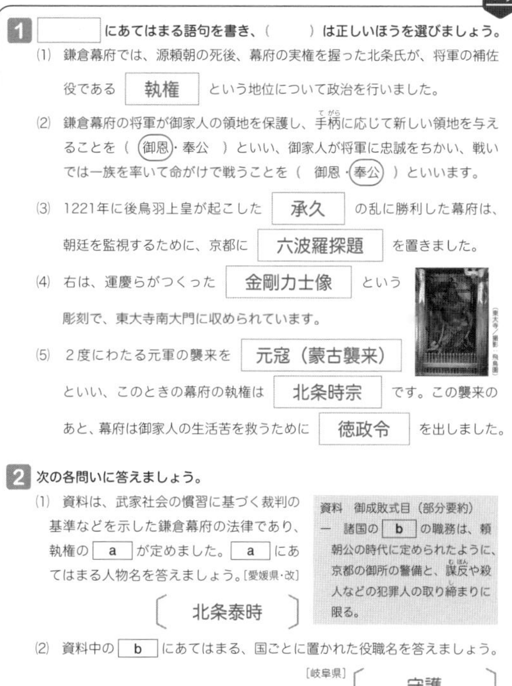

1 [ ] にあてはまる語句を書き、（　）は正しいほうを選びましょう。

(1) 鎌倉幕府では、源頼朝の死後、幕府の実権を握った北条氏が、将軍の補佐役である [執権] という地位について政治を行いました。

(2) 鎌倉幕府の将軍が御家人の領地を保護し、手柄に応じて新しい領地を与えることを（(御恩)・奉公）といい、御家人が将軍に忠誠をちかい、戦いでは一族を率いて命がけで戦うことを（御恩・(奉公)）といいます。

(3) 1221年に後鳥羽上皇が起こした [承久] の乱に勝利した幕府は、朝廷を監視するために、京都に [六波羅探題] を置きました。

(4) 右は、運慶らがつくった [金剛力士像] という彫刻で、東大寺南大門に収められています。

（東大寺／撮影　飛鳥園）

(5) 2度にわたる元軍の襲来を [元寇（蒙古襲来）] といい、このときの幕府の執権は [北条時宗] です。この襲来のあと、幕府は御家人の生活苦を救うために [徳政令] を出しました。

2 次の各問いに答えましょう。

(1) 資料は、武家社会の慣習に基づく裁判の基準などを示した鎌倉幕府の法律であり、執権の [a] が定めました。[a] にあてはまる人物名を答えましょう。［愛媛県・改］

〔 北条泰時 〕

資料　御成敗式目（部分要約）
一　諸国の [b] の職務は、頼朝公の時代に定められたように、京都の御所の警備と、謀反や殺人などの犯罪人の取り締まりに限る。

(2) 資料中の [b] にあてはまる、国ごとに置かれた役職名を答えましょう。［岐阜県］

〔 守護 〕

解説 **1** (3) 後鳥羽上皇が挙兵すると、源頼朝の妻の北条政子は、御家人に頼朝の御恩を説いて結束を訴えた。

30 武士の政権はどのように続いていく？ 本文75ページ

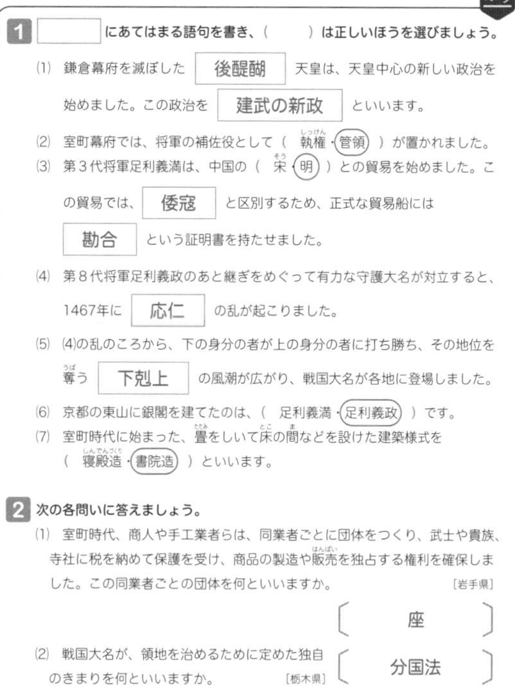

1 [ ] にあてはまる語句を書き、（　）は正しいほうを選びましょう。

(1) 鎌倉幕府を滅ぼした [後醍醐] 天皇は、天皇中心の新しい政治を始めました。この政治を [建武の新政] といいます。

(2) 室町幕府では、将軍の補佐役として（執権・(管領)）が置かれました。

(3) 第3代将軍足利義満は、中国の（宋・(明)）との貿易を始めました。この貿易では、[倭寇] と区別するため、正式な貿易船には [勘合] という証明書を持たせました。

(4) 第8代将軍足利義政のあと継ぎをめぐって有力な守護大名が対立すると、1467年に [応仁] の乱が起こりました。

(5) (4)の乱のころから、下の身分の者が上の身分の者に打ち勝ち、その地位を奪う [下剋上] の風潮が広がり、戦国大名が各地に登場しました。

(6) 京都の東山に銀閣を建てたのは、（足利義満・(足利義政)）です。

(7) 室町時代に始まった、畳をしいて床の間などを設けた建築様式を（寝殿造・(書院造)）といいます。

2 次の各問いに答えましょう。

(1) 室町時代、商人や手工業者らは、同業者ごとに団体をつくり、武士や貴族、寺社に税を納めて保護を受け、商品の製造や販売を独占する権利を確保しました。この同業者ごとの団体を何といいますか。［岩手県］

〔 座 〕

(2) 戦国大名が、領地を治めるために定めた独自のきまりを何といいますか。［栃木県］

〔 分国法 〕

解説 **1** (3) 京都や、明との貿易で栄えた博多や堺では、町衆と呼ばれる有力な商工業者が自治を行った。

31 中世ヨーロッパではどんな動きがあった？ 本文77ページ

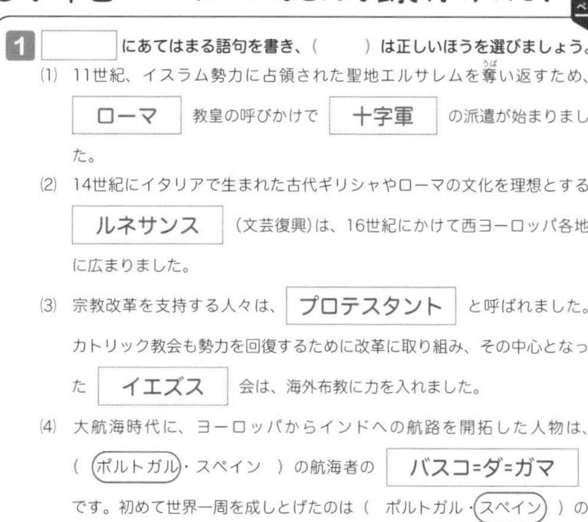

1 [ ] にあてはまる語句を書き、（　）は正しいほうを選びましょう。

(1) 11世紀、イスラム勢力に占領された聖地エルサレムを奪い返すため、[ローマ] 教皇の呼びかけで [十字軍] の派遣が始まりました。

(2) 14世紀にイタリアで生まれた古代ギリシャやローマの文化を理想とする [ルネサンス]（文芸復興）は、16世紀にかけて西ヨーロッパ各地に広まりました。

(3) 宗教改革を支持する人々は、[プロテスタント] と呼ばれました。カトリック教会も勢力を回復するために改革に取り組み、その中心となった [イエズス] 会は、海外布教に力を入れました。

(4) 大航海時代に、ヨーロッパからインドへの航路を開拓した人物は、（(ポルトガル)・スペイン）の航海者の [バスコ=ダ=ガマ] です。初めて世界一周を成しとげたのは（ポルトガル・(スペイン)）の後援を受けた [マゼラン] の船隊です。

2 次のア～エのうち、15世紀の世界の様子について述べた文として正しいものはどれですか。1つ選びましょう。［大阪府］

ア　コロンブスの船隊が、アメリカ大陸付近の西インド諸島に到達した。
イ　チンギス=ハンが遊牧民の諸部族を統一し、モンゴル帝国を築いた。
ウ　李成桂が高麗をたおし、漢城を都に定めた朝鮮（朝鮮国）を建てた。
エ　ルターが免罪符（贖宥状）の販売に対する批判などを発表し、宗教改革が始まった。

〔 ア 〕

解説 **2** カリブ海の島に到達したコロンブスは、そこをインドの一部だと信じていた。

32 ヨーロッパ人と出会って日本はどうなった？ 本文79ページ

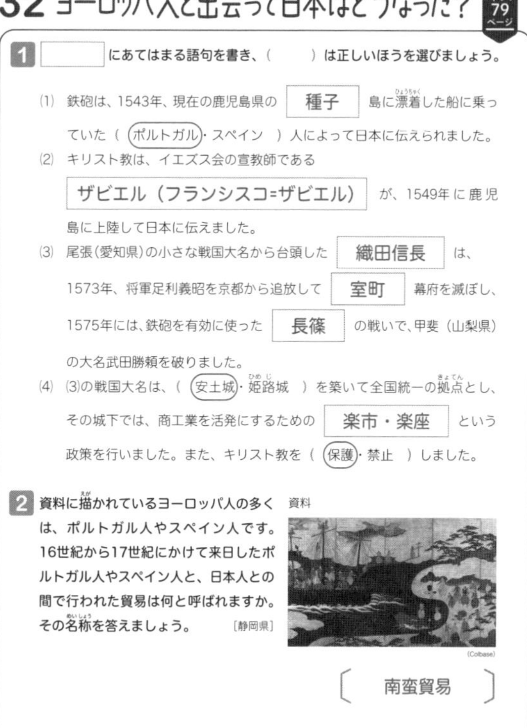

1 [ ] にあてはまる語句を書き、（　）は正しいほうを選びましょう。

(1) 鉄砲は、1543年、現在の鹿児島県の [種子] 島に漂着した船に乗っていた（(ポルトガル)・スペイン）人によって日本に伝えられました。

(2) キリスト教は、イエズス会の宣教師である [ザビエル（フランシスコ=ザビエル）] が、1549年に鹿児島に上陸して日本に伝えました。

(3) 尾張（愛知県）の小さな戦国大名から台頭した [織田信長] は、1573年、将軍足利義昭を京都から追放して [室町] 幕府を滅ぼし、1575年には、鉄砲を有効に使った [長篠] の戦いで、甲斐（山梨県）の大名武田勝頼を破りました。

(4) (3)の戦国大名は、（(安土城)・姫路城）を築いて全国統一の拠点とし、その城下では、商工業を活発にするための [楽市・楽座] という政策を行いました。また、キリスト教を（(保護)・禁止）しました。

2 資料に描かれているヨーロッパ人の多くは、ポルトガル人やスペイン人です。16世紀から17世紀にかけて来日したポルトガル人やスペイン人と、日本人との間で行われた貿易は何と呼ばれますか。その名称を答えましょう。［静岡県］

資料

(Colbase)

〔 南蛮貿易 〕

解説 **1** (3) 織田信長は、全国統一を目前にしながら、家臣の明智光秀に背かれて京都の本能寺で自害した。

33 豊臣秀吉はどのような政策を進めた？ 本文81ページ

1 ［　　］にあてはまる語句を書き、（　　）は正しいものを選びましょう。

(1) 豊臣秀吉は、年貢を確実に集めるために［太閤検地］という政策を行いました。この政策では、田畑の面積や土地のよしあしを調べて予想される収穫量を［石高］で表しました。

(2) 秀吉が行った(1)や刀狩の政策によって、武士と農民の身分の区別が明確になりました。これを［兵農分離］といいます。

(3) 秀吉は、キリスト教を禁止しましたが、キリスト教と強く結びついていた［南蛮］貿易は禁止しなかったため、禁教は不徹底でした。

(4) 安土桃山時代に栄えた豪華で壮大な文化を［桃山］文化といいます。

(5) （ 狩野永徳・**千利休**・出雲の阿国 ）は、質素な風情を工夫して楽しむわび茶を完成させました。（ **狩野永徳**・千利休・出雲の阿国 ）は、「唐獅子図屏風」など、きらびやかな絵（濃絵）を描きました。

2 次の各問いに答えましょう。

(1) 右の資料は、豊臣秀吉が出したある法令の一部です。この法令は何という政策のものですか。ことばで書きましょう。［岩手県］

〔 刀狩 〕

資料
諸国の百姓が刀やわきざし、弓、やり、鉄砲、そのほかの武具などを持つことは、かたく禁止する。

(2) 右のメモは戦国時代のある都市についてまとめたものです。この都市はどこですか、都市名を答えましょう。［滋賀県］

〔 堺 〕

メモ
●自治的な運営が行われた。
●鉄砲がさかんに生産された。
●この都市の商人がわび茶の作法を完成した。

解説 **1** (1)～(3) 豊臣秀吉が明の征服を目指して行った朝鮮侵略は失敗し、豊臣家没落の原因となった。

34 江戸幕府のしくみは？ 対外関係は？ 本文83ページ

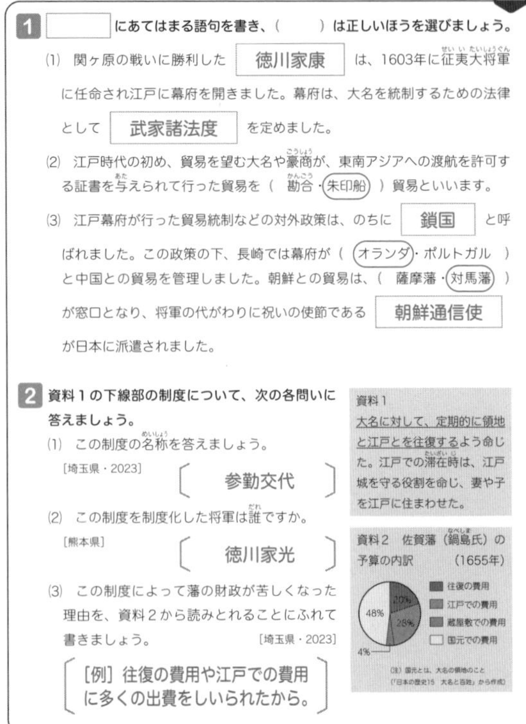

1 ［　　］にあてはまる語句を書き、（　　）は正しいほうを選びましょう。

(1) 関ケ原の戦いに勝利した［徳川家康］は、1603年に征夷大将軍に任命され江戸に幕府を開きました。幕府は、大名を統制するための法律として［武家諸法度］を定めました。

(2) 江戸時代の初め、貿易を望む大名や豪商が、東南アジアへの渡航を許可する証書を与えられて行った貿易を（ 勘合・**朱印船** ）貿易といいます。

(3) 江戸幕府が行った貿易統制などの対外政策は、のちに［鎖国］と呼ばれました。この政策の下、長崎では幕府が（ **オランダ**・ポルトガル ）と中国との貿易を管理しました。朝鮮との貿易は、（ 薩摩藩・**対馬藩** ）が窓口となり、将軍の代がわりに祝いの使節である［朝鮮通信使］が日本に派遣されました。

2 資料１の下線部の制度について、次の各問いに答えましょう。

(1) この制度の名称を答えましょう。［埼玉県・2023］

〔 参勤交代 〕

(2) この制度を制度化した将軍は誰ですか。［熊本県］

〔 徳川家光 〕

(3) この制度によって藩の財政が苦しくなった理由を、資料２から読みとれることにふれて書きましょう。［埼玉県・2023］

〔［例］往復の費用や江戸での費用に多くの出費をしいられたから。〕

資料１
大名に対して、定期的に領地と江戸とを往復するよう命じた。江戸での滞在時は、江戸城を守る役割を命じ、妻や子を江戸に住まわせた。

資料２ 佐賀藩（鍋島氏）の予算の内訳（1655年）

解説 **1** (3) 薩摩藩は、中継貿易で栄えていた琉球王国を、1609年に幕府の許可を得て征服した。

35 江戸時代に登場した新しい農具って？ 本文85ページ

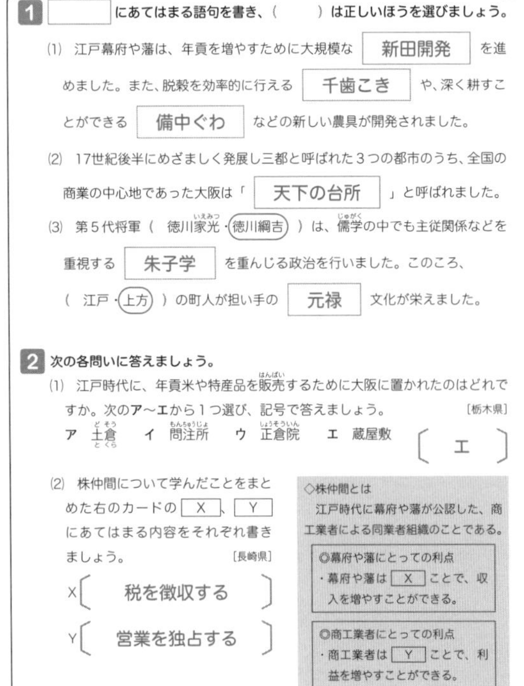

1 ［　　］にあてはまる語句を書き、（　　）は正しいほうを選びましょう。

(1) 江戸幕府や藩は、年貢を増やすために大規模な［新田開発］を進めました。また、脱穀を効率的に行える［千歯こき］や、深く耕すことができる［備中ぐわ］などの新しい農具が開発されました。

(2) 17世紀後半にめざましく発展し三都と呼ばれた３つの都市のうち、全国の商業の中心地であった大阪は「［天下の台所］」と呼ばれました。

(3) 第５代将軍（ 徳川家光・**徳川綱吉** ）は、儒学の中でも主従関係などを重視する［朱子学］を重んじる政治を行いました。このころ、（ 江戸・**上方** ）の町人が担い手の［元禄］文化が栄えました。

2 次の各問いに答えましょう。

(1) 江戸時代に、年貢米や特産品を販売するために大阪に置かれたのはどれですか。次のア～エから１つ選び、記号で答えましょう。［栃木県］

ア 土倉　イ 問注所　ウ 正倉院　エ 蔵屋敷

〔 エ 〕

(2) 株仲間について学んだことをまとめた右のカードの［X］、［Y］にあてはまる内容をそれぞれ書きましょう。［長崎県］

X〔 税を徴収する 〕

Y〔 営業を独占する 〕

◇株仲間とは
江戸時代に幕府や藩が公認した、商工業者による同業者組織のことである。

◎幕府や藩にとっての利点
・幕府や藩は［X］ことで、収入を増やすことができる。

◎商工業者にとっての利点
・商工業者は［Y］ことで、利益を増やすことができる。

解説 **1** (3) 徳川綱吉のあとの第６・７代将軍は、儒学者の新井白石の意見を政治に取り入れた（正徳の治）。

36 財政難になった幕府はどんな改革をした？ 本文87ページ

1 ［　　］にあてはまる語句を書き、（　　）は正しいほうを選びましょう。

(1) 1716年に第８代将軍となった（ 徳川綱吉・**徳川吉宗** ）が行った政治改革を［享保の改革］といいます。この改革で幕府の収入を増やすために一時的に行われた、大名が参勤交代で江戸にいる期間を短縮する代わりに幕府に米を納めさせた政策を、［上げ米］の制といいます。

(2) 財政が苦しくなった幕府や藩が年貢を増やすようになると、農民は（ 土一揆・**百姓一揆** ）で抵抗しました。

(3) 18世紀後半、積極的な商業政策で幕府の財政を立て直そうとした老中の［田沼意次］は、商人に株仲間の（ **結成**・解散 ）をすすめました。

(4) (3)の老中のあとに老中となった［松平定信］は、農村の立て直しと政治の引き締めのため［寛政］の改革を行いました。

2 資料は江戸時代に出された法令の一部です。この法令を定めた人物の政策と、この法令の内容の組み合わせとして適切なものを、下のア～エから１つ選び、記号で答えましょう。［兵庫県］

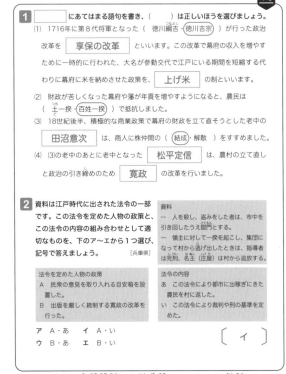

資料
一 人を殺し、盗みをした者は、市中を引き回したうえ獄門とする。
一 領主に対して一揆を起こし、集団になって村から逃げ出したときは、指導者は死刑、名主（庄屋）は村から追放する。

法令を定めた人物の政策
A 民衆の意見を取り入れる目安箱を設置した。
B 出版を厳しく統制する寛政の改革を行った。

法令の内容
あ この法令により都市に出稼ぎにきた農民を村に返した。
い この法令により裁判や刑の基準を定めた。

ア A・あ　イ A・い
ウ B・あ　エ B・い

〔 イ 〕

解説 **1** (3) 田沼意次は、印旛沼（千葉県）の干拓を始めるなど、年貢を増やすための新田開発も奨励した。

37 江戸時代の後半に何が起こった？ 本文89ページ

1 [　　] にあてはまる語句を書き、（　　）は正しいほうを選びましょう。

(1) 1837年に、大阪町奉行所の元役人の [大塩平八郎] が起こした反乱は、幕府に大きな衝撃を与えました。

(2) 19世紀になると、地主や大商人の中に、工場を建設し、人を雇って製品をつくらせる（ 問屋制家内・(工場制手) ）工業を始める者が現れました。

(3) 1841年、天保の改革を始めた老中の [水野忠邦] は、物価上昇の原因と考えた株仲間の（ 結成・(解散) ）を命じました。

(4) 杉田玄白らはヨーロッパの解剖書を翻訳して『解体新書』を出版し、オランダ語でヨーロッパの学問を学ぶ（ 国学・(蘭学) ）の基礎を築きました。

(5) （ 本居宣長・(伊能忠敬) ）は、ヨーロッパの技術で全国を測量して正確な日本地図をつくりました。

2 次の各問いに答えましょう。

(1) アヘン戦争が日本に与えた影響について調べ、右のようにまとめました。（　　）にあてはまる法令の名称を答えましょう。 [山口県]

> まとめ
> アヘン戦争で中国が敗れたことを知った江戸幕府は、日本に接近してくる外国船に対する方針を定めた（　　）を継続すると、外国との紛争をまねくおそれがあると判断し、この方針を転換した。

〔 異国船打払令 〕

(2) 化政文化に最も関わりの深いものを、次のア～エから1つ選び、記号で答えましょう。 [静岡県]

ア 歌川（安藤）広重が、宿場町の風景画を描いた。
イ 井原西鶴が、町人の生活をもとに小説を書いた。
ウ 出雲の阿国が、京都でかぶきおどりを始めた。
エ 兼好法師が、民衆の姿を取り上げた随筆を書いた。

〔 ア 〕

解説 **2** (1) 異国船打払令によって行われた外国船の砲撃を蘭学者が批判し、厳しく処罰された（蛮社の獄）。

38 欧米で起こった革命って？ 本文93ページ

1 [　　] にあてはまる語句を書き、（　　）は正しいほうを選びましょう。

(1) 17～18世紀のイギリス・アメリカ・フランスで、国王などに支配されていた市民が、自由や平等の権利を求めて [市民] 革命を起こしました。

(2) イギリスでは1688年に名誉革命が起こり、翌年に [権利（の）] 章典が制定されて、世界初の立憲君主制と議会政治が始まりました。

(3) 1789年にフランス革命が始まり、国民議会が自由、平等、国民主権などを唱える（ 独立・(人権) ）宣言を発表しました。その後、権力を握った軍人の [ナポレオン] が1804年に皇帝になりました。

(4) 18世紀後半、イギリスで、[蒸気機関] で動く機械によって綿織物が工場で大量生産されるようになり、世界で最初に [産業] 革命が起こりました。その後、イギリスは、1840年に起こった [アヘン] 戦争で中国（清）を破り、1857年には、[インド] 大反乱を鎮圧して、インドを直接支配下に置きました。

2 19世紀半ば、アメリカ合衆国では工業化がすすむ中、南部の州と北部の州が対立するようになりました。資料は、南部と北部の対立について述べたものです。文中の（ A ）にあてはまる人名を答えましょう。また、B（　　）は適切なものを1つ選び、記号で答えましょう。 [大阪府]

> 資料
> アメリカ合衆国では、奴隷制度や貿易に関する政策をめぐって南部と北部で対立が激しくなり、1861年に南北戦争が始まった。南北戦争中にアメリカ合衆国の第16代大統領であった（ A ）は、1863年に奴隷解放を宣言し、（ A ）の指導の下、B（ ア 南部　イ 北部 ）側が勝利した。

A〔 リンカン(リンカーン) 〕

B〔 イ 〕

解説 **1** (3) ナポレオンは、人権宣言をふまえて市民の人権を保障した民法（ナポレオン法典）を定めた。

39 「鎖国」をやめた幕府はどうなった？ 本文95ページ

1 [　　] にあてはまる語句を書き、（　　）は正しいほうを選びましょう。

(1) 1854年、江戸幕府がアメリカと [日米和親] 条約を結んで鎖国体制が崩れ、日本は開国しました。

(2) 1858年、大老の井伊直弼は朝廷の許可を得ずに [日米修好通商] 条約を結びました。この条約はアメリカに [領事裁判] 権を認め、日本に [関税自主] 権がない、不平等なものでした。この条約によって貿易が始まり、日本からは主に（ (生糸)・綿糸 ）が輸出されました。

(3) 井伊直弼は、条約を結んだことや将軍のあとつぎ問題をめぐって幕府を批判する大名や公家、その家臣など多くの人々を厳しく処罰しました。これを（ (安政の大獄)・桜田門外の変 ）といいます。

(4) 1867年、第15代将軍徳川慶喜は（ (大政奉還)・王政復古の大号令 ）を行い、260年余り続いた江戸幕府は滅亡しました。

2 次の各問いに答えましょう。

(1) 資料は、鎖国体制の中で起きたあるできごとについての狂歌です。どのようなできごとを詠んだものですか。人物名を含めて答えましょう。 [大分県]

> 資料
> 泰平の眠気をさます上喜撰　たった四杯で夜も寝られず

〔 ペリーが来航したこと。 〕

(2) 江戸幕府は日米和親条約を結び、2つの港を開きました。函館とともに開かれたもう1つの港を、地図中のア～エから選び、記号で答えましょう。 [長崎県]

〔 イ 〕

解説 **1** (2) このあと幕府は、ほぼ同じ内容の条約を、オランダ・ロシア・イギリス・フランスとも結んだ。

40 明治時代になって何が変わった？ 本文97ページ

1 [　　] にあてはまる語句を書き、（　　）は正しいほうを選びましょう。

(1) 右は、新政府が新しい政治の方針として定めた [五箇条の御誓文] の一部です。

> 一 広ク会議ヲ興シ万機公論ニ決スベシ
> 一 上下心ヲ一ニシテ盛ニ経綸ヲ行ウベシ

(2) 藩を廃止して県を置く（ 版籍奉還・(廃藩置県) ）が行われ、政府が全国を支配する中央集権国家の基礎が築かれました。

(3) 1872年、政府は [学制] を公布して、満6歳以上の子どもに教育を受けさせることを国民の義務とし、全国各地で小学校がつくられました。

(4) 殖産興業政策が進められる中、輸出の中心であった生糸の増産や品質向上のため、群馬県に官営模範工場の [富岡製糸場] がつくられました。

(5) （ (板垣退助)・伊藤博文 ）らが民撰議院設立の建白書を政府に提出して自由民権運動が始まりました。

(6) ヨーロッパに派遣されてドイツやオーストリアなどの憲法を学んだ（ 板垣退助・(伊藤博文) ）は、帰国後、憲法制定の準備を進めました。

2 資料1は、明治政府の役人が作成した資料の一部をわかりやすく改めたもので、資料2は、明治政府が地租改正に伴い発行した地券です。明治政府が地租改正を行った理由を、資料1・2をふまえて簡潔に答えましょう。 [栃木県]

> 資料1
> 【従来の税制度について】
> ◎役人に目分量で豊作・凶作の判断をさせて、年貢の量を決める。
> ◎政府に納められた米を換金して諸費用にあてているが、米の価格変動の影響を受ける。
> （「田租改革建議」により作成）

資料2

（佐賀県立図書館データベース）

〔 [例] 税収が安定しない従来の税制度を改め、地価の一定割合を現金で納めさせて、毎年一定金額の税収を確保するため。 〕

解説 **1** (6) 伊藤博文は、廃藩置県後の1871年、大久保利通らとともに岩倉使節団に参加した。

41 日清・日露戦争の結果は？

本文99ページ

1 ［　　］にあてはまる語句を書き、（　　）は正しいほうを選びましょう。

(1) 日清戦争直前の1894年、外務大臣の（ **陸奥宗光**・小村寿太郎 ）が（ **領事裁判権の撤廃**・関税自主権の完全回復 ）に成功しました。

(2) 朝鮮で起こった［甲午農民］戦争の鎮圧のために、日本と清が朝鮮に出兵したことから［日清］戦争が始まりました。翌年、優勢に戦いを進めた日本が勝利し、［下関］条約が結ばれました。この直後、ロシアなどが、この条約で日本が獲得した（ **遼東半島**・台湾 ）を清に返還するよう勧告してきました。これを［三国干渉］といいます。

(3) 1902年、日本は、清での利権を確保したいイギリスと［日英同盟］を結んでロシアに対抗しました。

(4) 1901年、清との戦争の講和条約で獲得した賠償金をもとに、現在の北九州市に建設された（ 富岡製糸場・**八幡製鉄所** ）が操業を開始しました。

(5) 明治時代には、産業が発展する一方で公害問題も発生しました。栃木県の［足尾］銅山の鉱毒事件では、衆議院議員の［田中正造］が銅山の操業停止を求める運動を進めました。また、世界的な科学者も現れ、（ **北里柴三郎**・野口英世 ）は破傷風の血清療法を発見しました。

2 右は、日露戦争が国内外に与えた影響について調べたものです。（ A ）にあてはまる人物と、（ B ）にあてはまる条約の名前をそれぞれ答えましょう。　［山口県］

> 日露戦争の勝利は、のちに三民主義を発表し、中華民国を建国した（ A ）などに影響を与えた。一方、国内では、（ B ）で賠償金を得られなかったことから国民の不満が爆発し、日比谷焼き打ち事件などの暴動が起こった。

A［ 孫文 ］　B［ ポーツマス条約 ］

解説　**1** (2) 三国干渉後、国民の間でロシアへの対抗心が高まった。

42 第一次世界大戦で世界はどう変わった？

本文101ページ

1 ［　　］にあてはまる語句を書き、（　　）は正しいほうを選びましょう。

(1) 20世紀初めのヨーロッパは、ロシア・イギリス・フランスによる（ **三国協商**・三国同盟 ）と、ドイツ・オーストリア・イタリアによる（ 三国協商・**三国同盟** ）が、軍事力を増強しながら対立していました。

(2) 第一次世界大戦によって、日本は［大戦］景気と呼ばれる好景気となり、鉄鋼や造船などの重化学工業が成長しました。

(3) ロシア革命による社会主義の拡大をおそれたイギリス・アメリカ・日本などは革命への干渉戦争を起こし、［シベリア］出兵を行いました。

(4) 1919年に結ばれた、連合国とドイツの講和条約を［ベルサイユ］条約といいます。

(5) 1919年、中国で（ 三・一独立運動・**五・四運動** ）が起こりました。

(6) 1920年、アメリカの［ウィルソン］大統領の提案で、世界平和と国際協調を目的とする（ **国際連盟**・国際連合 ）が発足しました。

2 右のグラフは、日本の財政支出に占める軍事費の割合の推移を示したものです。Xの時期の日本の財政支出に占める軍事費の割合が、他の時期と比べてどのようになっているかについて、資料からわかることに触れながら、「国際協調」という語句を用いて書きましょう。　［埼玉県・2023］

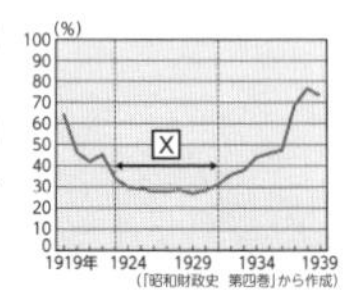

［［例］国際協調の高まりの中、軍備が制限され、日本の財政支出に占める軍事費の割合は低くなっている。］

> 資料　1922年にワシントン会議で結ばれた条約の主な内容
> 基準の重量三万五千トンを超える主力艦は、いずれの締約国も取得したり、建造したりすることはできない。

解説　**1** (6) 提案国のアメリカは、国内の議会の反対で加入できなかった。

43 大正時代ってどんな時代？

本文103ページ

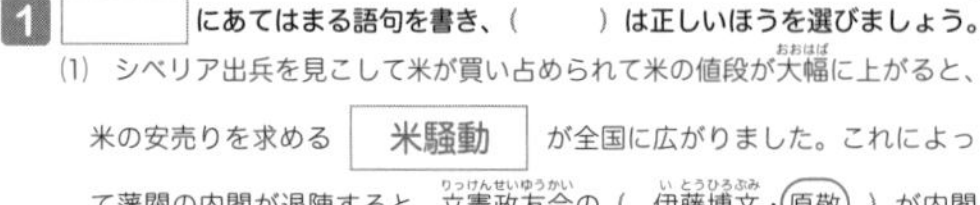

1 ［　　］にあてはまる語句を書き、（　　）は正しいほうを選びましょう。

(1) シベリア出兵を見こして米が買い占められて米の値段が大幅に上がると、米の安売りを求める［米騒動］が全国に広がりました。これによって藩閥の内閣が退陣すると、立憲政友会の（ 伊藤博文・**原敬** ）が内閣を組織しました。

(2) 1925年、加藤高明内閣は、納税額による制限を廃止して満（ 20・**25** ）歳以上の男子に選挙権を与える［普通選挙］法を成立させました。

(3) 青鞜社を組織して女性の解放を唱えてきた［平塚らいてう］は、1920年に新婦人協会を設立し、女性の政治参加を求める運動に取り組みました。

(4) 1925年、日本で（ **ラジオ**・テレビ ）放送が始まりました。

(5) 世界恐慌に対して、アメリカは（ **ニューディール政策**・ブロック経済 ）、イギリスやフランスは（ ニューディール政策・**ブロック経済** ）を行いました。

2 次の各問いに答えましょう。

(1) 次のア～ウを年代の古い順に並べ、記号で答えましょう。　［岐阜県］

ア　普通選挙法が制定された。
イ　第一次護憲運動が起こった。
ウ　原敬が政党内閣を組織した。

［ イ → ウ → ア ］

(2) 次の文中の［　　］にあてはまる国名を答えましょう。　［和歌山県］

> ニューヨークで株価が大暴落したことにより、アメリカで恐慌が起こりました。アメリカは資金を多くの国に貸していたため、その影響は世界中に広まり、世界恐慌となりました。しかし、独自の政策を採っていた［　　］は恐慌の影響を受けませんでした。

［ ソビエト社会主義共和国連邦（ソ連） ］

解説　**1** (3) 青鞜社は1911年に結成され、文芸誌『青鞜』を創刊した。

44 日本が中国やアメリカとした戦争って？

本文105ページ

1 ［　　］にあてはまる語句を書き、（　　）は正しいほうを選びましょう。

(1) 1931年、満州にいた日本軍（関東軍）は南満州鉄道の線路を爆破して軍事行動を始めました。これを［満州事変］といいます。

(2) 1932年の（ **五・一五事件** ・ 二・二六事件 ）によって政党内閣の時代が終わり、1936年の（ 五・一五事件 ・ **二・二六事件** ）以降、軍部は政治的な発言力をさらに強めました。

(3) 日中戦争が開戦した翌年、政府は［国家総動員］法を定めました。

(4) 1940年、ドイツとイタリアは、日本と［日独伊三国］同盟を結び、結束を強化しました。

(5) 1941年12月8日、日本軍によるアメリカの海軍基地のあるハワイの真珠湾への奇襲攻撃と、イギリス領のマレー半島への上陸で、［太平洋］戦争が始まりました。

(6) 1945年8月14日、日本は［ポツダム］宣言を受け入れて降伏することを決め、15日に昭和天皇がラジオ放送（玉音放送）で国民に知らせました。

2 次の各問いに答えましょう。

(1) 国際連盟は、満州事変についての調査を行うため、イギリス人の［　　］を団長とする調査団を派遣しました。この調査団は、一般に［　　］調査団と呼ばれています。［　　］にあてはまる人名を答えましょう。　［愛媛県］

［ リットン ］

(2) 第二次世界大戦は東方への侵略を進めていたドイツが、「ある国」に侵攻したことによって始まりました。ドイツが侵攻した国として正しいものはどれですか。次のア～エから1つ選び、記号で答えましょう。　［長崎県］

ア　スペイン　イ　スイス
ウ　オランダ　エ　ポーランド

［ エ ］

解説　**1** (5) 開戦前の1941年4月、日本は北方の安全を確保するため日ソ中立条約を結んだ。

45 敗戦後、日本はどうなった？ 本文107ページ

1 [　　] にあてはまる語句を書き、（　　）は正しいほうを選びましょう。

(1) 敗戦後、日本政府はGHQの指令に従って非軍事化と [民主] 化を進める戦後改革を行いました。経済の改革として、これまで日本の経済を支配してきた [財閥] が解体されました。また、農村では農地改革が行われ、その結果、多くの（ (自作農)・小作農 ）が生まれました。

(2) 1945年には選挙法が改正され、（ 満18歳以上・(満20歳以上) ）の（ 男子・(男女) ）に選挙権が与えられました。

(3) 1947年、民主主義教育の基本を示す [教育基本] 法が制定されました。

(4) 第二次世界大戦後まもなく、世界は（ (アメリカ)・ソ連 ）を中心とする資本主義の西側陣営と、（ アメリカ・(ソ連) ）が率いる社会（共産）主義の東側陣営に分かれ、厳しく対立するようになりました。この対立は、実際の戦争と対比して「 [冷たい戦争(冷戦)] 」と呼ばれました。

(5) 日本の植民地支配から解放された朝鮮では、南に大韓民国、北に朝鮮民主主義人民共和国が成立し、1950年に [朝鮮] 戦争が始まりました。

2 次のⅠ～Ⅲの文は、東南アジアで起こったできごとについて説明しています。Ⅰ～Ⅲの文を、年代の古いものから順に並べたものを、あとのア～カから１つ選び、記号で答えましょう。 [神奈川県]

Ⅰ 日本の陸軍が、イギリス領のマレー半島に上陸し、シンガポールを占領した。
Ⅱ アジア・アフリカ会議が、インドネシアのバンドンで開かれた。
Ⅲ 沖縄の基地から出撃したアメリカ合衆国の爆撃機が、北ベトナムを爆撃した。

ア Ⅰ→Ⅱ→Ⅲ　イ Ⅰ→Ⅲ→Ⅱ　ウ Ⅱ→Ⅰ→Ⅲ
エ Ⅱ→Ⅲ→Ⅰ　オ Ⅲ→Ⅰ→Ⅱ　カ Ⅲ→Ⅱ→Ⅰ

〔 ア 〕

解説 **1** (1) 戦後改革は、GHQの指令に従って日本政府が政策を実施する間接統治の方法が採られた。

46 日本の独立後、日本や世界の動きは？ 本文109ページ

1 [　　] にあてはまる語句を書き、（　　）は正しいほうを選びましょう。

(1) 1951年、吉田茂内閣はアメリカなど48か国と [サンフランシスコ平和] 条約を結びました。

(2) 1956年、日本とソ連は [日ソ共同宣言] に調印し、国交が回復しました。

(3) 1972年、日本と中国は（ (日中共同声明)・日中平和友好条約 ）によって国交を正常化しました。

(4) 1955年から始まった日本の高度経済成長は、1973年に第四次中東戦争が起こったことで [石油危機（オイル・ショック）] が発生すると終わりました。

(5) 1989年、 [ベルリン] の壁が崩壊すると、同年、アメリカとソ連の首脳が地中海のマルタ島で会談し、 [冷戦] の終結を宣言しました。

2 次の各問いに答えましょう。

(1) 次のア～エは、1951年から1997年の時期に起こったできごとを報じた新聞記事の見出しです。年代の古い順に並べかえましょう。 [埼玉県・2023改]

ア オリンピック東京大会開く　イ 「沖縄県」いま祖国に帰る
ウ 日本正式に国連加盟　エ PKO協力法成立

〔 ウ → ア → イ → エ 〕

(2) 高度経済成長期の日本で起こったできごととして正しいものを、次のア～エから１つ選び、記号で答えましょう。 [山口県]

ア 日本初の女性国会議員の誕生　イ サンフランシスコ平和条約の締結
ウ 環境庁の設置　エ 55年体制の崩壊

〔 ウ 〕

解説 **2** (2) 55年体制とは、与党の自民党と野党の社会党が対立した体制で、1993年に終わった。

47 少子高齢化で何が問題になるの？ 本文115ページ

1 [　　] にあてはまる語句を書き、（　　）は正しいほうを選びましょう。

(1) （ SNS・(ICT) ）と呼ばれる情報通信技術の発達で情報化が進みました。

(2) 物やお金などが国境を越えて移動し、世界の国々や人々が結びつきを強めることを [グローバル] 化といいます。

(3) 情報社会では、たくさんの情報の中から必要な情報を選び、正しく活用する力、（ 情報モラル・(情報リテラシー) ）が求められます。

(4) 一人の女性が一生の間に産む子どもの平均数を [合計特殊出生率] といい、日本ではこれが低下して少子化が進みました。

2 なるみさんは、日本の家族構成に関する資料を集めました。資料１・２は、その一部で、資料３は、資料１・２をもとに、なるみさんが考えたことをまとめたものです。資料３の [　　] にあてはまる理由は何ですか。あとのア～エから最も適当なものを１つ選び、記号で答えましょう。 [三重県]

資料１

年	１世帯あたり人員（人）
1980	3.22
2000	2.67

資料２

年	全世帯に占める核家族世帯の割合（％）
1980	60.3
2000	59.1

（資料１・２は、総務省Webページから作成）

資料３

1980年と2000年を比べて、１世帯あたり人員は減少しているのに、全世帯に占める核家族世帯の割合が増加していないのは [　　] だと考えられる。

ア 日本の総人口が減少したから
イ 単独（一人）世帯の数が増加したから
ウ 夫婦と子どものいる世帯の数が増加したから
エ 祖父母と親と子どもで構成される世帯の数が増加したから

〔 イ 〕

解説 **1** (3) 情報モラルとは、情報を正しく活用する考え方や態度のことである。

48 効率と公正ってどんな考え方なの？ 本文117ページ

1 [　　] にあてはまる語句を書き、（　　）は正しいほうを選びましょう。

(1) 衣食住などの生活様式や、科学や芸術などの人々が形づくってきたものを [文化] といいます。

(2) 毎年５月には（ (端午の節句)・ひな祭り ）が行われます。

(3) 毎年（ 9・(11) ）月には七五三が行われます。

(4) 社会集団では、意見がぶつかって [対立] が起こることがあるため、互いが納得できる解決策を話し合い、合意を目指します。

(5) [効率] とは、時間や資源などの無駄を出さずに、より大きな利益を得ようとする考え方です。

2 次の会話文は、あるクラスの生徒が、文化祭での催しについて、話し合いをしたときのものです。文中の生徒Ａ～Ｃの発言の下線部の内容は、それぞれ効率と公正のどちらの考え方に基づいたものですか。生徒と考え方の組み合わせとして正しいものをあとのア～エから１つ選び、記号で答えましょう。 [愛媛県]

生徒Ａ：劇とモザイクアートのどちらにするか、クラス全員で、一人ひとり意見を述べ、それを反映させて決めていきましょう。
生徒Ｂ：何回も集まらなくても制作できるから、劇よりもモザイクアートがいいと思います。
生徒Ｃ：劇と比べて、体を動かさなくてもよいモザイクアートに賛成です。けがをして運動を控えている友達が、嫌な思いをしないからです。

ア Ａ公正 Ｂ効率 Ｃ効率　イ Ａ公正 Ｂ効率 Ｃ公正
ウ Ａ効率 Ｂ公正 Ｃ効率　エ Ａ効率 Ｂ公正 Ｃ公正

〔 イ 〕

解説 **2** 公正は誰も不当に扱わないという考え方で、手続きの公正さと、機会や結果の公正さの２つがある。

49 人権はどうやって獲得されてきたの？

本文119ページ

1 □にあてはまる語句を書き、（　）は正しいほうを選びましょう。

(1) 1776年にアメリカで［独立］宣言、1789年にフランスで人権宣言が発表され、自由権や［平等］権が確立されました。

(2) 日本国憲法は、1946年11月3日に（ 施行・(公布) ）され、1947年5月3日に（ (施行)・公布 ）されました。

(3) 日本国憲法第1条では、天皇は、日本国や日本国民統合の［象徴］と定められています。

2 次の各問いに答えましょう。

(1) 右の資料は、人類の普遍的な権利を保障するため1948年に国際連合で採択されたものの一部です。これを何といいますか。〔滋賀県〕

第1条　すべての人間は、生れながらにして自由であり、かつ、尊厳と権利とについて平等である。人間は、理性と良心とを授けられており、互いに同胞の精神をもって行動しなくてはならない。

〔 世界人権宣言 〕

(2) 次の図は、憲法改正の手続きを示しています。［A］、［B］にあてはまる語の組み合わせを、あとのア～エから1つ選び、記号で答えましょう。〔栃木県〕

各議院（衆議院と参議院）の総議員の［A］の賛成 → 改正の発議 → ［B］を行い、国民の承認を得たうえで改正案が成立 → 天皇が国民の名において公布

ア　A 3分の2以上　B 国民投票　　イ　A 3分の2以上　B 国民審査
ウ　A 過半数　B 国民投票　　エ　A 過半数　B 国民審査

〔 ア 〕

解説 **2** (2) 憲法改正の国民投票では、有効投票の過半数の賛成で改正案が成立する。

50 平等権、自由権ってどういう権利？

本文121ページ

1 □にあてはまる語句を書き、（　）は正しいほうを選びましょう。

(1) 日本国憲法で保障している基本的人権でも、［公共の福祉］に反する場合は制限されることがあります。

(2) 日本国民の3つの義務として、子どもに普通教育を受けさせる義務、［勤労（納税）］の義務、［納税（勤労）］の義務があります。

(3) 障がいのある人が生活の中で不自由がないように、生活のさまたげとなるものを取り除く［バリアフリー］化が進められています。

(4) 職業選択の自由は、（ 精神・(経済活動) ）の自由の1つです。

(5) 思想・良心の自由は、（ 身体・(精神) ）の自由の1つです。

2 次の文の［A］、［B］にあてはまる語句の組み合わせを、あとのア～エから1つ選び、記号で答えましょう。〔岐阜県・改〕

グラフのⅠ、Ⅱは、1985～1989年、2010～2014年のいずれかである。1991年に育児・介護休業法が、1999年に［A］が制定されたことなどから、2010～2014年には、一人目の子の出産後も仕事を継続した女性の割合は、約［B］%となった。

一人目の子の出産後に、仕事を継続した女性と退職した女性の割合

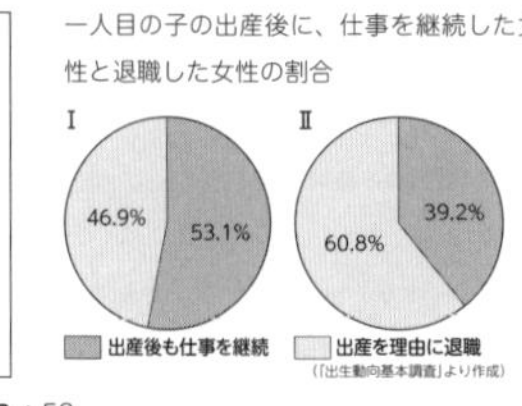

ア　A：男女雇用機会均等法　B：53
イ　A：男女雇用機会均等法　B：39
ウ　A：男女共同参画社会基本法　B：53
エ　A：男女共同参画社会基本法　B：39

〔 ウ 〕

解説 **2** 育児・介護休業法などの制定後、一人目の子の出産後も仕事を継続した女性の割合が高くなった。

51 社会権ってどういう権利？

本文123ページ

1 □にあてはまる語句を書き、（　）は正しいほうを選びましょう。

(1) 人権が侵害された場合に、国に対して要求できる権利を［請求］権といい、裁判を受ける権利などがあります。

(2) 日本国憲法第25条では、「すべて国民は、健康で文化的な［最低限度］の生活を営む権利を有する。」と定めています。

(3) すべての国民は、社会権の1つである（ 納税・(勤労) ）の権利をもち、同時に義務を負っています。

(4) 労働者に認められている団結権、［団体交渉権］、団体行動権（争議権）をまとめて労働基本権（労働三権）といいます。

(5) ［被選挙］権は、国民が国会議員などの選挙に立候補する権利です。

(6) （ (知る権利)・請願権 ）は、新しい人権の1つです。

2 右の図は、新しい人権について説明するために、先生が作成したものであり、次の会話文は、直子さんと先生が、図を見ながら話をしたときのものです。文中の□に適当な言葉を入れて文を完成させましょう。ただし、新しい人権として主張されている具体的な権利を明らかにして書くこと。〔愛媛県〕

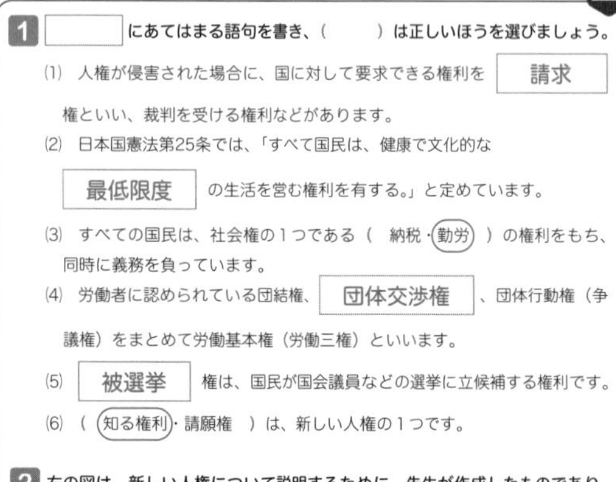

先　生：図のマンションは、屋上が階段状になっています。なぜ、このような形になっているかわかりますか。
直子さん：はい。北側に隣接する住宅の住民の、□からです。

〔 [例] 環境権（日照権）を守ろうとしている 〕

解説 **2** 暮らしやすい環境を求める環境権は、高度経済成長期に公害が深刻化して主張されるようになった。

52 選挙はどんなしくみで行われているの？

本文125ページ

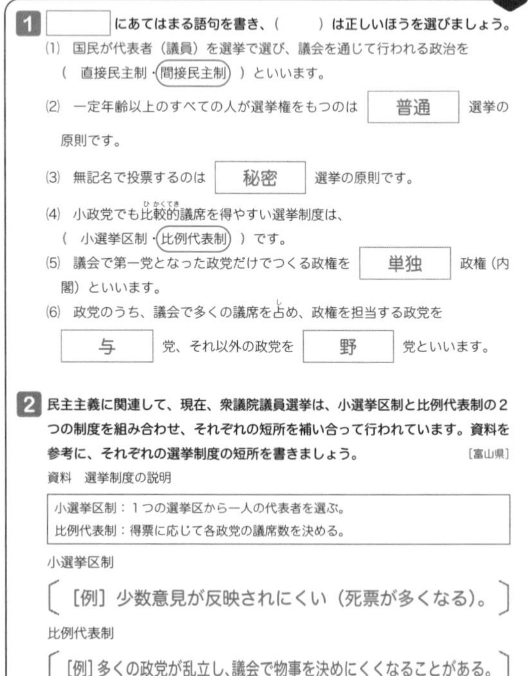

1 □にあてはまる語句を書き、（　）は正しいほうを選びましょう。

(1) 国民が代表者（議員）を選挙で選び、議会を通じて行われる政治を（ 直接民主制・(間接民主制) ）といいます。

(2) 一定年齢以上のすべての人が選挙権をもつのは［普通］選挙の原則です。

(3) 無記名で投票するのは［秘密］選挙の原則です。

(4) 小政党でも比較的議席を得やすい選挙制度は、（ 小選挙区制・(比例代表制) ）です。

(5) 議会で第一党となった政党だけでつくる政権を［単独］政権（内閣）といいます。

(6) 政党のうち、議会で多くの議席を占め、政権を担当する政党を［与］党、それ以外の政党を［野］党といいます。

2 民主主義に関連して、現在、衆議院議員選挙は、小選挙区制と比例代表制の2つの制度を組み合わせ、それぞれの短所を補い合って行われています。資料を参考に、それぞれの選挙制度の短所を書きましょう。〔富山県〕

資料　選挙制度の説明

小選挙区制：1つの選挙区から一人の代表者を選ぶ。
比例代表制：得票に応じて各政党の議席数を決める。

小選挙区制

〔 [例] 少数意見が反映されにくい（死票が多くなる）。 〕

比例代表制

〔 [例] 多くの政党が乱立し、議会で物事を決めにくくなることがある。 〕

解説 **2** 小選挙区制と比例代表制を組み合わせた衆議院議員選挙の制度を、小選挙区比例代表並立制という。

53 国会はどんな仕事をしているの？ 本文127ページ

1 [　　] にあてはまる語句を書き、（　　）は正しいほうを選びましょう。

(1) 国会の地位については、日本国憲法で「国権の最高機関であり、国の唯一の [立法] 機関である」と定められています。

(2) 国会に提出された法律案は、まず（ 本会議・**委員会** ）で審議されたのち、議員全員で構成される（ **本会議**・委員会 ）で審議・議決されます。

(3) 裁判官として不適格な行いをした人を辞めさせるかどうかを判断する [弾劾] 裁判所の設置は、国会の仕事です。

(4) 国会の仕事のひとつに条約の（ 締結・**承認** ）があります。

2 次の各問いに答えましょう。

(1) 次の図は、ある年の国会の動きを模式的に表したものであり、図中の ▒、▒、▒ 印で示した期間は、それぞれ、種類の異なる国会の会期を表しています。▒ 印で示した期間に開かれていた国会の種類の名称を書きましょう。 〔愛媛県〕

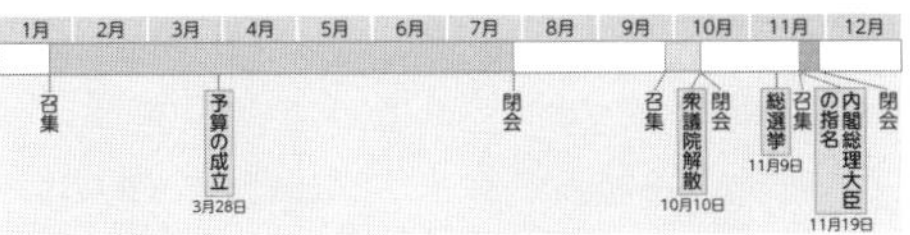

〔 臨時会（臨時国会） 〕

(2) 国会の役割について述べたものとして正しいものを、次のア～エから1つ選び、記号で答えましょう。 〔長崎県〕

ア 国の予算を作成する。
イ 国政調査権を行使して証人喚問を行う。
ウ 法律などが憲法に違反していないかを判断する。
エ 天皇の国事行為に助言と承認を行う。

〔 イ 〕

解説 **2** (1) 図中で1月に召集されているのが常会、11月に召集されているのが特別会である。

54 衆議院と参議院の違いって何？ 本文129ページ

1 [　　] にあてはまる語句や数字を書き、（　　）は正しいほうを選びましょう。

(1) 衆議院の議員定数は（ 248・**465** ）人、参議院の議員定数は（ **248**・465 ）人です。

(2) 衆議院で法律案が可決され、参議院では否決された場合、衆議院で出席議員の [3] 分の [2] 以上の賛成で再び可決すれば法律となります。

(3) 予算案は、必ず（ **衆議院**・参議院 ）から先に審議されます。

(4) [内閣] 不信任の決議は、衆議院だけに認められている権限です。

2 次の文を読んで、あとの各問いに答えましょう。 〔富山県・改〕

国会では、予算や内閣総理大臣の指名などで a 衆議院と参議院が異なる議決をした場合、[あ] が開かれ、意見の調整が行われる。それでも一致しない場合、b 衆議院の優越が認められ、衆議院の議決が国会の議決となる。

表　衆議院と参議院の比較 （2024年6月現在）

	衆議院	参議院
議員定数	465人	248人
任期	4年	6年（3年ごとに半数を改選）
選挙権	18歳以上	
被選挙権	（い）歳以上	（う）歳以上
解散	ある	ない

(1) 下線部 a について、右の表の（い）、（う）に入る適切な数字を答えましょう。

い〔 25 〕　う〔 30 〕

(2) 文中の [あ] にあてはまる語句を次のア～エから1つ選び、記号で答えなさい。また下線部 b が認められている理由を、表の語句を使って書きましょう。

ア 臨時国会　イ 両院議員総会
ウ 公聴会　エ 両院協議会

記号  〔 エ 〕

理由〔 [例] 衆議院は参議院より任期が短く、解散があるため、国民の新しい意思をより的確に反映すると考えられているから。 〕

解説 **2** (2) ウの公聴会は、委員会に専門家や関係者をまねいて、議案について意見を聞くための会である。

55 内閣と国会はどういう関係なの？ 本文131ページ

1 [　　] にあてはまる語句や数字を書き、（　　）は正しいほうを選びましょう。

(1) 国会の決めた法律や予算に基づいて政治を行うことを（ **行政**・立法 ）といい、これを担う最高機関が（ 国会・**内閣** ）です。

(2) 内閣は、内閣の会議である [閣議] を開いて仕事の方針を決めます。

(3) 内閣総理大臣は、国会で [国会議員] の中から指名されます。

(4) [衆議] 院は、内閣不信任の決議を行うことができます。

(5) 内閣不信任の決議が可決された場合は、[内閣] は総辞職をするか、[10] 日以内に衆議院を解散しなければなりません。

2 国会、内閣、裁判所の関係を表した右の図を見て、次の各問いに答えましょう。 〔和歌山県〕

(1) 図のように、権力を立法権、行政権、司法権の3つに分け、それぞれを独立した機関が担当することで、権力の行きすぎを抑制し合う考え方を何といいますか。

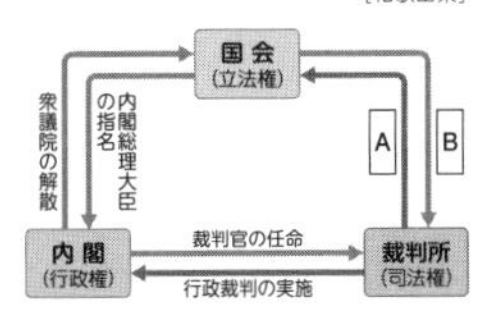

〔 三権分立（権力分立） 〕

(2) 図中の [A]、[B] にあてはまる語句の組み合わせを、次のア～エから1つ選び、記号で答えましょう。

ア A違憲審査の実施　B最高裁判所長官の指名
イ A国民審査の実施　B最高裁判所長官の指名
ウ A違憲審査の実施　B弾劾裁判所の設置
エ A国民審査の実施　B弾劾裁判所の設置

〔 ウ 〕

解説 **2** (2) 国民審査とは、最高裁判所の裁判官が適格かどうかを、国民の投票によって審査することである。

56 裁判はどんなしくみになっているの？ 本文133ページ

1 [　　] にあてはまる語句を書き、（　　）は正しいほうを選びましょう。

(1) 司法権をもつ裁判所は、最終的な判断を下す [最高] 裁判所と下級裁判所に分かれます。

(2) 最上位の下級裁判所で、主に第二審を扱うのが（ 地方・**高等** ）裁判所で、軽い事件をすみやかに処理するのが（ 家庭・**簡易** ）裁判所です。

(3) 第一審の裁判所の判決に不服がある場合に、次の上位の裁判所に訴えることを [控訴] といい、第二審の裁判所の判決に不服がある場合に、さらに上位の裁判所に訴えることを [上告] といいます。

(4) 国民が裁判員として裁判官とともに審理に参加する裁判員制度は、（ **刑事**・民事 ）裁判の第一審で導入されています。

2 次の文は、裁判の事例について述べたものであり、この裁判は、民事裁判、刑事裁判のいずれかにあたります。また、図1、図2は、わが国で裁判が行われるときの、法廷における座席などの配置を模式的に表したものであり、図1、図2は、それぞれ民事裁判、刑事裁判のいずれかのものにあたります。事例の裁判の種類と、この裁判が法廷で行われる場合の、法廷における座席などの配置を表した図の組み合わせとして正しいものをあとのア～エから1つ選び、記号で答えましょう。 〔愛媛県〕

Oさんは、貸したお金を返してくれないPさんを訴えた。裁判所は、Oさんの訴えを認め、Pさんに返済と賠償金の支払いを命じた。

図1
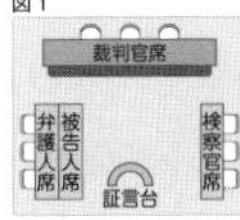

図2
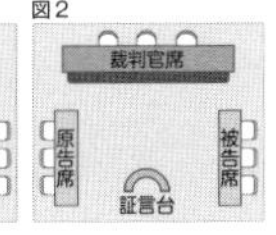

ア 民事裁判と図1　イ 民事裁判と図2
ウ 刑事裁判と図1　エ 刑事裁判と図2

〔 イ 〕

解説 **2** 民事裁判は個人や企業間の争いに関する裁判で、訴えた人を原告、訴えられた人を被告という。

57 地方自治はどんなしくみなの？

本文135ページ

1 ［　　］にあてはまる語句を書き、（　　）は正しいほうを選びましょう。

(1) 地方自治では、住民が首長と地方議員の２種類の代表を直接選ぶ ［二元代表］ 制がとられています。

(2) ［直接請求］ 権は、住民が署名を集めて行う請求のことです。

(3) 首長の解職請求の請求先は、（ (選挙管理委員会)・地方議会 ）です。

(4) 地方財政の収入のうち、自主財源にあたるのは（ (地方税)・地方債 ）で、依存財源にあたるのは（ 地方税・(地方交付税交付金) ）などです。

2 次の各問いに答えましょう。

(1) 次の表１は、2021年度における東京都と栃木県の歳入の内訳（%）を示しています。表１のXとYは東京都と栃木県のいずれかであり、表１のア、イ、ウは国庫支出金、地方交付税交付金、地方税のいずれかです。栃木県と国庫支出金はそれぞれどれですか。 ［栃木県］

表１

	ア	イ	ウ	地方債	その他
X	29.2	14.7	19.1	11.3	25.7
Y	57.9	−	24.8	2.5	14.8

（2024年版「県勢」）

栃木県〔 X 〕

国庫支出金〔 ウ 〕

(2) 次の表２は、有権者が240000人のM市についてのものです。表２の（a）、（b）にあてはまる数字と語句の組み合わせを右のア～エから１つ選び、記号で答えましょう。 ［岐阜県］

表２ M市における条例の制定・改廃の請求に必要な有権者の署名数

必要な有権者の署名数	請求先
（a）以上	M市の（b）

ア a＝4800 b＝首長

イ a＝4800 b＝議会

ウ a＝80000 b＝首長

エ a＝80000 b＝議会

〔 ア 〕

解説 **2** (1) アは地方税。イは地方交付税交付金で、地方公共団体間の財政の格差を抑えるために国が支出するお金である。

58 株式会社はどんなしくみなの？

本文137ページ

1 ［　　］にあてはまる語句を書き、（　　）は正しいほうを選びましょう。

(1) 家計の収入のうち、農業や商店を営んで得られる収入を ［事業］ 収入（所得）といいます。

(2) 食料費や交通・通信費などを（ (消費)・非消費 ）支出、税金や社会保険料などを（ 消費・(非消費) ）支出といいます。

(3) ［製造物責任（PL）］ 法は、消費者が欠陥商品で被害を受けたときに、企業の過失を証明できなくても、製造者の企業に被害の救済を義務づけている法律です。

(4) 企業は公共の目的のために活動する（ 私・(公) ）企業と、利潤を目的とする（ (私)・公 ）企業に分けられます。

(5) ［労働基準］ 法は、賃金や労働時間など労働条件の最低基準を定めている法律です。

2 次の各問いに答えましょう。

(1) 資金調達の観点から、株式会社を設立する利点について、「株式」という語を用いて簡潔に説明しましょう。 ［富山県・改］

〔［例］多額の資金を少額の株式に分け、広く出資者を募って購入してもらうことにより、会社の経営に必要な資金を集めやすくなること。〕

(2) 政府が消費者を保護するために整備した、クーリング・オフとはどのような制度ですか。「契約」という語を用いて簡潔に説明しましょう。 ［和歌山県］

〔［例］訪問販売などで商品を購入したあと、一定期間内であれば無条件で契約を解除できる制度。〕

解説 **1** (4) 公企業は国や地方公共団体の資金で運営され、水道局や公営バス、公立病院などがある。

59 商品の価格はどのように変化するの？

本文139ページ

1 ［　　］にあてはまる語句を書き、（　　）は正しいほうを選びましょう。

(1) 需要量が変わらずに供給量が増えると価格は（ 上がり・(下がり) ）ます。

(2) 国は ［独占禁止］ 法を制定して企業間の自由な競争をうながし、公正取引委員会がその運用にあたっています。

(3) 日本の中央銀行は、［日本銀行（日銀）］ です。

(4) 銀行などの金融機関を通して、借り手と貸し手が資金のやり取りをするしくみを（ 直接金融・(間接金融) ）といいます。

2 右の資料は、ある班が、市場経済において、ある商品の価格と需要量および価格と供給量の関係が、状況により変化することを説明するために作成したものです。資料の曲線X、曲線Yは、需要曲線、供給曲線のいずれかであり、２つの曲線が交わる点の価格は、この商品の均衡価格を示しています。資料の曲線Xについて、曲線Xが、aの位置からbの位置に移動したときの状況について正しく述べたものを次のア～エから１つ選び、記号で答えましょう。 ［三重県］

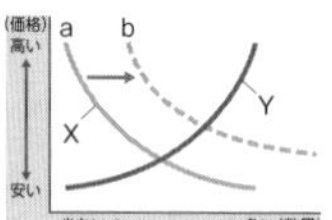

ア この商品より品質のよい別の商品が販売されたため、需要量が減り、価格が下がった。

イ この商品がテレビで紹介されて人気が出たため、需要量が増え、価格が上がった。

ウ この商品の原材料の調達が難しくなったため、供給量が減り、価格が上がった。

エ この商品の製造工場を拡張したため、供給量が増え、価格が下がった。

〔 イ 〕

解説 **2** Xは需要曲線、Yは供給曲線。曲線Xがaからbに移動したときは、需要量が増えたということ。

60 税金にはどんな種類があるの？

本文141ページ

1 ［　　］にあてはまる語句を書き、（　　）は正しいほうを選びましょう。

(1) 消費税は、（ 直接税・(間接税) ）の１つです。

(2) 納める人と負担する人が同じ税金を ［直接］ 税といいます。

(3) 熊本県や鹿児島県の八代海沿岸で、水質汚濁により発生した四大公害病の１つが ［水俣］ 病です。

(4) ごみを減らすことを（ リユース・(リデュース) ）といい、ごみを資源として再生利用することを（ リデュース・(リサイクル) ）といいます。

2 次のグラフは、1990年度と2019年度における、わが国の歳入と歳出の項目別の割合を表したものであり、あとの会話文は、直子さんと先生が、グラフを見ながら話をしたときのものです。文中の［　　］に適当な言葉を書き入れて文を完成させましょう。ただし、［　　］には、歳出のグラフ中から適当な項目を１つ選び、その言葉と、「少子高齢化」の言葉の、合わせて２つの言葉を含めること。 ［愛媛県］

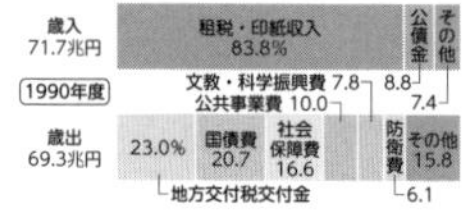

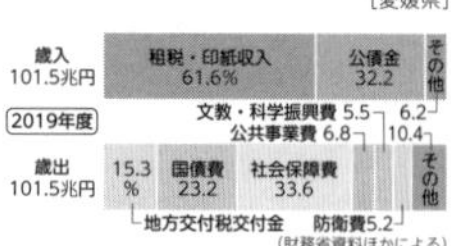

（財務省資料ほかによる）

先　生：1990年度と2019年度の歳入を比べると、公債金の金額が増えていますが、その原因として、どのようなことが挙げられますか。

直子さん：はい。原因の１つとして、年金や医療保険などの［　　］ことが挙げられます。

先　生：そのとおりです。

〔［例］社会保障費の支出が、少子高齢化の進行で増えた〕

解説 **1** (1) 間接税は、税金を納める人と負担する人が異なる税。消費税のほか、たばこ税や酒税などがある。

61 円高や円安でどんな影響があるの？ 本文143ページ

1 ［　］にあてはまる語句を書き、（　）は正しいほうを選びましょう。

(1) ［景気変動（景気循環）］とは、経済活動が活発になる好景気（好況）と、経済活動が停滞する不景気（不況）を交互に繰り返すことです。

(2) 日本の円とアメリカのドルなど通貨と通貨を交換するときの比率を［為替相場（為替レート）］といいます。

(3) 1ドル=120円が1ドル=150円になると（ 円高・**円安** ）です。

(4) 輸出に有利なのは（ 円高・**円安** ）のときで、輸入に有利なのは（ **円高**・円安 ）のときです。

2 次の文を読んで、あとの各問いに答えましょう。［長崎県］

政府や日本銀行は、景気の安定化という重要な役割を担っている。好況で景気が行きすぎるのを防ぐためには、企業や家計に出回ったお金を減らそうとする。不況から景気を回復させるためには、企業や家計に出回るお金の量を増やそうとする。この場合、日本銀行は国債を［X］ことで、一般の銀行は資金量を増やすことができる。このように日本銀行が行う政策を［Y］という。

(1) 下線部を目的に、政府が行うことについて、税と公共事業にふれながら簡潔に書きましょう。

［［例］増税をしたり、公共事業への支出（公共投資）を減らしたりする。］

(2) ［X］、［Y］にあてはまる語句の組み合わせを次のア～エから1つ選び、記号で答えましょう。

ア　X＝一般の銀行から買う　Y＝金融政策
イ　X＝一般の銀行から買う　Y＝財政政策
ウ　X＝一般の銀行へ売る　Y＝金融政策
エ　X＝一般の銀行へ売る　Y＝財政政策

［ ア ］

解説 **2** (1) 不景気（不況）のときは、政府は減税をしたり、公共事業への支出（公共投資）を増やしたりする。

62 国際連合にはどんな機関があるの？ 本文145ページ

1 ［　］にあてはまる語句を書き、（　）は正しいほうを選びましょう。

(1) 国家は［主権］、領域、国民の3つの要素で構成されます。

(2) 国の主権がおよぶ範囲を［領域］といいます。

(3) 病気の対策、衛生の向上を目指す世界保健機関の略称は（ WTO・**WHO** ）です。

(4) 世界遺産の保護活動などを行う国連教育科学文化機関の略称は（ **UNESCO**・UNICEF ）です。

2 国際連合について、次の各問いに答えましょう。［長崎県］

(1) 紛争や迫害により故郷を追われた難民を国際的に保護し、難民問題の解決に向けた活動を行っている、1950年に設立された国際連合の機関を次のア～エから1つ選び、記号で答えましょう。

ア　NGO　　イ　PKO
ウ　UNHCR　　エ　WHO

［ ウ ］

(2) 次の表は、国際連合の安全保障理事会における、1997年のある重要な議題に関する決議案の投票結果です。この決議案は可決されましたか、否決されましたか。またそのように判断した理由について書きましょう。

	国名
賛成した国（14か国）	イギリス、エジプト、韓国、ギニアビサウ、ケニア、コスタリカ、スウェーデン、中国、チリ、日本、フランス、ポルトガル、ポーランド、ロシア
反対した国（1か国）	アメリカ

（国際連合資料などから作成）

決議案［ 否決 ］

理由［［例］拒否権をもつ常任理事国のアメリカが反対したから。］

解説 **2** (2) 重要な議題では、拒否権をもつ5か国の常任理事国のうち1か国でも反対すると決定できない。

63 地球温暖化でどんな影響が出るの？ 本文147ページ

1 ［　］にあてはまる語句を書き、（　）は正しいほうを選びましょう。

(1) 2015年に採択された［パリ］協定では、途上国を含む全参加国が温室効果ガスの削減目標を立てて取り組むことになりました。

(2) 先進国と途上国との経済格差から生まれる問題を（ **南北**・南南 ）問題といいます。

(3) 世界が抱えるさまざまな課題を解決しようと、国際連合は2015年に持続可能な開発目標（［SDGs］）を採択しました。

(4) 非政府組織の略称は（ ODA・**NGO** ）です。

2 健太さんは、「環境」の視点から、主要国の二酸化炭素排出量を調べ、資料1、資料2を作成しました。あとの各問いに答えましょう。［滋賀県］

資料1　二酸化炭素排出量上位6か国

国名		中国	アメリカ	インド	ロシア	日本	ドイツ
世界の二酸化炭素総排出量に占める各国の排出量の割合(%)(2018年)		28.4	14.7	6.9	4.7	3.2	2.1
二酸化炭素排出量(百万t)	2008年	6551	5596	1428	1594	1151	804
	2018年	9528	4921	2308	1587	1081	696
2008年から2018年までの二酸化炭素排出量の増減率(%)		45	-12	62	0	-6	-13

（「世界国勢図会2011/12」「世界国勢図会2021/22」より作成）

資料2　国内総生産（GDP）の推移

国名		中国	アメリカ	インド	ロシア	日本	ドイツ
国内総生産(GDP)(億ドル)	2008年	44161	143694	12813	16676	48870	36345
	2018年	138949	206119	27737	16685	49548	39638
2008年から2018年までの国内総生産の増減率(%)		215	43	116	0	1	9

（「世界国勢図会2011/12」「世界国勢図会2021/22」より作成）

(1) 資料1に関連して、二酸化炭素やメタンなど、地球温暖化の原因とされる気体を何といいますか。

［ 温室効果ガス ］

(2) 健太さんは、石油や石炭の消費量を減らすなど環境保全に熱心に取り組んでいるドイツに注目しました。資料1、資料2からわかるドイツの特徴について、書きましょう。

［［例］ドイツは、2008年から2018年までにかけて二酸化炭素排出量を減らしつつ、国内総生産を増やしている。］

解説 **1** (2) 南南問題は途上国の間の経済格差の問題。
(4) ODAは政府開発援助の略称である。

実戦テスト 1 (本文32～33ページ)

1 (1) エ　(2) ウ
(3) ① ウ　② ウ

解説

(2) Bの日本は、周りを海に囲まれた島国（海洋国）で、沖ノ鳥島や南鳥島などの離島もあり、排他的経済水域の面積が国土面積（約38万km^2）の10倍以上もある。残りのAとCのうち、国土の西・東・南側が海に面するアメリカのほうが、東側だけ海に面するブラジルよりも排他的経済水域の面積が広い。よってAがアメリカ、Cがブラジルとなる。

(3)①Dはサウジアラビアでイスラム教徒が多く、Eはインドで、ヒンドゥー教徒が約8割を占める。Fはタイで、仏教徒が8割以上を占めている。
②サウジアラビアは、雨がほとんど降らない乾燥帯の砂漠気候が広がり、土をこねてつくった日干しれんがの家屋がみられる。

2 (1) 季節風（モンスーン）
(2) ASEAN
(3) 例広大な農地を大型機械で耕作する
(4) Ⅱ　(5) インド

解説

(1) 冬は乾燥した季節風が大陸から海洋に向かって吹き、降水量が少なく乾季となる。東アジア沿海部や東南アジア、南アジアがこれにあたる。

(2) 東南アジアの国々は工業団地をつくって、日本をはじめとする外国企業をまねき、機械類や自動車などの製品を生産して輸出している。

(3) 表からアメリカの1人あたりの農地の面積は日本に比べてとても広いことがわかり、資料からアメリカの農業では大型機械を利用し広大な農地を耕していることがわかる。

(4) Ⅰが1960年、Ⅱが2022年。オーストラリアの貿易相手国は、かつてオーストラリアを植民地支配していたイギリスや、アメリカが中心だった。近年はヨーロッパよりも距離的に近い中国や日本、韓国などのアジアの国々が中心となっている。

実戦テスト 2 (本文56～57ページ)

1 記号 ア　正しい語句 北東
記号 エ　正しい語句 博物館（美術館）

解説

アについて、地形図では上が北となっているため、X地点から見たY地点の方角は北東である。エについて、図書館の地図記号は🕮である。イについて、縮尺が2万5千分の1の地形図上で、8cmの長さの実際の距離は、
8(cm)×25000＝200000(cm)＝2000(m)＝2(km) となり正しい。

2 (1) 大陸棚
(2) 例大量の水蒸気（水分）を含んで湿った風となり　(3) ウ

解説

(2) ユーラシア大陸のシベリアから吹く冷たく乾いた季節風は、暖流の対馬海流が流れる日本海の上で水蒸気を含んで湿った風となる。

(3) バイオマスとは、木材や牛のふんなど動植物を由来とした資源である。繰り返し利用することができる再生可能エネルギーには、ほかに風力や太陽光、地熱などがある。

3 (1) エ　(2) 政令指定都市
(3) オ　(4) ア　(5) ウ

解説

(1) 白神山地は世界遺産（自然遺産）に登録されている。アは紀伊山地、イは屋久島（鹿児島県）について述べている。

(3) Aは耕地面積に占める水田の割合がほかと比べて低く、畜産の産出額が多いことから宮崎県と判断する。Cは北九州工業地帯（地域）が形成され、工業出荷額が多い福岡県。

(4) 静岡県では、富士市などで製紙・パルプ工業がさかんである。

(5) 北海道は第一次産業の農業や水産業がさかんで、雄大な自然をいかして観光業などの第三次産業もさかんなことからウと判断する。

実戦テスト 3 (本文90～91ページ)

1 (1) ア　(2) イ

解説

(1) 古代文明は、人類が農耕や牧畜を発達させた大河の流域で発展した。

(2) ギリシャでは紀元前８世紀ごろから都市国家（ポリス）がつくられ、中でもアテネでは、紀元前５世紀に市民全員による民主政が行われた。

2 (1) 鉄　(2) イ　(3) 渡来人

解説

(1) 鉄器は、青銅器よりかたいことから、農具や武器、工具に用いられた。

(2) 「倭の奴国の王が、後漢に使者を送った」のは、１世紀半ばで、弥生時代のこと。アは旧石器時代、ウは奈良時代、エは古墳時代のこと。

(3) 渡来人は、大和政権において外交や書類の作成、財政の管理などで活躍した。

3 (1) ウ→イ→エ→ア　(2) イ→ア→ウ

(3) エ　(4) ウ

(5) 例物価の上昇を抑えるため、営業を独占していた株仲間を解散させた。

解説

(1) アは足利義満（室町時代）、イは聖武天皇（奈良時代）、ウは聖徳太子（飛鳥時代）、エは奥州藤原氏（平安時代）のこと。

(2) イの影響でカトリック教会による海外布教が始まり、アのザビエルが来日。ウはその後の日本で、キリスト教信者への弾圧が強まる中で起こった。

(3) エが出されたのは奈良時代の743年。この法令によって、貴族や大寺院などが広げた私有地は、やがて荘園と呼ばれるようになった。

(4) ウは参勤交代を定めた武家諸法度。アは江戸時代後半に出された異国船打払令。イは墾田永年私財法。エは織田信長が出した楽市令。

実戦テスト 4 (本文110～111ページ)

1 (1) ア　(2) ウ

(3) ①名称―廃藩置県

②行われたこと―例中央から各県に県令が派遣された。

(4) ア→エ→イ→ウ

解説

(1) イはフランス革命が起こった1789年、ウはアメリカで独立戦争が起こった翌年の1776年に出された。エは1215年にイギリスで、国王の専制を防ぐために出された。

(2) 貿易が始まってからの最大の貿易港は横浜、最大の貿易相手国はイギリスだった。

(3) 資料中の「以前に版と籍を返させる～藩の政治を行う知藩事に元の藩主を任命」した改革は、1869年の版籍奉還。

(4) アの岩倉使節団は1871年に横浜港を出発した。イの大日本帝国憲法の制定は1889年のこと。ウは1905年、エは1885年。

2 (1) ア　(2) ベルサイユ条約

(3) イ→ウ→ア

解説

(1) Ｘは、日清戦争の講和条約（下関条約）が結ばれた直後の三国干渉、Ｙは、日露戦争の講和条約（ポーツマス条約）の内容。

(2) ベルサイユ条約は、第一次世界大戦の戦勝国であるイギリス・フランスなど連合国と、敗戦国であるドイツとの間で結ばれた。

(3) アは1939年、イは1929年、ウは1933年。

3 (1) 例政府が地主から土地を買い上げ、小作人に安く売り渡した。

(2) 日中共同声明　(3) ウ

解説

(1) 農地改革によって、みずからの土地を耕作する自作農が大幅に増えた。

(2) 日中平和友好条約の締結は、この６年後。

(3) 日中国交正常化と同じ1972年のこと。

実戦テスト 5 (本文148〜149ページ)

1

(1) **公共の福祉**　(2) **イ**

(3) **エ**

(4) **例 権力が１つの機関に集中してしまうこと**

解説

(1) 公共の福祉とは、「社会全体の利益」という意味である。

(2) Ｂの憲法改正の発議をすることができるのは国会である。

(3) アの個人どうしの争いごとに関する裁判は行政裁判ではなく、民事裁判である。イの原告と被告が話し合いによって和解することがあるのは、刑事裁判ではなく民事裁判である。ウの司法権の独立とは、裁判を公正に行うために、裁判所や裁判官が他の権力から圧力や干渉を受けないことである。

(4) 国の権力が１つの機関に集中してしまうと、国民の自由と権利がおびやかされるおそれがある。

2

(1) **Ｐ利潤　Ｑ配当**

(2) **例 消費を活発にするなどして景気を回復させる。**

(3) **エ**　(4) **ウ**

解説

(2) 公共事業を増やすことで、企業の仕事が増えて生産も拡大する。

(3) １ドルと両替するのに100円必要だったのが、80円ですむようになった場合は、円の価値が高くなるので円高。一方、120円必要になった場合は、円の価値が低くなるので円安。アメリカ合衆国からの旅行者が日本で１泊12000円の宿に宿泊する場合、１ドル＝80円のときと、１ドル＝120円のときに必要となるドルの金額はそれぞれ12000÷80＝150（ドル）、12000÷120＝100（ドル）となる。

(4) ア、イ、エはいずれも「公正」の考え方である。

模擬試験① 本文 152 ～ 155 ページ

1 (1) 地図Ⅰ　イ　地図Ⅱ　カ

(2) ①　X　サハラ(砂漠)　Y　ナイル(川)

②　例　民族のまとまりを無視して引いた境界線が国境となっているところが多いこと。

③　ウ

(3) ①　7(月)

②　油やし（アブラヤシ）

(4) ①　ケ

②　12月26日午前2時

③　例　夏の強い日ざしを防ぐため。

④　ワイン

解説 (1)　赤道はアフリカ大陸の中央部やマレー半島のすぐ南、南アメリカ大陸の北部などを通る。

(2) ②　アフリカ州を植民地支配していたヨーロッパ諸国は、民族のまとまりを無視して、緯線や経線に沿って境界線を引いた。現在もそのなごりがみられ、直線的な国境線が多い。1つの国に複数の民族が暮らすため、紛争や内戦の原因になっている。

③　Aはギニア湾に面するコートジボワール。ギニア湾に面する国々では、チョコレートの原料となるカカオ豆の栽培がさかんである。Bはナイジェリアで原油の産出が多く、資料Ⅰの**エ**があてはまる。Cはエチオピア。コーヒー豆の栽培がさかんで、**ア**があてはまる。Dはボツワナでダイヤモンドの産出が多く、**イ**があてはまる。資料Ⅰからもわかるように、アフリカ州には、特定の鉱産資源や農作物の輸出に頼るモノカルチャー経済の国が多い。

(3) ①　夏は海洋から大陸に向かって、冬は大陸から海洋に向かって季節風が吹く。

②　パーム油は、マーガリンや石けんなどの原料に利用されている。

(4) ①　ヨーロッパやアフリカの地中海沿岸の国々が日本と同じくらいの緯度にあたる。地図Ⅲ中の**ケ**はポルトガル。

②　G国はドイツ。日本は東経135度の経線を標準時子午線としているので、日本とドイツの経度差は、135－15＝120（度）。よって、時差は120÷15＝8（時間）。日本のほうがドイツより時刻が進んでいるので、ドイツが12月25日午後6時のとき、日本の時刻はそこから8時間進めた12月26日午前2時となる。

③　資料Ⅲのような住居は、地中海沿岸のイタリアやスペインでみられる。

④　ワインは、地中海沿岸で栽培がさかんなぶどうを原料につくられる。Jはイタリア、Hはフランス、Iはスペインである。

2 (1) イ、ウ（順不同）

(2) ①　大王　②　渡来人

(3) 大化の改新

(4) 例　キリスト教の布教を行わなかったから。

(5) イ→オ→ア→ウ

解説 (1)　**ア**の始皇帝は秦の王で、紀元前3世紀に中国を統一し、初めて「皇帝」と名乗った。**エ**の武は、大和政権の大王で、倭の五王の一人。

(3)　大化の改新は、645年に中大兄皇子と中臣鎌足らが、蘇我蝦夷・入鹿親子を滅ぼして始めた政治改革。

(4)　オランダは、宗教改革によって生まれたキリスト教の新しい宗派であるプロテスタントの国。そのため、貿易を通じてキリスト教を広めようとしなかった。

(5)　**エ**は、明治時代の1894年に起こった日清戦争について述べている。「朝鮮で農民が起こした戦争」は甲午農民戦争のこと。**ア**は、1404年に室町幕府第3代将軍足利義満が始めた日明貿易（勘合貿易）。**イ**は12世紀の終わりに平清盛が進めた日宋貿易。**ウ**は江戸時代の初めに徳川家康が積極的に進めた朱印船貿易。**オ**は、鎌倉時代に起こった元寇（蒙古襲来）。

3 (1) A　人物　織田信長、史料　F

B　人物　豊臣秀吉、史料　H

C　人物　伊藤博文、史料　G

D　人物　徳川家光、史料　E

(2)　参勤

(3)　イ

(4)　①　キリスト教

②　例　キリスト教の布教と強く結びついていた南蛮貿易を禁止しなかったから。

解説 (1)　史料Eは、江戸時代に大名を統制するために定められた武家諸法度のうち、1635年、江戸幕府第３代将軍徳川家光のときに出されたもの。Fは、織田信長が行った楽市・楽座に関する法令（楽市令）。史料中の「安土」は、信長が拠点とした安土城を建てた地。Gは明治時代の1889年に発布された大日本帝国憲法。伊藤博文が中心になって草案が作成された。Hは豊臣秀吉が出したバテレン（宣教師）追放令。

(3)　1789年に起こった市民革命はフランス革命。アの権利章典はイギリスで起こった名誉革命の翌年1689年に出された。ウの独立宣言は、アメリカで独立戦争が起こった翌年の1776年に発表された。エのナポレオン法典は、フランス革命のあとフランスの皇帝となったナポレオンが定めた。

(4)　南蛮貿易の貿易相手国であるスペインとポルトガルはカトリックの国で、貿易船に乗って多くの宣教師が来日していた。

4 (1)　①　ウ

②　ウ

③　例　自分の生き方などを自分で自由に決める権利。

(2)　①　A　オ　B　エ　C　ケ

②　イ、ウ（順不同）

③　エ

④　例　裁判を公正・慎重に行い、判決のまちがいを防いで人権を守るため。

解説 (1)　①　自由権は、自由に考え行動することのできる権利で、身体の自由、精神（精神活動）の自由、経済活動の自由に分けることができる。居住・移転の自由は、経済活動の自由の１つ。精神の自由には、信教の自由のほかに、思想・良心の自由、学問の自由などがある。

②　社会権は、人間らしい豊かな生活を送る権利のこと。その中心となるのが生存権で、ほかに労働基本権（労働三権）や勤労の権利、教育を受ける権利がある。被選挙権は選挙に立候補する権利で、国民が政治に参加する権利である参政権のうちの１つ。

③　写真は臓器提供意思表示カードで、自身が亡くなったときや脳死となったときに、臓器を提供するかどうかの意思を示すものである。新しい人権にはほかに、暮らしやすい環境を求める環境権、国や地方公共団体に情報の公開を求める知る権利、個人の情報をみだりに公開されないプライバシーの権利などがある。

(2)　①　三権分立は、国家権力を立法権・行政権・司法権の３つに分け、互いに抑制し合い、バランスを保つことで権力の濫用を防ぎ、国民の人権を守るしくみである。弾劾裁判は、裁判官として不適任な行いをした人を辞めさせるかどうかを判断する裁判で、弾劾裁判所が国会に設置される。国民審査とは、国民による最高裁判所の裁判官に対する信任投票で、衆議院議員総選挙の際に実施される。

②　衆議院だけに認められている権限があるほか、衆議院の議決が重くみられる場合もあり、これを衆議院の優越という。アの国政調査権は衆・参両議院に認められている。エの違憲審査権は、法律、命令や規則などが憲法に違反していないかを審査する権限で、裁判所がこの権限をもつ。中でも、最高裁判所はその最終的な決定権をもつため、「憲法の番人」と呼ばれる。

③　条約を承認するのは国会の仕事である。内閣は条約を締結する。

④　第一審の裁判所の判決に不服がある場合に、次の上位の裁判所に訴えることを控訴、第二審の裁判所の判決に不服がある場合に、さらに上位の裁判所に訴えることを上告という。

模擬試験② 本文156～159ページ

1
(1) ① ウ
② A イ B エ C ウ
(2) ① 阿蘇山
② ウ
③ A県 エ B県 ア
C県 イ D県 ウ
④ E県 イ F県 エ
⑤ 例 歴史的な町並みや景観を損なわないようにするため。
⑥ アイヌの人々（アイヌ民族）

解説 (1) ① 三大都市圏とその周辺で多くなっていることから判断する。人口密度とは、一定の地域にどのくらいの人が住んでいるかを表す数値。
② 石炭も鉄鉱石も最大の輸入相手国はオーストラリアで全体の半分以上を占めている。石炭は2位がインドネシア、鉄鉱石は2位がブラジルとなっていることを覚えて、グラフを見分けられるようにしておくこと。
(2) ① カルデラは、火山の噴火により頂上付近が落ち込むなどしてできた大きなくぼ地。
② 冷たく湿ったやませが吹くと、東北地方の太平洋側ではくもりや霧の日が続いて日照不足や低温になり、稲が十分に育たない冷害となることがある。
③ A県は鹿児島県で畜産がさかん。シラス台地は、火山の噴出物が厚く積もった地形で、土地がやせていて水もちが悪いため、畜産や畑作が中心となった。B県は高知県で、冬でも温暖な気候をいかしビニールハウスなどを用いて、ほかの産地よりも早い時期に野菜を栽培・出荷している。C県は長野県で、長野盆地や松本盆地でりんごの栽培がさかん。また、野辺山原などの高原では、レタスやはくさいなどの高原野菜が栽培されている。D県は千葉県で、大消費地の東京に近く、新鮮な農作物を安い輸送費で早く出荷できる。
④ E県は岡山県で、瀬戸内工業地域が広がる。倉敷市水島地区には石油化学コンビナートや製鉄所があり、石油・石炭製品や化学、鉄鋼の割合が高い**イ**のグラフがあてはまる。F県は愛知県で中京工業地帯の中心である。豊田市とその周辺は自動車生産の一大拠点となっていて、輸送用機械が半分以上を占める**エ**のグラフがあてはまる。
⑤ Yは京都市で、歴史的な景観を守るために、条例などで建物のデザインや高さなどを規制している地域もある。

2
(1) 班田収授法
(2) ① 墾田永年私財法
② 例 人口が増えるなどして、人々に与える口分田が不足してきたため。
(3) ① 平清盛
② 例 （娘を）天皇のきさきにして
(4) イ
(5) 荘園

解説 (2) 墾田永年私財法の前には、新しく開墾した土地の3代にわたっての私有を認める三世一身法が出されたが、期限が近づくと人々は耕す意欲を失ってしまうのであまり効果はなかった。
(3) 朝廷の政治を思いどおりに動かす平氏に対して、貴族や寺社、地方の武士の中にも平氏に不満をもつ者が増えていった。
(4) **ア**の守護は国ごとに置かれて軍事・警察を担当し、地頭は荘園や公領ごとに置かれて現地を管理・支配した。**ウ**の執権は鎌倉幕府の将軍の補佐役。**エ**の管領は、室町幕府の将軍の補佐役。
(5) 安土桃山時代に行われた豊臣秀吉による太閤検地によって、公家や寺社などの荘園の領主は、それまでもっていた土地に対する権利を失った。

3
(1) A ウ D イ E ア
(2) 天平
(3) 例 貴族が生み出した、唐風の文化をもとにしながら、日本の風土や生活、日本人の感情に合った文化。

(4) ① 上方　② 元禄　③ 江戸
④ 化政

(5) イ

解説 (1) Aは飛鳥文化で、聖徳太子が活躍したころに栄えた文化。Dは鎌倉文化。Eは安土桃山時代の桃山文化。

(2) 「天平」は聖武天皇のころの元号。東大寺の宝物には、西アジアやインドから唐にもたらされ、それを遣唐使が日本に持ち帰ったとみられるものが多くある。

(3) 「国風」とは「唐風」に対する言葉で、「日本独自の」という意味。平安時代に仮名文字がつくられたことで、摂関政治が栄えたころには、紫式部の「源氏物語」や清少納言の「枕草子」など、仮名文字を使った女性による文学がさかんになった。

(4) 「上方」とは京都や大阪を中心とする地域(地方)。元禄文化は元禄年間、化政文化は文化・文政年間に栄えた。元禄年間に菱川師宣が始めた浮世絵は、文化・文政年間に錦絵と呼ばれる多色刷りの版画が始められ大流行した。

(5) れんがづくりの欧米風の建物、ガス灯、馬車や人力車が現れ、洋服やコート、帽子が流行した。

4 (1) 曲線の移動　B(の曲線が)左(に移動する)
価格　上がる

(2) 日本銀行(日銀)

(3) ① 間接税
② 例 消費税は所得が多いか少ないかにかかわらず、すべての人が同じ税率を負担するから。

(4) ア、ウ

(5) ウ

(6) オ

解説 (1) 図中のAは需要曲線、Bは供給曲線である。天候不良でキャベツの生産量が減ると、当然市場への供給量も減る。すると、Bの供給曲線が左に移動し、需要量が供給量を上回るためキャベツの価格が上がる。

(2) 日本の中央銀行である日本銀行は、個人や一般の企業とは取り引きをせず、3つの特別な役割をもつ。紙幣を唯一発行する役割(発券銀行)、税金など政府のお金の出し入れを管理する役割(政府の銀行)、一般の銀行に対して貸し出しや預金の受け入れを行う役割(銀行の銀行)の3つである。

(3) ① 間接税には消費税のほかに、酒税やたばこ税、揮発油税などがある。いっぽう、納める人と負担する人が同じ税金を直接税といい、所得税や法人税、相続税などがある。

② 低所得者ほど所得に対する税負担の割合が高くなることを逆進性という。

(4) 通貨と通貨を交換するときの比率を為替相場(為替レート)といい、円高とは外国通貨に対して円の価値が高くなること、円安とは外国通貨に対して円の価値が低くなることである。例えば、1ドル=120円から1ドル=100円になれば円高で、1ドル=120円から1ドル=150円になれば円安である。日本人が海外旅行に行くときに得をしたり、外国の製品を輸入するときに有利になったりするのは円高のときである。

(5) 排他的経済水域とは、領海を除く、海岸線から200海里以内の水域で、水域内の水産資源や海底の鉱産資源は沿岸国に権利がある。図中の**ア**は領海、**イ**は接続水域、**エ**は公海である。公海はどこの国の船も航行自由である。

(6) 安全保障理事会(安保理)は、常任理事国の5か国と、非常任理事国の10か国からなる。常任理事国であるアメリカ合衆国、フランス、ロシア、中国、イギリスは拒否権をもち、重要な議案ではこれらの国のうち、1か国でも反対すると決議できない。このことから、安全保障理事会がうまく機能しないこともある。非常任理事国は任期2年で、毎年半数を改選する。